談判生死戰

吳載昶
肖勝萍
編著

炒蛋策略×衝突戰術×心態陷阱，九大角度精確分析
讓你勝得光明正大，對方輸得合情合理！

談判攻心術，談出雙贏路
「理性解決問題，合法巧取豪奪！」
不懂談判，籌碼再好也會全盤皆輸！

馬拉松式談判？挑燈夜戰！在我說完前你不准睡！
溝通障礙性僵局，開始到現在，我們之間只有Hi？
臨陣換將法，讓原談判人員當替罪羔羊，換人上！
水準過低性僵局，遇到無知的談判對象該怎麼辦？

目錄

目錄

第四章　短兵相接的快招

第五章　牢牢控制主動權的高招

第六章　把「死馬」醫「活」的狠招

第七章　價格談判的絕招

第八章　國際談判的新招

第九章　遠離談判陷阱的穩招

附錄　你是一個優秀的談判人才嗎

目錄

前言

理性解決問題，合法巧取豪奪。

三尺桌面風起雲湧，八方英才唇槍舌劍！如何才能在談判桌上不辱使命、穩操勝券？

有些聰明的談判人員認為「把一籃爛柿子當成三籃好柿子賣出去」就是不辱使命。誠然，「把一籃爛柿子當成三籃好柿子賣出去」，得到了空前的利益。但這種片面「單贏」的做法，實質上是一種「坑、蒙、拐、騙」行為，小而言之有損己方聲譽，弄得自己在商場上神憎鬼厭、人人喊打，最後即使有「三籃好柿子」，也沒人敢用「一籃爛柿子」的價錢購買，實在無異於飲鴆止渴；大而言之違反了「公平」原則，有「偷雞不著蝕把米」的危險。

那麼，是否「雙贏」才是談判的最高境界？答案當然是肯定的。但在風雲詭譎的談判桌上，你根本無法判斷談判「雙贏」的臨界線。談判桌上雙方的底牌都捂得很緊，買方不可能真實地說出自己的最高出價是 70（他甚至在出價 50 時就已經「痛苦不已」了），賣方也不可能真實地說出自己的最低賣價是 60（他甚至在報價 80 時就「唉聲嘆氣」了），然後雙方取其平均數 65 達成協議，以此達到皆大歡喜、實現真正「雙贏」的理想局面。

片面的「單贏」不可取，理想的「雙贏」不可得，談判的最高境界究竟是什麼？答案是：理性解決問題，合法巧取豪奪。所謂「理性解決問題」，指談判人員並不因談判過程中的某些表象而迷惑，有理、有節、有度地進行協商；所謂合法巧取豪奪，指談判人員在追求最大利益的同時，需要遵守法律條文及道德規範，勝得正大光明，贏得合情合理。

編者基於對談判的認識與看法，編著了本書。全書分為九章，其內容涉及到談判的各方面，重點從九個角度分析與講解了談判人員所必備的絕招、

前言

妙招、鮮招、快招、高招、狠招、絕招、新招與穩招，相信讀者在閱讀後能大有收穫，深受啟迪。

第一章
桌上一分鐘，桌下十年功的絕招

對於演戲的藝人來說，對「臺上一分鐘，臺下十年功」有著深切的體會。為了一招一式的盡善美，有時需要數年磨練。

其實，談判桌也是一個舞臺。談判人員要想在談判的舞臺上擁有精彩的「一分鐘」，須捨得苦下「十年功」。

下面，我們就外貌、知識、能力、語言及心理這五個方面，探討談判人員「練功」的途徑。

外貌很重要

為什麼有些談判家，剛進入談判室，人未開口就會讓對手產生信賴與尊重？這是因為他擁有良好的外貌與魅力。

每個人的外貌都是獨特的，每個人都希望別人欣賞自己。具有形象和外表魅力的談判人員，並不需要男的生得一表人才、女的長得沉魚落雁，只要以整潔莊重的外貌出現在別人面前，欣賞別人，並以愉快的臉孔去感染別人就足夠了。

◆ 良好的穿著

所謂「佛要金裝，人要衣裝」，身為談判人員，尤其應該具有這方面的認知。在談判桌上唇槍舌劍，一定要給人一種權威和信賴感。這兩種氣質，除了有賴於本身的素養之外，有必要靠良好的穿著來烘托。

一般來說，深色的西裝，尤其是深藍色或暗灰色的成套西裝，容易使穿著者帶有一種權威的味道；而且對於談判人員來說，衣服的式樣絕對不宜過度時髦，否則會給人有一種輕浮的感覺，因而降低了穿著者的身分。下面是一個談判人員在衣著方面應該注意到的四個問題：

1. 衣著顏色越深，越有權威感。談判人員想表現出一種具有權威而可信賴的氣質，就應該穿深藍色或暗灰色的衣服。同時，談判人員的衣服剪裁要合身，而且要選用高級布料，這樣才能相得益彰。
2. 襯衫的顏色要與上衣及長褲成強烈的對比。比如說，穿深藍色的上衣和長褲，最好穿純白色的襯衫。
3. 不要購買流行不到半年以上的衣服。談判人員不必在衣著上過度新潮，因為這樣會招來輕浮的感覺。

4. 如果要和下屬一起參加談判，談判人員必須先想好如何在衣著上與他們或其他人稍有不同。

至於其他細節，比如領帶方面，談判人員不能選擇太花和太俗氣的領帶，應以條紋、圓點、花格子等式樣的為佳，因為稍素一點的不但比較具有權威感，也不俗氣。再如其搭配方法，如果談判人員穿花格西裝上衣，最好打一條素色領帶緩和一下，而穿深色襯衫，則配以淺色領帶。

衣著雖然只是一個人的外表，但在還沒有機會把自己內在能力表達出去之前，它常會左右別人對你的第一印象。所以，如果你能帶給別人初步的好印象，起碼不會在尚未表現自己之前，就遭到對方的否定。否則，你即使有再好的能力也等於零。

◆ 豐富的表情

事實上，絕大多數談判人員都很注意自己的外在形象，都能意識到穿著打扮的品味對談判很重要。因此，在步入談判室前，總要對著鏡子特意打扮一番，看領帶是否平整，頭髮是否淩亂，化妝是否恰到好處，唯恐因衣著的粗俗和裝飾的不雅，而令對方看不起或產生笑話，影響談判。但是，談判人員不可忽略儀表所能展現的另一種魅力作用，那就是臉部表情，很少有人意識到表情將會對談判產生影響。人的心理是藏不住的，七情六欲常常不經意地流露在臉部這個「溫度計」上。有時，在談判桌上你的表情往往成了洩密的「叛徒」。所以，成功的談判人員總是細心地注意調整自己的心境和表情。

◆ 得體的儀態

對於談判人員來說，坐立行走、舉手投足、喜怒哀樂都是修養的外在表現。任何談判人員如果在舉止上不文雅和不穩重，都會影響談判。

1. 站出精神：站姿能展現一個人的精神面貌。良好的站姿給人一種積極進取的感覺。做事時站立的姿態沒有固定的模式，較好的有兩種：一是前進式站法。即一腳在前，一腳在後，兩足成 45 度角，身軀微向前傾，給人一種振奮、向上的感覺。一是自然式站法。即兩足平等，相距與肩等寬，給人一種注意力集中、精神抖擻的印象。
2. 走出形象：通常，身體行為能夠表露出你的精神狀態。當你看到一個人低著頭、垂著雙肩、駝著背走進判斷室，那你就會懷疑此人一定遇到了難以解決的問題，承受著太多的思想重擔。也許是這些事情讓他不堪重負，精神被摧毀，身體被壓垮，因此，他駝背躬身的形象，讓你感受到他的消沉與悲觀。悲觀消極的人，往往總是低著頭，只注視著腳下的路。而積極有信心的人，走路總是昂首挺胸，威風凜凜地向既定目標前進。
3. 坐出身分：首先，優美的坐姿是盡量把背挺直，雙腳靠攏。即使是坐著的時候，也應時刻注意自己的形象，顯露出你的氣質和風度。我們通常可以從電視節目中欣賞到那些氣質高雅的主持人的正確坐姿，他們的姿態處處顯露出他們的品味和身分。談判人員不妨也學一學他們的坐姿。

   其次，深深地坐在椅子上雖然很舒服，或者把上半身靠在椅子上，但這不是談判時的坐姿，而是休息時的姿態。這樣的坐姿，會讓對方認為你缺乏足夠的誠意。因此，在談判時要擺出最佳的姿勢，淺坐在椅子前端的三分之一處，讓上半身自然前傾。而此種姿勢可隨時由椅子上起立，這樣才會展現出談判人員的積極、開朗和能幹。這種姿態是談判時獲得成功的一個要素，所以要學會運用。

   腰桿挺直的人，有如玉樹臨風般的氣質，可以充分展現出談判人員的信心與談判人員坦蕩的胸懷。

最後，談判時一定要挺起胸部。胸部挺起的人更加充滿力量，有信心而且堅毅，不僅給人以成熟穩重的好感，而且還會給人一種敞開心扉，真誠交往的暗示。坐著時躬背的人，會讓人感到他缺乏自信、精神萎靡不振，是不足以值得信賴的。

因此，在談判時，談判人員一定要注意培養自己優美的坐姿。優美的坐姿讓人感覺到你隨時可能迅速地去解決問題，從而給人留下精明能幹的好印象。

4. 講究「出手」：即使是一場最快就達成協議的商務談判，至少也有近十次的握手，艱難的談判，握手的次數就更多了。談判人員在握手時，需要注意以下三點。

第一，握手的方式顯露出不同的心態。通常，有這樣幾種握手方式：

A. 有過度用力的握手，這顯然是存在著某種缺點，或是想過度顯示自己的自信。
B. 有擠壓式的握手，這似乎因為信心不足、缺乏自信。
C. 還有將手指併攏輕輕搭在對方手掌的握手方式，安穩而寧靜適度，表現著自信而有禮節的高雅氣質和風度。

前兩種握手方式，或虛張聲勢或信心不足，都不是談判人員在談判時正確的握手姿勢，只有後者才能真正表示出一個人的穩重和自信。

第二，許多人包括注重禮儀的年輕女性談判人員，坐在椅子上與人談判時，時常會感到手足無措。有些人將雙手交叉抱在胸前；有些人手托腮幫，胳膊支在桌面上，這些姿勢都不夠優美。正確的儀表姿態是：姿勢端莊，手心向下，放在桌面，右手放在左手之上。保持這種姿勢，會給人以自然優雅的美好印象。時間長了，這種姿勢也就形成習慣了。

第三，許多懂得談判技巧的談判人員，都非常明白運用手勢吸引對方注意力的重要性。很多時候，談判人員必須用手勢來輔助說明他談話的意思，因為口語和手勢表達同一個內容時，給人影響非常深。

誇張的手勢是談判人員應當忌諱的，例如：把雙臂抱在胸前氣勢洶洶的姿態；或是叉開手指，在身前胡亂比劃著；要麼就是重複著幾個簡單的手勢等。不要模仿外國人的手勢，他們的語言和手勢所表達的手語和我們不一樣。這些姿態只能讓人感到你或是信心不足，或是驕傲自負。

運用合適的手勢，才能透露出談判人員進取和積極的幹勁。在這裡，建議你用明確的手勢，輔助說明你要表達的意思，其餘的時候不要亂比劃。記住，多餘的手語和多說的口語一樣，都是「廢話」。

知識不可少

古人云：「非學無以廣才，非學無以明智。」對於談判人員來說，知識素養尤為重要。因為在談判過程中，只有具有廣博知識的談判人員，才能對各種可能出現的情況，做出正確的理解、分析、判斷和決策。

◆ 強化知識結構

在當做今的資訊化社會中，隨著科學技術的快速發展，自然科學與社會科學的結合已成為一種勢不可擋的潮流；同時隨著交叉學科與邊緣學科的崛起，學科的分類也日益細密，傳統的單一知識結構已越來越不能適應社會競爭的需求。

談判是一種直接與人打交道的雙向溝通活動，它要求談判人員在競智競力的過程中，必須以一種合理的知識結構作為強而有力的實力後盾。

所謂「合理的知識結構」，指的是談判人員在知識結構的組合上，將自然科學的精確性、邏輯性與社會科學的實用價值結合起來，既要有廣博的基礎知識，又要有精深的專業知識。

在知識結構問題上，談判人員要做到不偏不頗，避免片面主觀。這主要從兩方面下手：

1. 將基礎知識與專業知識相互結合：基礎知識是談判人員智慧和才能的基石，它是除了前文所談及的外貌魅力外，另一個決定談判人員在談判活動中的修養和風度的重要因素。基礎知識的涵蓋面非常廣闊，涉及語言學、謀略學、邏輯學、社會學、心理學、行為學等領域。此外，天文、地理、歷史、文學等也在其中。談判人員擁有基礎知識是一種潛移默化的作用，它使得談判人員在談判中充滿自信，具有一種化腐朽為神奇的影響力。

   專業知識決定一個談判人員知識的深度和從事本職工作的能力，是涉及談判實務方面的知識。其內容主要包括管理學、決策學、法學、技術資料處理等。在商務談判中所涉及的專業知識種類則更多，涉及面更廣，包括商業業務知識、財務知識、國際貿易、國際金融、進出口業務、技術轉讓知識、市場經營學、運輸與保險知識、國際結算知識、商務法律知識等等。

   一個優秀的談判專家，之所以能夠在具體操作中左右逢源，揮灑自如，在於他能夠將專業知識的「精」，與基礎知識的「博」二者相互結合起來，並加以互補運用。

2. 將自然科學知識和社會科學知識和諧統一：談判人員在談判中，以嚴謹而縝密的科學思維對待錯綜複雜的談判問題時，不但需要自然科學所賦予的精確性、邏輯性，亦需要社會科學的實用價值。所以，要將自然科學和社會科學知識有效地統一起來。在自然科學方面，談判人員除掌握傳統的數理化等學科知識外，還要掌握如經濟數學、區塊鏈、元宇宙理論應用等新興學科的有關知識。在社會科學方面，除哲學、經濟學、法學、歷史學、心理學等，另如組織學、行為學、管理學、決策學等新興學科也在談判人員所應掌握的範圍之列。

這裡所說的將專業知識與基礎知識相互結合，使自然科學知識和社會科學知識和諧統一，並不意味著任何一個談判人員對基礎學科都必須樣樣精通；而是有所兼顧，不可偏廢。事實上，在浩如煙海的現代科技知識海洋中，任何人都不可能成為「萬能博士」。據美國國家研究委員會和聯合國教科文組織的統計，當代基礎學科的主要專業已有 500 個以上；而一個專業人才，僅精通一門專業就要花去畢生的精力。

作為一個優秀的談判家，在實際運用中應最大限度地發掘自己的知識潛能，讓各種知識互補，觸類旁通，同時運用科學的思維方法，把事實判斷與價值判斷結合起來，形成較為準確的結論，促成談判的順利進行。

◆ 更新知識結構

據有關資料顯示，近十年來，人類的新知識總量超過以前兩千年的知識總和，並以每 10 ～ 20 年成倍數的速度成長。現代知識更新週期大約為 15 年。任何一個人在求學階段所獲得的知識，不過是他一生所需要的 10%，而其他 90% 以上的則必須在工作和生活中不斷獲取。

這些資料顯示，在當今幾乎人人都有智慧型手機上網的地球村社會，既有知識已遠遠不能滿足我們生活及工作的需要。知識不但需要更新，而且需要縮短其更新的週期。特別對於一個談判人員而言，資訊層出不窮，謀略千變萬化，稍不注意更新知識結構，吸收新資訊、新思想，就很容易在談判中處於不利地位。

談判人員更新知識結構有以下途徑。

1. 廣泛收集各種情報資訊：談判人員收集資訊的過程，也就是他知識累積更新的過程。社會是一個巨大的資訊場，無時無刻不在向外輻射各種資訊。資訊收集途徑多種多樣，五花八門，如透過各種新聞媒介收集資訊；成立專門的機構進行市場調查；在談判中從對方的言談舉止中捕捉第一手資料等。
2. 認真分析處理各種資訊：當談判人員面對所收集到的大量資訊時，往往會不知從何入手對其進行分析處理，因為資訊往往是真偽難辨的。

   在大量資訊面前，談判人員首先應運用已有的知識鑒別資訊的真偽，排除沒有價值的資訊，如同淘沙見金，將篩選後有價值的資訊，按照一定的標準，分門別類，輸入電腦，加工整理，建立資料庫。

   這種分析處理資訊的過程也是一個充實知識的過程。從認知心理學的角度來講，這個過程叫「同化」，是學習新知識，更新知識結構的基本方法。
3. 在新的談判形勢下調整原有知識結構：在知識心理學理論中，「同化」只是一個層面，「順應」則是知識的一個飛躍。所謂「順應」是指當已有的知識資訊和思維方法不能同化消融新的情報時，人的知識心理就會發生一種逆向的運動軌跡，即改變已經固化成形的知識結構和思維模式，使之順應環境。所以，在談判的過程中，隨著客觀形勢的不斷變化，知識結構也隨之更替和提升。通常新資訊的刺激，來改變已經成形的思維定勢，使之適應新的談判形勢。這種同化——順應的過程便是更新知識結構的過程。

能力需出眾

在競爭與合作、索取與給予、前進與固守、風險與機遇相依相存的談判中，談判人員應該具備高度智慧的特點及嚴謹態度。這種能力素養，是談判人員知識的巧用，智慧的昇華。其表現即為認知與思考的能力，選擇與判斷的能力，演說與思辨的能力，審時度勢、隨機應變的能力……

◆ 邏輯思維能力

邏輯思維能力是談判能力結構中最基本的要素，它是談判人員面對談判過程中出現的問題和假象，所做的認知、思考、分析、判斷等反應。

談判人員所具備的邏輯思維能力，主要表現在以下幾個方面。

1. 去偽存真、去蕪存菁的辨別能力：談判是一種智慧的較量，謀略的較量。在談判中，雙方為了達到各自的目的，往往會故布迷陣，暗設障礙。作為一個理智而冷靜的談判人員，面對談判對手所傳達出來的眾多資訊時，應該從正反兩個方面加以思考及推敲，運用逆向、側向思考，進行嚴密的邏輯論證，或類推，或演繹，或歸納，辨別其資訊的真偽，取其有價值的真實資訊，從而制定出正確而可行的談判方案。
2. 綜合運用觀察力、想像力及預測力：觀察判斷是談判活動中了解對手立場觀點的主要手段和途徑。只有透過準確、詳細的觀察和判斷，才能為辨別資訊真偽提供強有力的依據，從而捕捉大量有價值的資訊。只有具備了敏銳的觀察力，才能為自己的想像力插上飛翔的翅膀，因為想像力是建立在確鑿的事實依據基礎之上的。合理的想像力可以彌補抽象思維空洞而籠統的局限，還原事物的真實面貌，有利於打破談判中出現的僵局，讓靈感的火花照亮光明的前景。建立在觀察力和想像力基礎上的預測力，是一種防微杜漸、防患於未然的憂患意識，可以幫助談判人員少走彎路，避免不必要的損失。一些在談判中戰無不勝、攻無不克的談判高手，往往是具備了這三種能力，並將其有效地結合起來。

3. 將科學的分析和嚴密的論證相結合：在談判的具體操作過程中，科學的分析、嚴密的論證是一隻「看不見的手」，貫穿於談判的全過程。

在談判進行之前，談判人員應以嚴謹的態度進行大量的市場調查，做到知己知彼，成竹在胸；並且考證其主觀設想的真實性，及時修正其策略思路和操作方案，做好充分的事前準備。如此才能從整體上掌握全面，結合系統思維及整體思維，制定出相對應戰術。

◆ 語言表達能力

將語言表達能力身為談判人員最重要的素養要求，是由判斷的特殊性所決定的。談判，從表面上理解，實際上是一個「談」和「判」的過程。所謂「談」就是運用語言藉以表達思想觀點；而「判」則是指判斷，即對各種資訊進行分析、綜合，最後做出判斷。但做出判斷並不是最終的目的所在，還必須運用語言將判斷的結果表達出來，這樣才能使判斷的結果對整個談判起作用。所以，談判的整個過程也就是運用語言的過程，語言是決定談判成功與否的關鍵。

現代商務談判是談判對方為獲取更大的經濟利益，而展開的一場極富刺激性與挑戰性的競爭，是關於正義、實力、智力、精力、毅力、語言表達能力、思維反應與能力、社交能力等方面的大較量。在這種較量中，語言表達能力具有非常重要的作用。語言是將實力、智力、精力、社交能力等盡可能完滿地表現出來，並最大限度地轉化為談判桌上成果的不可替代的工具。有時，良好的語言不僅能使你處於有利的位置，還能使你表現得瀟灑大方、魅力十足，給對手留美好的印象，從而對談判產生潛移默化的影響。在現代商務談判中，良好的語言表達能力雖不是萬能的，但沒有良好的語言表達能力則是萬萬不能的。

下面對商務談判語言的特徵和基本原則，以及現代商務談判中常用的口才技巧予以簡單的介紹。

鑒於談判口才的複雜性，本書將在其他章節詳細談及，請讀者留意。

◆ 隨機應變能力

《朱子語錄》中說：「事變無窮，難以預料，隨機應變，不可預定。」在談判中，情況往往是瞬息萬變的，時而高潮迭起，時而陷入僵局；時而山窮水盡，時而柳暗花明；時而順水行舟，時而又身處逆境。這些局面常常令談判人員眼花繚亂，不知所措。所以具備沉著、機智、靈活的應變能力，是控制局勢，化劣勢為優勢的關鍵。

談判人員的隨機應變能力，主要表現為處理意外情況的能力、化解僵局的能力、巧妙出擊的能力。要具備這些能力，應該從以下兩個方面加以培養和鍛鍊。

1. 以進取開拓的精神面對談判：一般來說，思想比較保守的談判人員在進行談判時，對談判的失敗後果考慮得較多，對成功的期望值考慮得較少；對社會的輿論壓力考慮得較多，對主體的意志、智慧力量考慮得較少。這就使得負面意義的壓力捆住了擴展手腳，正面意義的壓力又不足以形成進取的動力。因此保守型的談判人員談判的成功率，遠沒有具備進取開拓精神的談判人員的成功率高。他們往往因為過於審慎保守，失去了許多有利的機會，而這些機會是可遇而不可求的。

所以我們強調以一種開拓進取的精神，去面對機會與風險共存的談判活動，因為具備了這種精神的談判人員，他往往會更加認真地考慮如何運用自己的智慧以及意志的力量，在逆境中搏擊進取，盡最大努力去實現自己預期的目標。

2. 以臨危不亂的面貌面對談判：《孫子．虛實篇》曰：「水因地而制流，兵因敵而致勝。故兵無常勢，水無常形；能因敵變化而取勝者，謂之神。」談判也是如此，面對險情，能夠臨危不亂，巧妙機智地化險為夷，是一個優秀的談判人員所必須具備的素養之一。

談判是一項互惠的事業，不是要爭出高下輸贏，拼個你死我活。所以面對暫時出現的僵局，談判人員如果板著臉孔慷慨陳詞，直言不諱，也許效果適得其反。反之，如果以一種輕鬆幽默的態度，向對手曉之以理，動之以情，做到示形以利，循循善誘，談判則往往會獲得意料不到的好效果。我們說雄辯是銀，又說沉默是金。這些都是指的談判人員應因人、因事、因時做出靈活多變的反應，猶如以同一種型號的鑰匙去開啟同一型號的鎖。

語言勤斟酌

在前文，我們已經強調在談判中，語言能力是左右談判結果的一個重要因素。那麼，商務談判語言究竟有哪些原則、特徵、講究及基本技巧呢？

◆ 談判的原則

簡而言之，談判具有以下四個原則。

客觀性

談判語言的客觀性，是指談判過程中的語言表述，要尊重事實，反映實情。

在商務談判中，從供方來說，談判語言的客觀性主要表現在，介紹本企業情況要真實；介紹商品性能、品質要恰如其分，如為了表現出真實感，可附帶出示樣品或進行展示，還可以客觀介紹一下用戶對該商品的評價；報價要恰當可行，既要努力謀取己方利益，又要不損害對方利益；確定支付方式要充分考慮到雙方都能接受，雙方都較滿意的結果。

從需方來說，談判語言的客觀性主要表現在，介紹自己的購買力不要誇大失實；評價對方商品的品質、性能中肯，不可信口雌黃，任意褒貶；還價要充滿誠意，如果提出殺價，其理由要有充分根據。

談判語言具有客觀性，就能使雙方自然而然地產生「以誠相待」的印象，從而促使雙方立場、觀點相互接近，為下一步取得談判成功奠定基礎。

針對性

談判語言的針對性，是指語言要始終圍繞主題，有的放矢。

具體地說，談判語言的針對性包括：針對某類談判，針對某次談判的具體內容，針對某個具體對手，針對同一個對手的不同要求等。

商務談判林林總總，五花八門，包括商務交易談判，勞務買賣談判，投資、信託談判，租賃保險談判等等。商品種類的不同，決定了談判種類的不同，有時即使是同類商務談判，其內容也截然不同，這就要求談判語言要有很強的針對性。具體到一次談判過程來講，談判內容一旦確定之後，就認真準備有關資料，同時還要充分考慮到談判桌上將要使用的相關語言和行話。只有有選擇地、有針對地使用談判語言，才能充分保證活動的順利進行。

談判語言要針對某個具體的對手。不同的談判內容和談判場合都有不同的談判對手，需要使用不同的談判語言；即使是同一談判內容，由於談判對手的文化程度、知識水準、接受能力、個性習慣的不同，也要求有不同的談判語言。

談判語言，還要針對同一談判對手的不同需求，恰當地使用有針對性的語言，或重點介紹商品的品質、性能；或側重介紹本企業的經營狀況；或反覆闡明商品價格的合理等等。

總而言之，談判語言要圍繞重點，言簡意賅，掌握關係，態度鮮明。

邏輯性

談判語言的邏輯性、是指談判人員的語言要符合思維的規律，表達概念要明確，判斷要準確，推理要嚴密，要充分展現其客觀性、具體性和歷史性，論證要有說服力。

談判人員在談判前搜羅的大量資料，經過分析整理後，只有透過符合邏輯規律的語言表達出來，才能為談判對手認識和理解。在談判過程中，無論是敘述問題，撰寫備忘錄，還是提出各種意見、設想或要求，都要注意語言的邏輯性，這是緊緊抓住對方，進而說服對方的基本前提。

與此同時，在提出問題，回答問題，或者試圖說服對方時，也要注意語言的邏輯性。提問要察言觀色，掌握時機，密切結合談判的進程，並要注意問題的銜接性；回答問題要切題、準確，一般不要答非所問；試圖說服對方時，要使語言充滿強烈的感染力和強大的邏輯力量，真正打動對方，使對方心悅誠服。

規範性

談判語言的規範性，是指談判過程中的語言表述要文明、清晰、嚴謹、精確。

首先，談判語言，必須堅持文明禮貌的原則，必須符合商界的特點和職業道德要求。無論出現何種情況，都不能使用粗魯的語言，汙穢的語言，或攻擊辱罵的語言。在涉外談判中，要避免使用意識形態分歧大的語言，如「資產階級」、「剝削者」、「霸權主義」等等。

其次，談判所用語言必須清晰易懂。口音應當標準化，不能用地方方言或黑話、俗語之類與人交談。第三，談判語言應當注意抑揚頓挫，輕重緩急，避免吐舌擠眼，語不斷句，嗓音微弱，大吼大叫，或感情用事等。

第四，談判語言應當準確、嚴謹，特別是在討價還價等關鍵時刻，更要注意一言一行的準確性。在談判過程中，由於一言不慎，導致談判走向歧途，甚至導致談判失敗的事例屢見不鮮。因此，必須認真思索，謹慎發言，用嚴謹、恰當的語言準確地表述自己的觀點、意見。如此，才能透過商務談判維護或取得自己的經濟利益。

◆ 談判語言的特徵

一般來說，商務談判語言可概括為以下四個特徵。

1. 功利目的：策動商務談判的動力就是追求最大限度的經濟利益，談判各方都是為了滿足上述需要而走向談判桌的。無論是哪一層次的談判，個人之間的，組織間的或是國家間的，都是為了滿足一定目的的需要而進行的。
2. 隨機話語：商務談判必須根據不同的談判對象、不同的談判內容、不同的談判階段、不同的談判時機，來隨時調整自己語言的表達方式，包括不同的語氣，不同的修辭等等。
3. 策略智巧：談判既是口才的角逐，也是智力的力量；或言不由衷，或微言大義；或旁敲側擊，或循循暗示；或言必有中，一語破的；或快速激問；或絮語軟磨……要想取得談判的成功，必須智勇雙全，善於鼓動如簧之舌，調動手中籌碼，不戰而屈人之兵。
4. 追求時效：談判注重效率，在戰術上具有很強的時效性。談判之初，參談雙方都有自己預定的談判決策方案，其中包括談判階段所安排的內容、進度、目標，以及談判的截止日期等。這種時效性特徵，也可用作迫使對方讓步的武器。

◆ 談判用語的講究

對於談判用語的講究，至少要做到以下四點。

1. 禮貌用詞，以和為貴：俗話說「和言暖心」，在談判過程中，注意滿足對方「獲得尊重的需要」，可以為未來的合作奠定基礎。比如一位先生停車繳費，忽然發現身邊連零錢也沒有，只好拿出一張千元大鈔遞給管理員，不耐煩地說:「找錢吧，快點。我還有急事！」誰知對方很不高興:「對不起，找不開，請到別處換！」這時，他的妻子走過來對管理員說：「先生，對不起，請你幫忙一下吧，我們確實有急事，孩子還在家等著呢！」結果，對方很大度地揮了揮手:「換錢算什麼，沒問題，可以走了。」妻子的成功之處就在於她對對方的尊重與禮貌。

   在談判過程中，即使受了對方不禮貌的偏激言詞的刺激，也應保持頭腦冷靜，盡量以柔和禮貌的語言來表達自己的意見，不僅語調要溫和，而且用詞都應適合談判場面的需要。應盡量避免使用一些極端的用語，諸如:「可不可以？不可以拉倒！」「就這樣定了，否則就算了！」等等。這無疑會欲速則不達，激怒對方，把談判引向破裂。

2. 不要輕易加以評判：在談判過程中，即使你的意見是正確的，也不要輕易地對對手的行為、動機加以評判。因為如果評判失誤，將會導致雙方的對立，而難以實現合作。比如當你發現對方對某項指標的了解是非常陳舊的，這時如果你貿然指責:「你了解的指標已經完全過時了……」對方聽了，顯然無法馬上接受，甚至會產生一些負面影響。如果改變一下陳述方式，則可能獲得完全不同的效果。比如可以這樣說:「對這項指標我與你有不同的看法，我的資料來源是……」這樣，就不會使對方產生反感，甚至會樂於接受你的觀點。

3. 不要輕易否定：在談判時，經常會出現雙方意見相反甚至激烈對抗的情況，這時盡量不要直接選用「不」等具有否定意義、帶有強烈對抗色彩的字眼。這很容易造成無法收拾的局面，對雙方都沒有什麼好處。

   當對方不理智地以粗暴的態度對待你時，為了著眼於整個談判的大局，你仍應和顏悅色地用肯定的句型來表示否定的意思。比如當對方情緒激動、措詞逆耳時，你不要寸土不讓、針鋒相對，可以委婉表示：「我理解你的心情，但你的做法卻值得推敲。」即使對方在盛怒之中，也能接受你的話，真好像拳頭打在棉花團上，有火也不能發。等他冷靜下來時，對你的好感就會油然而生。

   另外，當談判陷入僵局時，也不要輕易使用否定對方的任何字眼，而應不失風度地說：「我已經盡了最大的努力，只能做到目前這一步了。」還可以適當運用「轉折」技巧，以免使「僵局」變成「死局」。即先予肯定，寬慰，再用轉折委婉地表示否定的意思，而闡明自己不可動搖的立場。如「我理解你的處境，但是……」「你們的境況確實讓人同情，不過……」。雖然並沒有陳述什麼實質性的內容，但「將心比心」的體諒，使對方很容易在感情上產生共鳴，從而將「僵局」啟動。

4. 要善於轉換話題：轉換話題的目的在於：

   A. 避開對己方不利的話題。

   B. 避開無法立即解決的爭論焦點。

   C. 拖延對某問題將做出的決定。

   D. 把問題引向對已方有利的一面。

   E. 透過轉換闡述問題的角度來說服對方。

在談判時，應將重點放在對己方有利的問題上，不要深入探討或回答對己方不利的問題，可以繞著彎子解釋或者「顧左右而言其他」。如果這一招仍無法啟動僵局，可以建議暫時休會，大家放鬆一下，以進行冷靜思考。

◆ 提問的技巧

對於在談判中提問的技巧，我們將從三個方面講述。

提問的功能

提問的功能可以分為五種：

1. 純粹為了引起他人注意，為他人的思考提供方向。比如：「你好嗎？」或「今天你去公司了嗎？」
2. 為了取得自己不知道的情報，提問人希望透過發問，使對方提供給自己一些新資訊。比如：「這臺 5G 智慧型手機賣多少錢？」
3. 發話人透過提問對他人傳達自己的感受，或者傳達對方不知道的消息。比如：「你真的能夠處理好這件事嗎？」
4. 引導對方思緒的活動。比如：「對於這一點，你有什麼意見呢？」
5. 以提問作為結論，也就是說，透過提問而使話題歸於結論。比如：「這該是採取行動的時候了嗎？」

在考慮提問的過程中，多做這類研究，對你會有很大的幫助。

如果你了解提問的多種功能，那麼，你在談判的過程中，就可以用恰當的提問，達到你談判的目的了。如果你把各種功能的提問都準備妥當，在談判中就能隨心所欲的控制談話的方向。你可以全盤性地想好各類提問，也可以從提問個別論點上來引導話題。在你對手的長篇大論中，你可以憑藉提問，恰到好處控制談話方向，向著你想談的主題上引。

下面我們具體舉例來說明提問的各種功能：

1. 引起他人注意。當對方問你說：「真是個美好的早晨，不是嗎？」像這種例行的提問，是表示友好，溝通感情的一種方式。換句話說，像「你好嗎？」這一類提問，大都是根據這項功能產生的。

   下面再提一些比較特殊的例子：

   · 「如果……那不是太好了嗎？」
   · 「你會不會在意……」
   · 「你可以幫個忙嗎？」
   · 「對了，你說我會不會是這樣子……」
   · 「你可以告訴我……」
   · 「請你寬大為懷，准許我……」

   根據這些功能，你就可以看出，這些例行提問很平淡，通常不會引起別人的焦慮不安。

2. 取得情報。這種提問的功能是為獲得自己不知道的消息。這類型提問的特色，是一定有一些典型的前導字句。例如：誰、什麼、什麼時候、哪裡、是不是、會不會、能不能等等。

   在提問之前，若是不能先把提問的意圖表明清楚，很可能會引起對方的不解和焦慮。

3. 說明自己的感受，把消息傳達給對方。有許多提問，表面上看起來像是要取得自己所期望的消息或答案，其實是把自己內心的感受，或是已知的資料傳達給對方。舉個例子來說：當你連著發出兩個問題：「我為什麼接受這個條款？」「我接受這個條款又有什麼好處？」對方聽了你這兩句話就會明白，你提的問題中，已經把你內心的感受轉達給他了。

   有一些提問會使對方的反抗意識更加激烈。比方說：

- 「你說吧，你到底為什麼不同意？」
- 「你又是這樣子……」
- 「有哪一件事情你能順利地辦成……」
- 「真的嗎？是真的嗎？」

有些時候，你為了引起對方的興趣，就可以說：「你曾經……」如果你希望對方處於被動狀態，可以這麼說：「這個問題是這樣的……你說是不是？」

在這類型的提問中，時常用到的字眼，因為、如果你、你是不是、你會不會等等。

我們應該注意，當同一個問題重複地向同一個人問兩遍，這兩次的回答可能會不一樣。因為第一次的提問可能會改變他的態度，所以，他第二次的回答就會不一樣了。

另外還有一個辦法，說明自己的感受或提供情報，那就是有系統的連貫提問方式。比如連續問了三個問題「貴國有正義感嗎？」、「正義感是每個貴國人都有的嗎？」、「工人有沒有正義感？」像這樣一系列有系統的問題，便能透過提問方式把自己的資料或感受傳達給對方。但是，在這種情況下的提問，可能會使對方感到焦慮不安。因為你所透露的感受與消息的個人情感資訊太濃，所以，可能會使他焦慮不安。

4. 讓對方好好的思考問題。這種類型的提問有：

- 「你是不是曾經……」
- 「你現在怎麼樣……」
- 「這是指哪一方面而言？」
- 「我是不是應該……」
- 「是不是有……」

這種功能提問的特色，也就是常用的句式，有如何、為什麼、是不是、會不會、請說明等等。

若是被問的人覺得自己被侵犯了，他也會有焦慮的現象。

5. 歸納成結論。如果你想要引導對方談話的方向，而對方卻不願意受你控制時，這一類型的提問就會引起焦慮。而這種類型問題的開頭，往往是用下列這些句子做開場白，如：

   - 「這確實是真的，是不是？」
   - 「你比較喜歡哪一個？」
   - 「難道這是唯一的路嗎？」
   - 「你比較喜歡在哪裡？是那邊還是這邊？」

提問的時機

1. 在對方發言完畢之後提問。在對方發言的時候，一般不要急於提問。因為打斷別人的發言是不禮貌的，容易引起別人的反感。

   當對方發言時，你要認真傾聽。即使你發現了對方的問題，很想立刻提問，也不要打斷對方，可先把發現和想到的問題記下來，待對方發言完畢再提問。這樣，不僅反映了自己的修養，而且能全面、完整地了解對方的觀點和意圖，避免操之過急，曲解或誤解對方的意圖。

2. 在對方發言停頓、間歇時提問。如果談判中，對方發言冗長，或不得要領，或糾纏細節，或離題太遠，影響談判進程，那麼，你可以借他停頓、間歇時提問。這是掌握談判進程，爭取主動的技巧。例如：當對方停頓時，你可以藉機提問：「您剛才說的意思是……」「細節問題我們以後再談，請談談您的主要觀點好嗎？」「第一個問題我們聽明白了，那第二個問題呢？」

3. 在自己發言前後提問。在談判中，當輪到自己發言時，可以在談自己的觀點之前，針對對方的發言進行提問。這時提問，不必要求對方回答，而是自問自答。這樣可以爭取主動，防止對方接過話茬，影響自己發言。例如：「您剛才的發言要說明什麼問題呢？我的理解是……對這個問題，我談幾點看法」。「價格問題您講得很清楚，但品質和售後服務怎樣呢？我先談談我們的要求，然後請您答覆。」

 在充分表示了自己的觀點之後，為了使談判沿著自己的思路發展，牽著對方的思路走，通常要進一步提出要求，讓對方回答。例如：「我們的基本立場和觀點就是這些，您對此有何看法呢？」

4. 在議程規定的辯論時間提問。大型經貿談判，一般要事先商定談判議程，設定談判的時間。在雙方各自介紹情況作闡述的時間裡，一般不進行談判，也不向對方提問。只有在談判時間裡，雙方才可自由地提問，進行談判。

 在這種情況下提問，要事先做好準備，可以預先設想對方將可能提出的幾種答案，針對這些答案考慮己方對策，然後再提問。

 在談判前的介紹情況時，要做好記錄，歸納出談判桌上可能出現的分歧，再進行提問，不問便罷，一問就要問到點子上。

提問的注意事項

1. 注意提問的速度。若提問時說話速度太快，容易使對方感到你不耐煩，甚至有時會感到你是在用審問的口氣對待他，容易引起對方反感。反之，如果說話太慢，則容易使對方感到沉悶、不耐煩，從而也降低了你提問的力量。因此，提問的速度應該快慢適中，即可使對方聽懂弄懂你的問題，又不要使對方感到拖沓、沉悶。

2. 注意對手的心境。談判人員的情緒影響在所難免，談判中，要隨時留心對手的心境，在你認為適當的時候，提出相對的問題。例如：對方心境好時，常常會輕易地滿足你所提出的要求，而且還會變得粗心大意，很容易吐露一些相關的資訊。此時，抓住機會，提出問題，通常會有所收穫。
3. 提問後，給對方以足夠的答覆時間。提問的目的，是讓對方答覆，並最終獲得令我方滿意的效果。因此，談判人員在提問後，應該給對手以足夠的時間進行答覆，同時，自己也可利用這段時間，對對手的答覆以及下一步的提問，進行必要的思考。
4. 提問應盡量保持問題的連續性。在談判中，雙方都有各種各樣的問題。同時，不同的問題存在著內在的連繫。所以提問時，如果是圍繞著某一事實，則提問者應考慮到前後幾個問題的內在邏輯關係。不要正在談這個問題，忽然又提另一個與此無關的問題，使對方無所適從。同時，這種跳躍式的提問方式，也會分散談判對手的精力，使各種問題糾纏在一起，沒辦法理出頭緒來。在這種情況下，你的提問當然不會獲得對方的圓滿的答覆。

◆ 說服的技巧

說服技巧是一種很複雜的技巧，其複雜性展現在如何從多種多樣的說服方式中，選擇一種恰當的方式，說服對方接受你的觀點。

說服對方的技巧主要有：

談判開始時，要先討論容易解決的問題，然後再討論可能引起爭論的問題。

如果能把正在爭論的問題和已經解決的問題連成一氣，就較有希望達成協議。

如果同時有兩個資訊要傳給對方，其中一個是較悅人心意的，另一條較不合人意，則該先講第一個。

強調雙方相同的處境要比強調彼此處境的差異，更能使對方了解和接受。

強調合約中有利於對方的條件，能使合約較易簽訂。

說出一個問題的兩個方面，比單單說出一面更有效。

通常人們對聽到的情況，比較容易記住頭尾部分，忽視中間部分，所以應在開頭和結尾下功夫。當對方不完全了解討論的問題時，結尾比開頭更能給聽者以深刻印象。

重複地說服一個問題，更能促使對方了解和接受。

與其讓對方作結論，不如先由自己清楚地陳述出來。

此外還有軟硬兼施，旁敲側擊，先下手為強，後發制人，對症下藥，隨機應變等說服技巧，這裡就不一一介紹了。

在現實的商務談判中，說服對方往往不是單憑一兩種技巧就能實現的，而是多種技巧的組合。談判人員可根據在商務活動中累積起的經驗，在準確判斷形勢後，靈活地選用上述說服技巧，或多種技巧的組合。

◆ 答覆的技巧

談判中答覆問題，是一件很不容易的事情。因為，談判人員對回答的每一句話，都負有責任，都將被對方理所當然地認為是一種承諾。這便給回答問題的人帶來一定的精神負擔和壓力。因此，一個談判人員水準的高低，很大程度上取決於其答覆問題的水準。

答覆問題，實質上也敘述，因而，敘述的技巧對於回答問題通常也是適用的。但是，答覆問題並非孤立的敘述，而是和提問相連繫，受提問制約，這就決定了答覆問題應當有其獨特的技巧。

一般情況下，在談判中，應當針對對方的提問實事求是地正面回答。但是，由於商務談判中的提問，往往千奇百怪，五花八門，形式各異，但卻都是對方處心積慮、精心構思之後所提出的，其中有謀略、有圈套、有難測之心。如果對所有的問題都正面提供答案，並不一定是最好的答覆。所以，答覆問題也必須運用一定的技巧來進行。

要想做較好的答覆是可能的。也許當你發現，只要稍做準備就能增進處理問題的能力時，你定會感到驚奇。首先，最重要的事情是，預先寫下對方可能提出的問題。在談判以前，自己先假設一些難題來思考，考慮的時間越多，所得到的答案將會越好。

以下的建議，在對付那些試探性的買方時具有較好的效果：

1. 回答問題之前，要給自己一些思考的時間。
2. 在未完全了解問題之前，千萬不要回答。
3. 要知道有些問題並不值得回答。
4. 有時候回答整個問題，倒不如只回答問題的某一部分。
5. 逃避問題的方法是顧左右而言他。
6. 以資料不全或不記得為藉口，暫時拖延。
7. 讓對方闡明他自己的問題。
8. 倘若有人打岔，就姑且讓他打擾一下。
9. 談判時，有一些針對問題的答案，並不一定就是最好的回答。他們可能是愚笨的回答，所以不要在這上面花費工夫。

記得在美國水門事件聽證會上的一位證人，他在許多眾議員的面前，整整坐了兩天，被問了數不清的問題，他卻幾乎連一個問題也沒回答。這個證人似乎一直無法完全了解對方所提出的問題。從頭到尾都在答非所問，同時還傻傻地保持著笑容，一副迷亂的樣子。最後，這個聽證委員會只好宣布放棄了。

回答問題的要訣在於應知道該說什麼及不該說什麼，而不必考慮所回答的是否對題。談判並不是上課，很少有「對」或「錯」，因此可做出確定而簡單的回答。

另外，通常當人們想要小心回答的時候，個個都會有一些特別愛用的詞句。當一個政治家遇到難題的時候，你可能會聽到他採用下列的詞句：

1. 請你把這個問題再說一次。
2. 我不十分了解你的問題。
3. 那要看……而定。
4. 那已經是另外一個主題了。
5. 你必須了解一下歷史的淵源背景，那是開始於……
6. 在我回答這個問題以前，你必須先了解一下這件事的詳細程序……
7. 對我來說，那……
8. 就我記憶所及……
9. 我不記得了。
10. 對於這種事情我沒有經驗，但是我曾聽說過……
11. 這個變化是因為……
12. 有時候事情就是這樣演變的。
13. 那不是「是」或「否」的問題，而是程度上「多」或「少」的問題。
14. 你的問題太吹毛求疵了，就像一個玩文字遊戲的教授。
15. 你必須了解癥結所在，並非只此一件而是許多其他的事情導致這個後果，比方說……
16. 對於這個一般性的問題，讓我們來個專題討論……
17. 對於這個專門性的問題，通常是這樣處理的……

18. 請把這個問題分成幾個部分來說。
19. 噢不！事情並不像你所說的那樣。
20. 我不能談論這個問題，因為……
21. 那就在於你的看法如何了……
22. 我並不是想逃避這個問題，但是……
23. 我不同意你這個問題裡的某部分。

總之，要使自己的回答巧妙，令對方心服口服，除了要具有廣博的知識外，必須做到回答問題時，思維要有確定性。

◆ 拒絕的技巧

談判中，當你無法接受對方所提出的要求和建議時，如果直截了當地拒絕，就可能立即造成尖銳對立的氣氛，對整個談判產生消極的影響。在拒絕對方時，必須講究技巧。

談判中拒絕的技巧很多，但其原則只有一個，既要明確地表達出「不」，又讓對方能夠理解和接受，避免給對方造成傷害，為以後的合作保留一定的餘地，不要把路子一下子堵死。

要有說「不」的勇氣

每個人都希望能討人喜歡，獲得別人的讚賞。據一項實驗顯示，大多數富於影響力的人，都希望獲得被影響者的歡心。事實上，他們等於在說：「照著我所說的去做，同時記住要喜歡我。」而那些無力去影響別人的人，則握有另一項有力的武器，即他們可以保有自己的喜愛和讚許。

一個強烈希望被別人喜歡的人，不可能成為一個好的談判人員。因為雙方談判的時候，也正是雙方利益衝突的時候。一個人必須具有冒險的精神，敢做別人所不喜歡做的事情。因此，採取對立的立場，或者回答對方

「不」，並不是一件容易做到的事情。一個害怕正面衝突的人，很可能就會向對方讓步了。

這並不是說一個好的談判人員必須好戰，太喜歡爭論也會顯得過猶不及了。談判乃是雙方之間一連串的競爭和合作，許多好戰的人往往很難和人合作，而強烈希望被人喜歡的人，卻又往往不敢面對現實解決衝突，因為他就是一個沒有勇氣說「不」的人。

拒絕的藝術

賣主能不提供價格資料和成本分析表給買主，這是很不容易做到的。但是，倘若運用了下列的方法，即使是最堅持的買主也會讓步的：

1. 這是公司的政策所禁止的。
2. 無法得到詳細的資料。
3. 以某種方式提供資料，使那些資料根本不起作用。
4. 藉口長期拖延下去。
5. 向對方解釋無法提供資料的原因。例如：防止商業祕密或者專利品資料外泄。
6. 解釋：倘若要綜合成本和價格分析表的話，往往需要很高昂的費用。
7. 使買方公司的某個高級人員替賣方說明，賣方的價格一向很公道，否則早就經不起競爭了。

賣主所提供的資料，是和他所下的決心成正比的。說出一聲堅定而巧妙的「不」，對自己是相當有利的。

◆ 讀懂肢體語言的技巧

談判是溝通，但並不一定是口頭上的。事實上，眼神、手勢或姿勢等，能比言語傳達更多的資訊。

因此，留意並研究你對手肢體語言所傳遞的有用資訊，對談判非常有幫助。

抽菸斗者通常運用菸斗作為談判時的支持物。對付這種對手的策略，是不要和煙斗去爭抽菸斗者的注意力。例如：抽菸斗者伸手取火柴點菸時，這是你當停止談話的線索。等他點好菸開始吞雲吐霧時，你再繼續你的談話。如果你能很技巧地利用對方拿掉支持物的機會，對你是有利的。最容易的方法是注視著菸斗。所有菸斗抽完後終究會熄滅，必須暫時放在菸灰缸或菸斗架上，在對方有重新拿起菸斗的衝動之前，可把握時機地遞交他一頁數字、一本小冊子，或任何能令他參與你的談話的東西。

當你的對手去除他的眼鏡，開始擦拭時，這是你應當暫停的提示。為什麼？因為擦拭眼鏡是對方正在仔細考慮另一論點的訊號。所以，當此擦拭開始時，不要再施加壓力，讓你的對手有足夠時間考慮，等眼鏡再掛上鼻梁時，再重新談判。

有些人精神很鬆懈。不好好坐直、不夠專注、一副垂頭喪氣的樣子。鬆懈並沒有什麼不好，問題是，如果意見溝通的效果不理想，會阻撓談判進行。能使對手振作、嚴肅一點的好方法，是用眼神的接觸。你要談判另一要點時，運用眼神接觸並確定你的對手是否同意。不管是如何鬆懈的人，幾乎都會對他人眼神接觸有所反應的。

有些人對面對面的談判有恐懼感。很明顯他們的神經過於緊張，看起來焦躁不安、身子僵直。他們的談話比較僵硬、不自然。此時你要盡可能放鬆你對手的心情，讓他有賓至如歸的感覺。因此一些比較年輕、沒有什麼商業背景的人，他們身處異地，不知道會發生什麼事，經常緊張不安。這時，你可以建議安排比較舒適地座位，或者你可採取主動，鬆解你的領帶，捲起你的袖子，表示一切會很舒適輕鬆的。

談判時有些人太緊張了，結果如果你不小心的話，他們會讓你也開始緊張不安。記住，誰都不想緊張、焦躁。每個人都想擁有舒適愉快的感覺。所以如果你能去除對手的緊張不安，他會覺得好一點，對你心存感激，而有助於談判的成功。

與膝蓋抖動者商談令人有焦躁和挫折感，你必須設法讓對方的膝蓋停止抖動。如果你不這麼做，談判不會有任何進展。使其停止抖動的方法非常簡單，就是讓他站起來。當他站著時，膝蓋抖動便會停止。所以你可建議你的對手離開椅子，然後站起來，去吃頓午餐，喝點飲料或散散步提提神。因為你知道現在你的對手坐著時仍會膝蓋顫抖，所以你必須在他散步、走路時完成交易。順便說說，曾任美國國務卿季辛吉是運用此技巧的佼佼者，也是「走路談判」的大力提倡者。

關心你的對手，注意他的行為舉止，特別是當事情談得不順利時要有所警覺。任何遲疑、不耐煩或執拗，都可能是導致談判問題的直接原因。如果真的影響了所談的問題，對此障礙須做必要對策，試著從其他方式、角度闡述你的論點。不過你的對手做出的反應，也可能是因為其他因素。可能是你闡明主張的方式態度不適當。如果你的個性很強，那麼你的對手可能因此感覺不舒適，因此會對你們正在討論的所有問題變得極端敏感。

注意克服咳嗽、彈指、轉筆以及其他不耐煩和緊張的訊號，這樣談判才能進行。

簡而言之，雖然在任何談判時，能輕鬆地進行商議是最理想的，但事實上你不可能真正輕鬆。你必須時時刻刻記得謹慎注意、觀察你的對手，並不斷地思考如何影響對方接受你的看法。不論你的對手是用語言，或揉弄鬍鬚向你傳達了資訊，你必須對此資訊做適當的反應，以利談判順利地進行。

雖然人類的聲音是主要的談判工具，然而老練的談判人員也能從肢體語言得到有價值的線索。

學會分析、判斷肢體語言透露的資訊，是極有價值的技巧，因為對手常常在不知不覺之中，由肢體語言洩露出可貴的資訊。

心理要過關

談判是一種高智慧競賽活動，堅韌頑強的意志力和冷靜、理智的調控力，就好像控制談判議程的溫度計和品質監控儀，對談判的成功與否有著舉足輕重的作用。

◆ 磨練意志，培養堅忍不拔的毅力

談判的艱巨性，只有置身其中的參與者才能感受到。許多重大艱巨的談判，把一些當年的黑髮青年「談」成了白髮老人，這種馬拉松式的談判，考驗著參與者的意志。談判人員只有具備堅忍不拔的毅力，以泰山壓頂而不懼的精神，才能在較量中取得最後的勝利。

「寶劍鋒從磨礪出，梅花香自苦寒來」。一個傑出的談判家不經過艱苦卓絕的意志磨練，是不能勝任談判這樣艱巨而複雜的重任的。談判人員之間的交鋒，不僅是一種智力技能的較量，更是一場意志、耐性和毅力的較量。正如美國一位談判家所言:「永遠不輕言放棄，直到對方至少說了十次『不』。」

有一位職業高爾夫球選手在一次世界性的高爾夫球大賽中，他只要再輕輕一推，球便能進入兩公尺外的洞內，從而贏得冠軍。這是關鍵性的一球，如果球進了，比賽便結束；球不進，他便與另一位選手打成平手，必須另外

加賽一場。當時，所有的觀眾都睜大眼睛，瞪視著他，攝影記者的鏡頭也對準了他，現場的氣氛可說緊張到了極點，而他本身所承受的心理壓力，更是難以言喻了。最後，他輕輕一推 —— 球竟然沒進。這種球，他平常練習時閉著眼睛都能打進的。

由於球沒進，雙方打成平手。於是便加賽一場，結果，他失去了唾手可得的冠軍。

在重要的談判當中，類似上述的情況經常出現。談判人員會被凝重的氣氛和壓力逼得透不過氣來，於是便心生膽怯，從而使談判的主導權馬上為對方所奪，再也難以取回了。

膽怯所帶來的不利影響還不止於此。只要你曾經膽怯過，那麼，接下來的任何談判，即使是在最簡單的談判中，你都將或多或少感受到同樣的壓力。而一旦碰到類似於以往所經歷過的場面時，其膽怯的程度，更是有增無減，甚至嚴重到令人想臨陣脫逃的地步。

如果你的定力不夠，以往的失敗經驗勢必又將重演，而且不『止一次的重演。如同上述可憐的高爾夫球選手，每當他再度碰到類似那次失敗的經歷，觀眾的眼睛和攝影機對準著他，不管球的位置對他如何有利，結果通通進不去。也因此，他的高爾夫球生命便就此結束，難以東山再起了。

談判亦然，如果無法克服膽怯的毛病，便永遠無法嘗到勝利的果實了。

有幾種權宜之計可以克服因懾於談判氣氛而產生膽怯的毛病。之所以稱為「權宜之計」，是因為沒有一種能完全治好膽怯的靈丹妙藥，因此，我們能做的，就是不斷地加強自我訓練，使自己更具應付各種變化的能力。

· 盡量做好談判前的各項準備工作。
· 做好心理準備。
· 先在腦中做好「假想練習」。

◆ 保持冷靜，培養理智的調控能力

冷靜、理智的心理調控能力，是一個合格的談判人員必備的素養。要完成偉大的事業不能沒有熱情，但是熱情的背後，應該有不受個人情感影響的理智，理智對談判活動有著十分積極的意義。

從心理學的角度講，人的內心活動大多是本能、自發的，但其中卻沉澱著人類大量的理性認識成分，並以無意識狀態潛在地發生著作用。理性認識不僅影響著心理活動的強度，而且制約其活動的方向。所以，許多學者一致認為，調控心理活動受制於人們客觀的認識。

對於心理調控的方法很多，從控制的方法上講，有生理控制、藥物控制和心理控制三大類。在談判活動中的心理調控能力屬於心理控制這二類。談判人員的心理控制是一種自覺的自我心理調控，它通常有三種方式，即：轉化調控、冷化調控和自激調控。談判是一種競智競謀的高智慧活動，所以，談判人員應適時控制自己非理性的情感發洩。幽默大度，靈活巧妙地轉化消極情緒為積極情緒，從而避免因感情用事給談判活動帶來的損害。同時，使自己擺脫困境，取得談判的勝利。

談判是理性的，若在理性的談判中添加了談判人員非理性的情緒，談判結果的天平就會向對方傾斜。

◆ 一不怕苦，二不怕死

是不是一出手便能立刻擊倒對方，才稱得上是談判高手呢？其實不然。事實上，大多數的談判過程都是十分耗時的，談判雙方必須一談再談，對同樣一件事情須經反覆討論才能達成協議。所以即使是一個能力高強、身經百戰的談判人員，也不得不經由這樣的過程，才能稱得上「談判成功」。總之，談判是要一步一步、慎重其事來進行的。

大部分的談判都必須克服許多困難，才能達到擊敗對方的目的。有些談判因為其本身牽涉的層面過於複雜，或者因為談判雙方關係的不正常，便會使進行的過程倍加困難。而談判的成功與否，不只影響到談判人員本身，甚至與整個社會、國家都會有重大關係。埃及和以色列的和平談判，就是十分典型的例子，以、埃兩國都是石油的主要產地，如果這兩國人進入戰爭狀態，戰火將會蔓延至中東各地，導致世界各國發生石油危機，甚至成為第三次世界大戰的導火線，談判的影響力之深遠，由此可見一斑。

不管談判中有什麼困難或障礙，圓滿地達到談判目的，是談判人員所責無旁貸的。那麼，我們要怎麼做，才能克服談判中所遭遇到的各種困難呢？首先，是觀念上的修正，大凡談判都應分為幾個階段進行，不要妄想談判能一次就完成，而與對方建立起親密的關係，則是談判初期的主要目標。等到關係建立之後，才能深入談及其他的較複雜的問題，並且一一解決，這就是克服困難的最好辦法。

在談判時，別忘了要時常留意對方對你的主張，究竟了解至何種程度。有些人即使不了解你的本意，但為了維持自尊或由於缺乏信心，說什麼也不肯承認自己的無知。所以，只要你發現對方對於你的主張不甚了解，就應該找機會「測試」一番。如果對方連簡單的問題也無法作答的話，你就可以肯定對方的確是不了解你的意思了。

如果你在事先就知道談判不易進行，或在手中握有足以支持你想法的證據時，即可考慮將談判分成幾個階段來進行。在第一回合的談判中，若是對方所提出的問題是你始料所未及的，或者說出了令你難以接受的要求時，千萬要保持冷靜，小心應付。所謂「留得青山在，不怕沒柴燒」，只要你還有機會，第一次談判時所無法解決的難題，往往能在第二、三次談判中會出現轉機。總之，就是要能屈能伸，才不至於在談判時把自己逼入動彈不得的死巷子裡去。

第一章　桌上一分鐘，桌下十年功的絕招

「完美的結局」已成為好萊塢電影的公式。不論過程如何坎坷、遭遇如何離奇，到了劇終，美麗的女主角與英俊的男主角必然「有情人終成眷屬」，看的觀眾如痴如醉，心花怒放。

第二章　開個好頭的妙招

俗話說：「萬事起頭難」；又說：「好的開始是成功的一半」。可見，「起頭」對於任何事物有著至關重要的作用，並且「起個好頭」的難度非常大。談判也是如此。

正是因為「起頭」有相當的難度，卓越的談判家才更應該勇往直前，因為這恰恰也是展現自己能力的絕好時機。

了解你的對手

◆ 了解對手實力

某中藥廠與沿海某地經濟開發區的一家公司經過多次談判後，簽訂了由其代理出口中藥酒至香港的合約。但由於中藥廠並未審查對方是否有能力按照合約的內容承擔履行約定的義務，結果產品被海關扣下，雙方蒙受了巨大的經濟損失。這樣的談判就是徹底的失敗。而這筆交易失敗的原因在於該中藥廠在談判之前未認真了解對方的資格能力，即對方是否能承擔相對的義務。

除了你談判的關係主體的資格能力以外，你還需要關心些什麼呢？你還要知道對方的組織情況，了解那公司是否有良好的聲譽？以往履行合約義務的情況怎麼樣？銀行信用度是什麼級別？對方管理層最近有什麼變動？與他們做生意的難易程度？等諸如此類的問題。

在這一點上，恐怕我們都得向德國人學習。德國人向來以對工作認真負責而著稱於世，他們談判前的工作做得非常充分。在與對方談判以前，不管你自稱業務發展得如何順利，經濟實力如何雄厚，哪怕把木棍說得發芽開花，他們也會不厭其煩地向你索取公司的業務開展情況、銀行信用情況、內部經營狀況等一切他們感興趣的資料。如果可能，他們還會從你的國內、外用戶那裡去了解你的產品的使用情況和進行有關的市場調查，他們甚至還會直接或間接地同你的技術人員和工人座談，還會從你的其他業務夥伴那裡了解有關你的情況。這樣，等材料都齊備了之後，他們才會約你一起坐到談判桌前，而你立刻就會發現，他們的工作簡直是細緻極了，一點也不比查戶口的差。

身為談判人，你可以向主人提出參觀工廠、企業，以了解情況，獲取資訊。如果你做了賣方，你的目的是為了解你的談判對方的加工條件、加工配套能力等；如果你是買方，那你就要仔細看看他的生產管理、成本控制、產品品質、產品包裝、倉儲條件、運輸能力等；如果你打算和對方合資開工廠或者合作營運，那你可要看得更加仔細，因為這不是一鎚子的買賣。它關係到你的一大筆投資是否會血本無歸。你要細緻地了解企業的生產設備狀況，連機器上的鏽斑都不要放過；了解企業職工的素養，看是否有人在上班時間敢打毛衣、打撲克；你要看看企業的信譽，是否有大量的用戶投訴；你要看看企業的原料庫和成品庫，如果前者空而後者滿的話，你應該仔細詢問一下產品積壓的原因。

◆ 收集對方的一切資料

在了解對方這一步驟中，你所做的調查必須客觀，除了客觀地取得證據，也要使自己對所彙集的資料產生信心。累積所得的資料，一定要有相當的準確性。這些累積的資料能使你應付談判中任何變化的情況。對於即將談判的對象，更應該盡其所能的搜集一切有關於他的資料。

甘迺迪在第一次去越南與赫魯雪夫會談時，他彙集了所有赫魯雪夫的演講稿，以及所有他公開言論的有關紀錄。包括一切有關赫魯雪夫的資料，甚至連他喜歡吃的早餐及音樂的愛好。對於如此廣泛、積極的研究資料，一般的談判是否有此必要，是值得討論的，但是對於甘迺迪而言，他必須小心翼翼地做各項準備，才能扮演好總統的角色。

對於調查過程中所彙集的資料，必須依靠個人的能力及經驗加以適當的應用，尤其有必要研究對手過去的經驗。例如：他過去任職的機構、團體，他完成的每一項工作、合約，以及所有他談判失敗的案子。通常從研究分析他失敗的原因中，比研究如何成功更能了解到那人的個性。若能仔細分析他失敗的原因，從中很可能知道他的想法、處理事情的方法以及心理的傾向。而這些都足以告訴你他所需要的是什麼，使你在談判中已先立於不敗之地。

比如：你可以研究對手過去的房地產交易，他所繳納的地價稅可以告訴你這筆交易的成交金額，當然，或許還有暗盤交易。所以不能只靠一項來源，一定要多方求證，建商那裡或許或以透露點消息。

這樣，你就可以了解你談判的對手，是個怎麼樣的人。從交易中可以知道這筆房地產在他手中有多長的時間，多少的利潤可以滿足他，這些因素都可以描繪出你即將遇上對手的個性。當然，想要很清楚的了解你的對手是不可能的。法蘭西斯．培根（Francis Bacon）在一篇評論文章中說道：

「如果你為某人工作，你必須知道他的個性習慣，因而順著他，引導他；知道他的需求，說服他；知道他的弱點，使他有所畏懼；知道他的喜好，從而支配他。在與一個詭計多端的人交易時，不要相信他所說的；他想要得到的，是絕不輕易開口的。談判不是一蹴而就的事。播種之後，必須等它成熟才能收割。及早做好一切準備，是談判的必要工作。」

值得注意的是，若是能有機會參觀他人書房的藏書，一定可以從中得到許多有價值的資料。可以觀察出他的興趣、嗜好以及思想的傾向。除了收集對手的資料並加以研究之外，對自己的工作夥伴也同樣的要多加了解，以便屆時發揮最大的效力，避免有任何配合上的缺失。

另外一種有效的短期準備方法，是探聽對手是否曾涉入任何訴訟案件。只要對方涉入任何法律訴訟事件，就可以從中得到許多資料。對方對資料的收集完備與否、應答能力，都可以從中得知一二。

在研究一個談判專案時，要詳細審查有關的規則。但是很少有人能在了解規則之前先了解整個狀況。就像很少有人會詳細閱讀自己剛買回來的藥物或機器的使用說明書。這是一般人的通病。針對這點，有家玩具工廠在產品說明書一開頭就說道：「當所有的組合方法都不適用時，請參照這份說明。」事實就是這樣，若是有人參加拍賣會而未事先閱讀拍賣規則，一點也不覺得驚奇。一般人都是在吃虧之後，才學到這個經驗。

有時你會覺得你已熟悉了某項談判的規則，不需要再去看它。你不妨試試下面的這則測驗，用手遮住你的手錶，想想錶上面是用阿拉伯數字還是羅馬數字。用同樣的測驗去試試你的朋友，或許你會驚訝地發現有那麼多的人無法回答。人的一生不知看過多少次手錶，但仍然會忽略某些地方。同樣的，對於談判規則也會因為太熟悉而忽略了某些部分。因此不論問題新舊，仍然需要仔細了解各項規則。

無論我們得到的材料多麼詳細而充實，我們對對方實力的估計，也僅僅是估計而已，對手的實力究竟如何，一般說總要到談判正式展開後，並經過相當的過程才能獲知。間接的永遠都只是局部的。在大多數的情況下，我們不可能一開始就對對手做出準確的判斷，總是不是偏高，就是偏低。這時，就涉及估計中的高低怎樣取捨這種技術性問題。

拳擊運動員都明白這樣一個道理，拳頭只有先收回來然後才能更有力的打出去。打仗也一樣，把對方估計得強一些，會使己方更加重視，從而做好備戰的各項工作，而輕敵則往往會失敗。同樣，較高地估計對方，可以主動積極地為自己留一點活動的空間和轉圜的餘地，在談判前高估對手，從表現上看像是自己在「長他人的威風」，而實際上卻是為了後發制人。

◆ 考察此次談判對對方的重要性

對於一個在沙漠飢餓的人來說，一塊麵包，一瓶水的價值是多少？而一臺顯然貴重得多的電器的價值是多少？他會選擇哪一個？同樣的道理，賣主所賣的機器，如果能使買者的工廠自動化、效率化，賺取更多的利潤，這些機器對買者便有價值，而有關購買機器的談判對買者就會十分重要。

考察此次談判對對方的重要性的目的，在於合理地調整你的作戰方案。

如果談判對雙方都很重要，那麼，沒什麼說的，好好談就是了。但如果對於雙方的重要性不是那麼同等重要時，你可就要注意了。

比如：如果一方對市場進行選擇的餘地比較大，而且市場上確實存在著多個供貨管道，那麼這一方會更加吹毛求疵；而當商品缺乏時，或者商品處於壟斷地位時，這一方的態度就會變得溫和多了。所以，當一方處於吹毛求疵的地位時，盡可以控制談判的形勢和進程，軟硬兼施，虛實結合、拖延期限等等，以迫使對方做出更大的讓步；但環境和形勢要求你不得不態度溫和時，則應當不卑不亢，善於拋出誘餌引對方上鉤。

多探求對方的需要，以此來分析對方對談判的重視程度，比簡單地埋頭於成本資料中重要的多，它會有事半功倍的效果。

下面這些方面將有助於你考察你談判的關係主體，對此次談判的重視程度：

1. 假如雙方無法達成協議，那麼對方會有什麼損失？
2. 本次談判，你的對手究竟想從你這裡獲得什麼？你知道他是否還有別的途徑獲得他想要的東西？
3. 假如雙方達成協議，對方會從這裡得到什麼好處？
4. 從長遠而言，此次談判是否能達成協議，會對其所經營的業務的現狀和近期的發展產生什麼影響？
5. 雙方談判的動議是哪一方先提出來，並且正式列入日程的？
6. 對方是否真有談判的誠意？他們是否能夠履行協議的義務？

凡此種種，你可以推斷出此次談判對於對方的重要性，雖然可能並不全面，但也有重要的參考價值。

◆ 預測分析對方談判目標

你應該站在對方的角度設身處地地去想他的談判目標。「設身處地」十分重要。這正如有時我們總感覺自己老闆態度凶神惡煞、方法專制，而不免心存不平之氣。然而當你站在他那個角度去看問題時，很多事情變得很容易理解。談判時你可以從對方的角度來思考下面幾個簡單的問題：

1. 我希望對方做出怎樣的決定？
2. 我自己究竟怎樣做才會促使他做出我希望的決定？
3. 他在什麼情況下不會做出我所希望的決定？

這些問題將會幫助你積極地思考。與你相同的是你的對手的目標也應有一、二、三級，包含他最想得到的，他可以做出讓步的，最大限度實現自己利益的幾種方案等。而只有正確地判斷出對方的談判目標，我們才能在談判中更有針對性地掌握談判的「火候」。如果我們了解到對方最想得到的東西是什麼，那麼我們就可以讓對方得到他最想要的東西，同時以付出更大的讓步為代價；預測分析出對方的談判目標，使我們能夠掌握對方實現目標最有利的因素和最不利的因素，從而避其主力、擊其要害，爭取好的效果。

了解談判對手的談判目標，首先要弄清商品的價格（成本價格 + 利潤價格）、需求情況、付款方式、技術要求、放棄條款等。然後由大到小進行分析：

1. 宗旨，即談判的概括目的，如：為了保證外貿收購任務的完成。
2. 目標，如對方對此次談判利潤率的要求。
3. 階段性目的，如對方第一階段可能達到的目的。

與此同時，分析對方可能用以支援目標的論點和論據。總之，整個過程就是你想像自己即將參加一場固定題目的辯論大賽，你要掌握對方可能提出的論點和依據，並且試圖以充分的證據證明論點和途徑。

第二章　開個好頭的妙招

既然你的目的已經十分清晰地出現在你的大腦中，接下來需要辦的就是怎樣去實現這一目的了。

在很多時候，如果雙方都將資料擺在對方面前，一五一十地說清楚，那麼談判也就會變得十分容易了。但是，實際情況往往是這樣的，也就是說，一切表面的東西也許都蘊含一種不為人知的、但卻暗中有著決定性作用的因素。那麼，在談判前，對這些因素作一個深入的分析，是會有些好處的。

幾年前，一位建商在當時很不被人們看好的一塊土地附近購買、開發了幾幢小別墅樓。這裡之所以不被看好的原因，是因為人們普遍認為城市的發展方向是向北，而不是向南，既不是這些別墅所在的方向，而且那裡離公路太遠了，以至於連條像樣的柏油路都沒有，連他自己公司的職員都抱怨去那裡無異於是去荒郊野外做一次灰頭土臉的旅行。於是，他漸漸也對這塊產業的投資失去了信心。一年半以後，一個人找到他，用很漫不經心的口吻要求將那塊地產轉讓給他，並說願意出建商當時投資開發這塊地產 2 倍的價格，並說自己喜歡那裡遠離城市的清靜環境。房仲則立刻透過自己的關係四處打探消息，終於知道在那些樓的附近，一個新的大型的商、住社區和幾條高等級的道路已規劃完畢，土地、房屋的升值幾乎是明天早晨一覺醒來就會發生的事。他說，當一筆意外的生意看起來似乎不像真的時候，那麼奇蹟可能真的就會出現了。

說這些只是想向你說明，有時候，你的談判對手之所以要與你進行談判，他的目的也許並不只是表面上的那些。但是，現代科學技術還沒有發展到使你一望而知別人想些什麼的地步，在這個時候，你也許更需要一些思索，或者乾脆問自己一下：「他為什麼這樣做？」多想一下總不會有錯。

但並非所有的談判都要求你去猜測別人隱藏在心中的目標，你也沒有必要對所有的談判都那麼小心多疑，否則，你也可能會失去一些絕好的機會。

對對方談判目標的分析，並不僅僅限於談判之前的那些準備，一個具有清醒頭腦的談判者，會在談判之中繼續發揮他的判斷分析能力，比如：他能分出性質不同的「拒絕」，是真的拒絕，還是策略性的或者猶豫性的拒絕，根據觀察推理，進而判斷和發現其內在本質。

◆ 對方談判代表能否拍板

作為一名談判代表，你願意看到下面這樣的場景嗎？雙方經過針鋒相對的舌戰，在雙方都已筋疲力盡的時候，終於得以鳴金收兵，交易達成了。一方說了：「我還得就這件事向我的上級彙報一下，只要他能批准，那麼一切就能定了。」此時，一方的熱情恐怕馬上就要冷卻下去，作為另一方的你又得進行令人不安的等待，而等待的結局顯然不會都令人滿意，當對方很抱歉地對你說，他的上級不批准這個協議的時候，你前面所做過的所有努力就統統付之東流了。

不知道你是否意識到一旦你的談判進入這樣一種狀況，這次談判無疑就已經成了被踢的皮球，你不得不在不同的對手之間換過來又換過去，你必須經受一種身體上與心理上的雙重折磨。一句話，你已經中了對方設計的圈套。

如果你在談判之前，並不是十分清楚你將要坐在你的對面的談判對手，是否有最後拍板的決定權的話，那麼，你就很有可能要冒這樣一種風險，在你起身與對方就協定的初步達成而握手言歡的時候，你的笑容突然凝固在臉上，接下來，你被不可預知其結果的等待折磨得身心俱疲，後來，你發現自己竟然接受了一個最初你想都沒有想過的條件。

你的對手抬高權威的目的，是想要將談判中的問題一層一層地遞上去，請求上級的批准，從而逼使對方一再談判，或者至少每到一層都得重複陳述他的論點。這對你而言，將是一種身體和心理上的雙重折磨。這個策略可以試驗出談判者的自信心，它能使對方的希望和要求因此破碎。

因此，在你準備談判之前、先需要徹底研究與談判對手有關的有價值的資料。最起碼必須知道，對方組織內部決定做出的程序，以及與己方談判的人員在談判對方內部是否有決策的資格，即個人的地位、權威、力量等。了解談判對方組織中拍板的決定是怎樣做出的，誰具有決定權、誰審查他們，資金由何而來，最後仍決定由誰來做出等等。有的時候，你甚至可以從下列方面剖析對手的個人情況，如：年齡、經歷、家庭情況、性格、愛好、興趣、現狀等等。

雖然大多數的企業和公司很重視與客戶之間長期的合作關係，但是，仍有一些公司對於與客戶的長期關係不加重視，他們也許認為買賣沒有什麼真誠合作可言，對於他們來講，每次談判所要做的就是談好這次的就可以了，如果你與這樣的對手談判，你應該擴大你向對方了解的範圍，例如：

1. 了解對方公司的組織機構與運行規範方向的情況，以什麼樣的方式做出決策。
2. 不要擔心直接向對方詢問他的許可權範圍時你會失去什麼，或給你的談判帶來不利。相反，從直接詢問中，你能得到的東西太多了。
3. 詢問之後，對方閃爍其詞時，要窮追不捨。
4. 了解一下如果你們的談判需要對方決策機關批准的話，大約會用多少時間。
5. 可以直接向對方的上司詢問你的談判對手的許可權範圍，但對其回答僅能作為參考。
6. 不要向對方透露你的權力範圍，對方問得緊時，你可以「顧左右而言他」。
7. 隨時準備退出商談。

8. 直接向對方亮出你方對談判者的許可權要求，間接提出應派級別對等者參加談判。

為了盡量避免這樣的情況出現，你需要充實你的談判計畫，首先要使己方的談判者引起注意，提醒他們對方可能會抬高權威，來降低自己的期望程度，並迫使我們讓步;其次，你得準備一旦這樣的事情發生，你的應對策略，即你不應失去你的風度，你不用親自去找對手上級去說什麼，你只需悠閒在坐在那裡，就讓對方彙報去吧；第三，你也保留交由上級批准的權力，以其人之道，還治其人之身，以相同辦法有力地反擊對手。

確定談判的最佳人選

談判要準備到什麼程度，那些人或是多少人要參加談判，這完全要根據談判的重要性、困難程度以及時間多寡來決定。大部分談判需要數人一起參加，因為單獨一人參加，力量不夠。個人談判或團體談判，主要看談判須用那些技巧和方法？假如用團體談判，則須要團體中的每個成員都能夠履行計畫和目標。你要明白地告訴他們愛迪生（Thomas Alva Edison）所說的話：「在同一條船中，沒有一位划船技術低劣的水手會受到歡迎。」

團體談判有其特殊的功能目的。例如：談判時必須安插一些人從事策略性和公共關係的工作。假如經理手下有二十人是從事公共關係的，則談判就需要二十個人或更多的人參加。

是否應在談判中，安插對策略和公共關係沒有影響力的人至少有兩種說法。一種說法是這些人會惹來麻煩，徒招對方的利用而已，對方可能故意製造成員間不和的現象。假如有一人在談判中幫不了忙，那反而礙手礙腳。另一種說法是，安插多一點人，可以壯聲勢。但是我認為在談判中安插無用之人，很可能造成他在會談中一味發洩情緒，這是很危險的。事實上應該使每位參與談判的人都負有任務，諸如採取緊迫盯人，讓隊中的每位成員都觀察和傾聽對方，報告對方的意圖，了解對方非語言的溝通方式，比較對方的長處和弱點。使參與談判的每位成員都能各施所長。

個人談判的好處有下列數點：

1. 可以避免對方針對較弱的成員提問，或製造成員間的分崩離析；
2. 個人可全權負責；
3. 避免同成員意見不一致而削弱立場；
4. 可以立刻決定要讓對方讓步或自己讓步。

團體談判的好處在於：

1. 可充分利用不同的談判技巧，揚長避短，糾正錯誤；
2. 事先集思廣益；
3. 給對方一種威懾作用。訓練有素的團體談判的領導者，會利用成員作為讓步或拒絕讓步的藉口，諸如：「我要問問其他人的看法。」

每次談判時，是否要用個人談判或團體談判應分別考慮。所處的環境、談判的方法和條件都是考慮的因素。這些因素也用來決定誰是談判的首腦。無論何時，參與個人談判或團體談判的人，都要獲得他團體的支持，同時這些人也要全力維護團體的利益。不管個人或團體談判，最高決策者對於即將來臨的談判，要負責的事項包括指導、指定談判目標、提供消息、協助參與談判的人。而且要經常注意事情的進展，並提供建議，但這不是說決策者就比參與談判的人或團體高一級，反之，應該建立組織的架構，使談判的情況能夠及時回饋。也許整個談判不需與較高層主管協商，但必須知道組織的存在，知道組織對談判會負責，必要時會給予協助，這對於談判者會增加很大的信心。

談判的首腦應該盡可能的利用每個成員的長處。他必須知道如何利用他們的特長，並提供他們正確充足的資訊，也即他知道該如何掌握處理談判的事項和如何領導手下的成員。談判團體，應該由幾個專家組成，每個專家都能在他的專才內談判。例如：第一個專家也許專門談判成本問題，另一個也許主談公司政策問題。在未進入談判前，每位成員應該知道得比實際要談的還多，而且事先準備好暗號，例如：何時該停止說話，何時不談某一問題，或那個成員已說得太多。例如：遞給某成員糖果或口香糖時，可能暗示他該停止談話。

制訂周密的談判方案

周密的談判方案指的是一個簡明、具體而又有彈性的談判計畫。談判計畫應盡可能簡潔，以便洽談人員便於記憶，使計畫的主要內容與基本原則能夠清晰地印在他們的大腦裡，進而使他們能夠得心應手地與對方周旋，而且能隨時與談判計畫進行比對應用。

計畫必須具體，不能只求簡潔而忽略具體。既不要有所保留也不要過度細緻。

此外，計畫還必須有彈性。談判者必須善加領會談判對方的想法與自己計畫的出入所在，進而靈活地對計畫加以調整。

這些說明當然都是紙上談兵，實際情況往往迥然不同。在實際工作中，談判者要收集許多情況、大量閱讀檔案中相關的資料，同時盡量同與這次談判有關的人員交換意見，他們的見解往往會各不相同。當你乘汽車或飛機前往談判的路上，要利用這有限的時間，把雜亂如麻的情況，抽絲剝繭理出頭緒。

◆ 集中思考

集中思考的目的是迅速地歸納有關問題。同時理出自己的思路。集中思考階段要分為兩個步驟。第一步把與談判有關的想法，毫不遺漏地通通寫在紙上，第二步是用另一張紙記下自己對對方的判斷和了解，包括他們在做什麼？他們在哪裡？他們的外貌如何？我們已掌握了哪些有關他們個人的情況？目前所知道他們在談判中期望的是什麼？我們預測他的最終期望是什麼，以及我們還需要掌握什麼情況等。同樣地，把這些有關對方的一些問題的想法及時記錄下來。

在集中思考階段，如果我們把上述有關談判的臨時動議和有關對方情況的估計與猜測，列成兩張表寫在紙上，我們的頭腦就清楚了，把他們放在一邊，將會對談判產生重要的作用，可供以後的談判準備工作時參考。

◆ 確立談判方向

「談判方向」即指我們希望透過談判所要表達的「方向目標」。它是我們談判的主導思想。但它有時會與經過雙方共同協商制定的洽談目標略有出入。

談判方面的備忘摘要文字表達要力求簡潔，最多十五至二十個字，要是太冗長，就證明洽談人員的腦子裡對於為什麼來進行談判，沒有一個清晰的概念。因此，此時談判者的頭腦要清楚。如果用了二十幾字都難以表達清楚，那他就必須整理一下思路了，要對原來的談判方向進行刪減和修改，直到最多用二十個字就能完全表達出來為止。

◆ 計畫的本質——目標

談判的「目標」通常可以用一句話表達。比如「我們認為談判目標是……」或者說：「我們聲明這次談判目標是……」有時候，談判目標不見得和談判方向完全一致。

而準備工作的實際程序，首先是經過開拓思路階段想出各種應對辦法，然後逐步地制定出我方的談判方向，最後制定談判議程表。值得注意的是，談判議程表最多不要超過四個。如有必要，可把其他問題作為附屬列在主題之下。

準備階段的最終目的，是為己方談判者提供一份擺在談判桌上的資料。因此，要求文字簡潔、易記，能對談判者起提示的作用，使他們在以全部精力投入談判的同時，能夠掌握住談判流程。

當對方進入談判大廳時，談判人員他帶進去的不僅是他對於問題的了解，同時帶去了他自己的談判方式、對於對方談判方式的假設以及他自己所要採取策略。

參與人員無論是否有系統地做了準備，總是以對這些問題的印象和看法進行洽談的。這些印象和看法對於他在談判中的行動，具有很大的影響作用。

對方的價值觀是根深蒂固的，在預備階段我們不可能對它產生重大影響，但我們能夠影響他對我方的看法，即他對我方將要採取的措施的設想，這些都以不同程度地影響他對待我們的態度。

對方對我們將要採取措施的假想依據，在某種程度上是我們無法控制的。如外界的傳聞、他的人際關係以及他與同業或具有相同文化背景的其他公司的交往經驗。

對方也可能對我們有比較直接的了解。比如：他本人或是他的同事與我們公司做生意時，所了解到的我們的談判方式，以及我們過去履行契約的效率等。

◆ 擬出議程隨機應變

談判的議程可由一方或雙方都準備，或各方都準備兩種議程：一種是通則議程，另一種是細則議程。通則議程是給對方的，細則議程則留給自己看。

讓對方接受你提出的議程很有好處。這使對方處在被動的劣勢中。由你提出議程，你就可利用自己的方式議定措辭或條件，因此它包含著你的想法。無論如何，應該記住自己議程會事先透露你的立場。對方可根據你要討論的問題，準備予以反擊，而且事先你無法知道對方的意圖。在不明對方的情況下就擬定議程，對自己十分不利。如何擬定議程被視為良好的談判策略之一。

不要讓你的議程流於形式。很多人的議程是根據印好的表格、契約、租約而定的，這是不應該的。應該集中注意討論各種問題，隨時改變談判策略。問題可以記錄下來，先從重要問題討論起。要避免在小問題上浪費時間；留更多的時間討論重大問題。

另一個方法是將不重要的問題先提出來討論，如此開始談判時你就可以先讓步，等到討論大問題時，你就可以得到讓步。當然，你這種讓步很可能讓對方認為是前例。因此，他還會期望你做更多的讓步。無論如何，小問題易解決，這種解決會帶來友好的氣氛。假如你先提出重大的問題，對方可能會暫時牽制你討論小問題，以便有充裕的時間考慮如何對付重大的問題。

有些人安排議程的方式完全不一樣。他們並不區分什麼重大問題或次要問題。只是先把彼此可能同意的問題或條件提出來，然後要求彼此間做出讓步，雙方尋求共同點。也有些人把問題分成與金錢有關或無關兩大類，然後先解決與金錢無關的那一些問題。議程安排雖各有側重，但請記住這個格言，「無法變更的計畫，是最差勁的計畫。」

談判的時間和談判的地點一樣重要。近來人們對生理規律反應的研究方興未艾。這門新的學科研究重心的一部分是，一天中哪些時段人的精神處於最佳狀況，何時段又處最低潮，當然個人的生理物質消耗必須予以討論，但是一般的看法是，絕大多數人在上午大約十一點時，工作情況最佳。在這時候，早餐已經消化，開始集中業務地處理工作和學習，所以，如果你和絕大多數人一樣的話，你效率最高的工作時間便在此時。

自然還有其他因素須考慮。在上午較晚的時段，你和對手也可能正是精力最充沛的時候，這可能對你不利。有時候，假如你將工作時刻表調整到較晚的時段的話，那麼你的最佳情況可能會是下午二點三十分左右。此刻，你的對手可能已經忙了大半天，已有疲倦感了。所以，假使你發現並能利用此現象時，在下午安排談判時間對你或許較為有利。另一方面，假如你知道吃過中餐後，自己的精神的狀況不佳，而你也將處於不利的狀況，那麼不要把談判安排在此時進行。

一天中適當時刻的選擇，對談判來說很重要。所以同樣的，選擇每星期中的適當日期，對談判也很重要。任何生意人都會告訴你，在一星期中的前幾個工作日去拜訪對手，要比最後幾天有效的多。星期四晚上以後，很多人很自然地便開始想到他們的週末。常常一到星期五，他們便失去了工作興趣，而且無法專心致志地工作。

所以，當你在規劃談判會議時，應把星期幾也納入考慮事項，可把談判時間訂在一星期的開始，關心這些細小的問題，你會成為合理安排自己談判時間的最好審查者。

◆ 劃定不允許談判的項目

在一般情況下，每個談判者所擁有權力不會無限地大，他只擁有一定的權力，他的權力大小取決於上司的授權、國家的法律和公司的政策、交易的慣例等。

在談判桌上，一個在權力上受到限制的談判者，要比大權獨攬、一個人就可以拍板的談判者處於更有利的地位。談判者的權力受到限制，可以使他的立場更堅定。

當你準備好了一份完整的談判計畫，並且已經想到了許多種可能會發生的情況之後，一定不要忘記還要與你的上司和你的談判夥伴，商量好那些你們不打算拿到談判桌上的項目，即劃定那些不允許談判的項目。如果在這一點上沒有做充分的準備的話，在談判過程中，你很有可能把你沒有計畫送人的東西拱手送出。特別是你進行的那個談判十分複雜、內容龐雜時，這種情況則尤其可能發生。而劃定不允許談判的項目便是對談判者權力的最大限制。

留心我們周圍的人，有一些人在與別人談話時，或別人要求這些人請客花錢時，他們總是喜歡告訴對方他需要先回家同太太商量。沒人拒絕過他的要求，這使他有充分的時間把整個事情想通。

其實，一個談判者的權力受限制之後，反而能夠處於一種比較有利的地位，他可以理所當然地向對方說「不」，他可以說：「這不是我個人願意與否的問題，我必須考慮到公司的政策、規則、做事的程序乃至國家的政策。」未經授權的賣方，就不能答應賒帳、降低價格、打折扣、由賣方負責送貨並且安裝調試等。他無法在這些範圍內讓步，因為根本沒有這個權力。同樣的道理，買方如果無權超出購買預算，或超出預定的價格，或接受不合標準的產品等，則也是一個很難商議的對手。

因此，預先規定不允許談判的項目，對談判者的權力做出有力的限制，才能有效地避免一些低級錯誤，諸如將本不應該的內容，本不應做的讓步，以及與此相關的全部利益拱手讓給別人。

不少談判者在談判前也許會對自己的權力受到限制感到煩惱，但他們很快就會發現：自己的權力被限制，更是對方的一大煩惱。因為假如我的權力被限制住，那倒成了你的問題，而不是我的麻煩，你的選擇只能根據我的許可權來考慮這筆交易，我只能在我的許可權範圍內進行談判，不可能滿足你超出我權力範圍的要求；或者是你認為我無法滿足你的要求，而找權力比我大的上司去談，但這樣一來又需要重新建立關係，甚至會損壞雙方的長期關係，或者只能終止談判，使已經投入的人力、物力、時間、金錢、口舌付之東流。

所以，授予部分權力要比授予全權更有力量，使你更能堅定討價還價的立場，大部分的買主和賣主對於加在他們身上的種種限制，都十分不滿。他們應該歡迎這些限制，因為這使得他們工作更容易進行。精心選出不得作為談判內容的專案，對於談判結果無疑有著極大的影響。

對談判的內容進行限制，進而限制談判者權力的另外一個效果，就是會使談判者在一定許可權範圍內會更加慎重地考慮取勝措施，正如俗話所說的「急中生智」，這將進一步激發談判者的思維能力。

對談判內容進行限制的另外一個方面就是「資料限制。」

在記者招待會上，人們可能不會忘記那些老練的政治家、外交家、恪守規則的政府新聞發言人在遇到很敏感或他本人無法回答的問題之時，總會在臉上堆出宛如春天般燦爛的微笑，雙肩一聳，兩手一攤:「這個我無可奉告。」，這是迴避鋒芒，保護自己不出問題的最常用辦法。

談判中也一樣，當對方就某一問題要求給予進一步的解釋，或者直接要求你提供有關價格預測等資料時，你心裡明白在談判前這些問題已被你劃分不容談判的項目，你可以十分誠懇地告訴他：對不起，我沒有關於這個問題的詳細資料，或者說這種資料公司裡還沒有統計出來，估計得等到本年度終結之後了，所以現在還無法拿到。這樣。暫時將這個你不準備列入談判項目的問題擱置起來，從而緩和對方的攻勢。在討論了其他議題之後，對方可能會認為這個問題無關緊要，或已經想不起來這個議題了。這說明，你又躲過了一次危險的進攻，而又將談判限定在你預料的範圍之內。

那麼通常被劃定為不允許談判的項目有哪些呢？這往往由你所參加的談判的性質來決定的。

例如：你方作為賣方，準備與買方就緊俏貨物（如 2,000 噸鋼材）的購銷事宜舉行談判，那麼，在談判前的準備會上，你方預先計畫商定的不允許談判的項目，往往就會包括下面所列的一些東西：

1. 最後價格不得再做讓步。
2. 款項一次付清，不接受分期付款的方式（不允許談判）。
3. 預付 30% 定金的規定不能讓步。
4. 運輸方式適用慣例，即由買方自己負責，運輸方式專案不允許談判。
5. 貨物成本及與其有關的資料。
6. 己方安排生產的時間，本批化肥的生產工藝、批次。
7. 其他需求方面資訊，屬保密事項的。

諸如此類等等。

劃定不允許談判的專案，是一件需要耐心的事，因為你可能並不能將所有那些不容許談判的專案都一一列舉出來，這就需要在談判的時候你頭腦保持清醒了。

最後一點需要注意的是，不管你事先劃定的不容許談判的項目是什麼，你最好只讓自己與自己的夥伴知道，而千萬不能洩露出去，如果對方知道你在哪一點上不準備讓步的話，他就有了一件攻擊你的武器，他可能利用這些項目來向你施加壓力，迫使你在其他項目上讓步，甚至對方還會根據你劃定的內容，提出他的一套不允許談判的專案來，作為他討價還價的手段，使你在談判桌上處於被動的地位。

選擇有利的談判地點

談判開始前，你是否已將地點準備好了呢？整個環境是否舒適。從會場的布置可看出談判的重要性。談判時間應充裕，要完全避免干擾。房間的擺設，如燈光、顏色、座位等對談判都有影響。

談判場所應該必備的聯絡工具是電話；房間要寬敞明亮，足以容納各種設備；要有適當的空氣調節；並禁止吸菸；椅子也要舒適，但太舒適又易使人打瞌睡，不舒適也使人想離開；良好的視覺效果，可方便雙方談論細節時使用；各種提神的東西隨時要供應。有時在會議室旁邊，準備一小房間作為祕密的場所也很重要。

需要注意的是，假如你是到對方的地盤談判，談判完要住進旅館時，要當心他會注意你預訂住宿登記的時間。從這點他能夠判斷你計畫談判費多久。

如果談判的地點是你對手的辦公室，對方或許會安排你坐在氣勢較弱、屬於下屬的位置。典型的例子是，你的對手會坐在他辦公桌的大位子，而你則坐在旁邊的椅子上，更糟的話，甚至坐在臨時搬進來讓你坐的椅子上。這種不利於你的情況完全可以避免，只要你要求挪到會議室談判。在會議室談判時各方圍著桌子坐下，可放鬆心情，準備進行談判。

這一要求或許太簡單了，可是不容忽視。但是當你自己和你對手坐下來，準備開始談判，絕非是你可以等閒視之的談判。如果談判各方能各安其位，準備進行談判，那麼已經往談判成功大道邁進一大步了。

為了停止越戰的巴黎和談開始時，似乎有層層阻隔，許多難關無法突破，直到會議桌的外形讓談判雙方都滿意之後，談判才有豁然開朗之勢。談判雙方都認為會議桌的座位安排必須給予某幾位參與代表特別的承認和優勢。在這個問題沒有解決之前，別的問題只好擱置緩議，而越南戰爭只好持續下去。以 2022 年發生的俄烏戰爭為例，道理也是相似的。

談判桌的形狀，和會議室一樣，實際座位的安排也是需要留心的談判技巧細節部分。有人認為坐在你對手辦公桌對面的椅子上，似乎有下屬的服從性。有些主管費盡心機而故意安排他們辦公室的擺設，讓他們的對手坐在不平等的位置和較不利的坐席，以減低對手氣勢。過於低矮的座位會使得談判者必須挺直身子講話，製造說話者的不適和緊張，讓對手有機可乘。再者，高座位的人可以俯瞰低座位者，占盡地利；而低座位者不得不仰視高座位的人，其氣勢已弱。

我有一位朋友，每當別人企圖對他施展座位分配的策略時，他總以自己獨創的方法予以破解。他來個反客為主，直接坐在他對手的桌子上。施展這一怪招立刻轉移權力重心，因為他坐在對手必須仰視他的位置上。結果毫無例外，他的對手此時只好從他的辦公桌位子站起來，建議在會議室會談或許舒適些。另外一種可以達成同樣的目的的辦法是，你可拒絕對手要你坐下的要求，說明你的腰背不好，太低的座位對你身體有害。

談判時調整座位的要素是你自己的感覺。如果你開始就覺得不舒適自在、受到對手脅迫、控制時，而這感覺是源自你所坐的不利位子時，立即行動，很客氣地扳回劣勢，平衡雙方的均勢。不要擔心此舉會觸怒對手。如果他在對你玩策略時，他自己內心明白得很 —— 他會尊重你試圖改變這種狀況的努力。

進行虛擬演習

世界著名的鋼琴家約瑟夫．霍夫曼（Josef Hoffmann）長年在世界各地旅行演奏。而他常常在奔赴下一個演出地點的車上，閉起雙眼，靠在椅背上。「你在睡覺嗎？」他的朋友曾經如此問他。「不，我正在練琴。」霍夫曼回答。

無獨有偶，美國紅歌星克麗絲汀娜也使用和霍夫曼同樣的方法來磨練其演技。她說：

> 「我每天晚上都會累的連走路回家的力氣也沒有。不過，不管再怎麼累，都總不忘在腦中做假想練習。我在腦中練習跳舞，練習唱歌，也練習呼吸的方法。這種練習的效果與實際在舞臺上表演一樣，只是不曾發出聲音而已。」

談判人員也應該向霍夫曼和克麗絲汀娜學習「虛擬演習」的技巧。

正確的「虛擬演習」不但可以增進你的談判能力，其效果甚至比實際練習還要大。因為，就人類的深層心理以及神經系統而言，想像的經驗和實際經驗，幾乎一模一樣，難以區別。所以，霍夫曼手不必觸鍵，就可以練習彈琴；克麗絲汀娜腳不必著地，也可以練習跳舞。

在談判正式展開前，要事先做好各種準備工作，是毋庸贅言的。當然，在尚未談判時，是不可能與談判對手面對面進行「彩排」的。因此，唯一的辦法，就是做「虛擬演習」了。「虛擬演習」雖然只是想像模擬，但其功用和效果卻十分驚人。只要擠出少許時間，先將談判可能發生的各種狀況演練一遍，你的談判能力必然會更上一層樓。

如果你所想像的只是事情的結果，而非全部過程，這就不叫「虛擬演習」了。譬如：你是個希望能夠「家喻戶曉」的足球明星，但你在心中所描繪的，淨是一些接受記者的訪問、觀眾的喝采聲、成為雜誌的封面人物，或是名字上了頭條新聞等等這一類輝煌場景，那麼，這不過是海市蜃樓般的白日夢罷了。沒有實現的過程，就像空中樓閣，永遠無法成為現實。

要能全面細緻、滴水不漏地在腦中想像談判過程中的每一個細節，方稱得上是有效的虛擬演習。夢想成為一個主控全場的足球後衛選手，就必須在腦中想像如何指揮在場的每一名球員，如何接球、如何傳球、如何……為什麼虛擬演習的效果反而大於實際練習呢？因為在虛擬演習中，每一個動作都是完美的，接球時不會漏球，傳球時也不會誤傳。但在實地練習中，則難免有犯錯的時候或是疏忽的地方，當這些失誤一再的發生，而成為一種習慣時，就難以矯正了。所以，事先做好虛擬演習，再帶著球到球場去，運用你在虛擬演習中已熟習了的各種動作，就是實現夢想最好的方法。

談判也是一樣，應該事先想像與談判對手面對面進行談判時的整體過程。更具體地說，就是想像談判的場所、想像談判者的神情與反應、想像談判雙方的每一句對話，以及想像你所要使用的策略和技巧等等。在虛擬演習中，如果你自認為所使用戰術毫無漏洞，對談判對手的反應也能完全掌握的話，那麼，在正式談判時，就不會遭遇意想不到的困難了。

人的潛意識和神經系統，對於想像中的經驗與實際的經驗，是無法區分的。因此，虛擬演習的效果，有時會等於或大於實地的練習。但值得注意的是，如果以錯誤的事實和錯誤的戰術作為前提，來進行虛擬演習的話，那麼，在正式談判中，便很可能也犯了相同的錯誤，而導致失敗。再以練習足球為便，若在虛擬演習中，若是傳球的方向與姿勢不正確，則在正式比賽中，這一幕便可能重演。

總之，進行談判虛擬演習時，其所根據的前提，一定要正確，才能發揮預期的效果。如果前提錯誤，不但給自己帶來莫大的損失，亦將使談判出現令人大失所望的結果。

進入談判現場的注意事項

◆ 營造良好的談判氣氛

哨聲吹響，談判雙方正式上場，一場沒有硝煙的戰爭已初現刀光劍影。這一階段雖然距離戰爭結束還需要一段很大的歷程，但它對談判的成敗卻有著非常重要的影響，特別是建立洽談氣氛方面。

談判氣氛是談判對手之間的相互態度，它能夠影響談判人員的心理、情緒和感覺，從而引起相對的反應。因此，談判氣氛對整個談判過程具有重要影響。

任何商務談判都是在一定的氣氛下進行的。有的談判氣氛是冷漠的、對立的；有的是鬆弛的、緩慢的、曠日持久的；有的是積極的、友好的；也有的是平靜的、嚴肅的、嚴謹的。

不同的談判氣氛，對於談判有著不同的影響，一種談判氣氛可以在不知不覺中把談判朝某個方向推進。比如：熱烈的積極的合作氣氛，會把談判朝達成一致協議的合作方向推動；而冷漠的、對立的、緊張的氣氛，則會把談判推向更為嚴峻的境地，很難真正地解決問題。

一般來說，談判都希望在良好的氣氛中進行談判、解決問題。因此，在談判的哨聲吹響後，談判人員的一項重要任務就是「化干戈為玉帛」，變消極為積極，營造出和諧、友好、熱烈、嚴謹的談判氣象。

實際上，當雙方走到一起準備談判時，洽談的氣氛就開始形成。氣氛是熱情的還是冷漠的，友好的還是猜忌的，輕鬆活潑還是拘謹緊張的就基本確定。甚至整個談判的進展，如誰主談，談多少，雙方的策略等，也都會受到很大的影響。當然，談判氣氛，不僅受開局暫態的影響，雙方見面之前的預先接觸，洽談的交流都會對談判氣氛產生影響，但談判開始瞬間的影響最為強烈，它奠定了談判的基礎。此後，談判的氣氛波動比較有限。因此，為了創造一個良好氣氛，談判人員應該做到以下幾點：

第一，談判者應該徑直步人會場，以開誠布公，友好的態度出現以對方面前。肩膀要放鬆，目光的接觸要表現出可信、可親的和自信。心理學家認為，談判人員心理的微妙變化，都會透過目光表示出來。

第二，行動和談吐要輕鬆自如，不要慌慌張張。可談論些輕鬆的，非業務性的寒暄性話題。如來訪者旅途的經歷，體育表演或文藝消息，天氣情況，私人問題，以及以往的共同經歷和取得的成功等。這樣的開場白，可以使雙方找到共同語言，為心理溝通做好準備。實際上在閒聊中，雙方已經開始找到傳遞無聲的資訊了。這時，從談判者雙方姿勢上，還可以反映出他是信心十足，還是優柔寡斷；是精力充沛，還是疲憊不堪等，反映這些情緒的關鍵部位是頭部，背部和肩部，因此，談判者的行動也要輕鬆自如。

第三，在服裝儀表上，談判者要塑造符合自己形象。服飾要美觀、大方、整潔，顏色不要太鮮豔，樣式不能太離異，尺碼不能太大或太小。由於各國、各地區的經濟發展水準不同和風俗習慣的差異，服飾方面也不能一概而論，但乾淨、整潔在任何場合都是必要的。

第四，注意手勢和觸碰行為。雙方見面時，談判者應毫不遲疑地伸右手與對方相握。握手雖然是一個相當簡單的動作，卻可以反映出對方是強硬的，還是溫和的，理智的。在西方，一個人如果用右手與對手握手的同時，又把左手放在對方的肩膀上，說明此人精力過於充沛或權力欲很強，對方會認為「這個人太精明了，我得小心一點」。同時要注意，最忌諱的莫過於拉下領帶，解開襯衫鈕扣，捲起衣袖等動作，因為這將使人產生你已精疲力竭、厭煩等印象。

第五，在開場階段，談判人員最好站著說話，小組成員不必圍成一個圓圈，而最好是自然而然地把談判雙方分成若干小組，每組中有各方一、二位成員。

總之，談判氣氛對談判進程是極為重要的，談判人員要善於運用靈活的技巧，來影響談判氣氛的形成。只有建立一種誠摯、輕鬆、合作的洽談氣氛，談判才能獲得理想的結果，也確定了下一步行動和討論問題的適當速度和節奏。

◆ 留心開場白

開場進行的一切活動，一方面能夠為雙方建立良好關係鋪路，另一方面又能夠了解對方的特點、態度和意圖。因此，在這個階段，必須十分謹慎地對所獲得對方的印象加以分析。不僅如此，還要立刻採取一些重大措施，用我們的方式對他們施加影響，並使這些影響貫穿於談判的始末。我們最好把準備工作做得既周密又靈活。在坐下來轉入正式談判前，應該充分利用開場階段從對方的言行中所獲得的資訊。在這個階段中，一般能很快地掌握對方洽談人員兩個方面的資訊，即他是否有豐富的談判經驗和技巧，是否可以很順利地展示他的談判作風。對方的談判經驗和技巧無須語言就可以反映出來。比方說，他的姿勢、表情以及他「入題」的能力。如果他在寒暄時不能應付自如，或者突然單刀直入地談起生意來，那麼可以斷定，他是談判生手。談判高手總是留心觀察對方這些微妙之處。

對方的談判作風，同樣可以在開場階段的發言中反映出來。為了謀求雙方的合作，一位經驗豐富的談判人員，總是在開始時討論一般性的題目，另一種具有不同洽談作風的人，雖然他的經驗同樣豐富，但其目的是為了對談判產生影響，他顯然會採取不同的措施。他不僅要了解「自己」的情況，甚至對每一個己方人員的背景和價值觀，以及每一個人的特長和不足之處，以及是否可以充分利用等問題，都要搞得一清二楚。

以上這些資訊，對於那些經常玩弄花招，以犧牲對方利益而謀取自己利益的人來說，是至關重要的。這些資訊能成為他在以後的談判中使用的武器。如果彼此商定把談判比做遊戲，以一方的勝利而告終時，那麼他的舉動也是無可非議的。

當我們一旦察覺到談判中間將會發生衝突，就必須萬分小心。雖然，我們還無法確定談判將會怎樣展開，但是已經看見了警示的「黃燈」。這並不等於表示「進攻」的「紅燈」，但起碼已顯示出對方有些神經質或是經驗不足，或是對談判有些不耐煩了。也許對方十分好戰，「黃燈」真正轉成「紅燈」，這時我們就極易做出相對的反應了，可全力以赴，投入戰鬥。

如果在談判開始時，我們還不清楚對方這些行動的意思，而我們打算採取的是與對方「謀求一致」的方針，這時就應該引導對方與我們協調合作，並進一步給對方機會，使他們能夠主動回應我們的方針，同時，我們自己也應該有更充裕的時間和機會，把對方的反應判斷清楚。

這時，我們施展技巧的目的是努力避開鋒芒，使雙方趨向合作。我們應不間斷地討論一些非業務性話題，並更加地關心對方的利益。

看一看下面這段開場對話：

「歡迎你，見到你真高興！」

「我也十分高興能來這裡。近來生意如何？」

「這筆買賣對你我都很重要。但首先我對你的平安抵達表示祝賀。旅途愉快嗎？」

「這個問題也是我們這次要討論的。在途中飲食怎麼樣？來點咖啡好嗎？」

這並不是一個漫無邊際的閒聊，雖然表現上它與將要談判的問題毫不相干。但是，如果對方在這段談話之後，仍堅持提出他的問題，我們就可以認為「黃燈」有變為「紅燈」的危險。如果他能夠接受這種輕鬆的聊天，雖然這並不能改變「黃燈」仍然亮著的事實，但它告訴我們它有轉為「綠燈」的可能。

在這個階段，談判人員最容易犯的錯誤，是過早設定對方的意圖。因為無論如何，我們已經掌握了一些資訊。還要隨著洽談及實質性談判的深入，對這些資訊做出更深入的分析。

在談判雙方接觸、摸底階段，對於談判者，特別是以前從未打過交道的談判者來說，開場白還有一個非常重要的任務，就是透過對己方情況的介紹，將一些對己方有利的資訊傳遞給對方，顯示自己的實力。這對談判的深入乃至雙方最終達成協議都有非常重要的意義。

第三章　策略談判的鮮招

世界總是處於不斷的變化之中，這種變化是永恆而又絕對的。因此，如何運用各種靈活的策略應對不斷變化的形勢與事物，是擺在每一個談判人員面前的嚴肅課題。

進攻的策略

談判有時像是一場攻堅戰，在向對方陣地發起持續而又強有力的衝鋒時，若不掌握一定的戰術與技巧，你很可能尚未到達目的地，就踩上了地雷或中了槍彈。

◆ 投桃報李

談判是一個說服的過程，談判的主體是人。而人是一個感情動物。人和人之間存在著一種感情鏈，如果在談判中抓住了感情鏈中的任何一環，都有可能產生連鎖反應，達到能使人所接受的感情切入點。這就是談判活動中說服對手，達到自己談判目的的基礎。基於人的社會性，人們的感情場周圍布滿了各種各樣的感情，所以你要在談判活動中打動對手，征服對手的心，並不是一件可望而不可即的事情。

藍斯頓是曼哈頓一家報社的記者，一次奉上司之命寫一篇有關某大公司的內容報導。他非常想獲得該公司的詳細資料，於是他找了該公司的董事長約定了會見的時間。

當藍斯頓先生被引進董事長的辦公室，一個年輕的祕書從側門伸出頭，她告訴董事長今天沒有郵票可以給他。

「我在為我那 10 歲的兒子收集郵票。」董事長對藍斯頓解釋說。藍斯頓說明了他的來意之後，訪談開始進入正題，但董事長對藍斯頓的採訪採取模稜兩可的回答態度，他不想認真回答，無論藍斯頓怎樣好言相求都沒有效果，訪談只得很快結束。

藍斯頓回到家中，苦思良策，忽然，靈機一動，他由董事長祕書所說的郵票，想到了董事長 10 歲的兒子，再由此聯想到他所在報社的外事部門專門收集從世界各地的信函上取下來的郵票……於是他有了主意。

第二天一早，他又去拜訪那家公司的董事長。他首先請人傳話說，有一些郵票要送給他的孩子。結果，藍斯頓受到了熱情的接待。董事長滿面微笑，非常客氣。他一邊仔細地欣賞那些郵票，一邊高興地說：「我的孩子肯定會喜歡它們……瞧這張，簡直是無價之寶！」

接下來，藍斯頓同董事長先花了一個小時聊有關郵票的情況，看他孩子的照片，然後又花了一個小時，董事長把藍斯頓想知道的情況都說了，並且把他的下屬叫進辦公室，詢問了一些具體的情況，甚至打電話給他的同行，諮詢其他對藍斯頓有用的資料。總之，把他所知道的所有一切都一股腦兒地告訴了藍斯頓，結果，藍斯頓滿載而歸。以郵票為媒介，使藍斯頓以間接的方法，成功地說服了對手，獲得了自己所需要的資訊。藍斯頓之所以成功達到目的，是因為他看準了這一點，採取一種間接的說服方式，針對對手感興趣的事情，以表面上與本意無關的事物或行動去打動對手的心，使之產生好感，從而達到自己的目的。藍斯頓從單純採訪的角度發掘不出董事長的真心話，卻用郵票這塊小小的敲門磚，融洽了感情，達到了採訪的目的。

由此看來，如果只想使對方佩服你，希望喚起他對你的關懷，這樣永遠也得不到他人關心，或為自己贏得真正的友誼。在談判桌上，即使與對手針鋒相對、據理力爭的時候，關心別人、體諒別人也是必不可少的，因為，有一句古話說的好：「投之以桃，報之以李。」

◆ 站在對手的立場上說話

美國著名講演家戴爾．卡內基曾經說過：「將對方視為重要人物並以誠相待，縱使是敵對者也會成為友人。」

某城市電話公司曾遇到了一件麻煩事。一位苛刻的使用者對電話公司的服務不滿意，因此在電話公司要繳收電話費的時候大發雷霆。他認為這些費用對於他所享受到的服務而言，簡直有如敲竹槓，一進他怒火滿腔地宣稱，要把電話連線拔掉，並且到有關方面提出申訴。

為了解決這一抱怨，電話公司派出一位最幹練的「調解員」前去見那位脾氣暴躁的用戶。在雙方見面之後，那位暴怒的用戶盛氣淩人地向調解員發洩著他的憤怒，而調解員則靜靜地聽著，不時地說：「是的。」對用戶的不滿表示同情。

事後那位調解員回憶道：「他滔滔不絕地說著，而我洗耳恭聽整整3個小時。我先後去見過他四次，每次都對他發表的觀點表示同情。在第四次會面的時候，這位用戶說他準備成立一個『電話使用者權益保障協會』，我立刻表示贊成，並說我一定會成為這個協會的會員。這位使用者從未見過一個電話公司的人同他用這樣的方式和態度進行交談，於是他的態度逐漸變得友善起來。前三次見面，我甚至連他見面的原因都沒有提過，但是在第四次見面的時候，我們已經化敵為友，事情順利地解決了。這位使用者該付的費用全部照付了，而且還主動撤銷了向有關方面的申訴。」

在上述的談判實例中，那位無事生非的使用者，在對電話公司的這場抗議中，自認為是扮演了一個主持正義、維護大眾利益的角色。而事實上，他所需要的只是一種自己是重要人物的感覺。當調解員以耐心傾聽來面對他的控訴，他獲得了其所需要的這種感覺，滿足了他的權力欲和虛榮心之後，那些無中生有的牢騷自然就煙消雲散了。電話公司的調解員成功地運用了一種心理學中所謂的「暗示性讚美」，而這種讚美恰好是人們喜愛被奉承的通病所需要的藥方。

當一個人受到來自他人的尊敬和信賴的時候，他都會從內心感到高興，雖然明知道那是拍馬屁，但聽起來也會感到舒暢。自尊心越強的人，越會有這種傾向。在談判桌上，自尊心很強的人往往比較難以對付，如果你希望他能夠接受一項繁雜而又為一般人所難以接受的條件時，最好的辦法是觸及他的自尊心。一般來說，自尊心強的人大都很自信，並且不論在任何場合下都會認為自己是與眾不同的，不願和普通人混為一談。所以，你在打動他的時候，要注意在不知不覺中使他意識到「為何我不去煩勞別人，卻偏來麻煩他」的原因。比如：「想要徹底解決這類的難題，實在是非你莫屬」。如此簡單的一句話，一定能夠打動對手的心，使得許多難題迎刃而解。

這種「暗示性的讚美」曾經在一家公司的人事主管手中發揮了神奇的效果。他經手過多次公司往下屬分公司調配人員，每次都進行得非常的順利，絲毫沒有引起別人的反感。本來該公司的下屬分公司分布於地處偏遠的鄉下，除非特殊情況是很少有人願意去的，但這位人事主管是採取了什麼說服手段，讓那些人高高興興地下鄉去呢？

首先，他總是將鄉下分公司的工作情況批評得一無是處，然後特別強調必須是一位非常能幹的人選才能夠整頓那家分公司。他說：「如果這樣下去的話，分公司遲早會撐不下去的，所以必須盡快設法解決，但這件事情並非是任何人都可以勝任的，必須是一位有相當能力的人方可擔當。萬一選人不當，對分公司會有相當大的影響。」

在他的話中，他有意無意地強調「非你莫屬」。所以，當下派的員工在接到任命之初，還會產生「流放」的感覺，但聽了他的這一席話之後，自豪之情油然而生，而且下派之後他真的做得很出色。

據說該人事主管的這種做法屢試不敗，從未引起過任何麻煩。

◆ 小心求證，步步為營

一個優秀的談判者必須保持著懷疑的態度，在評估對方所說的話時，要注意到下列四個原則：

1. 永遠不要將任何事情視為理所當然。
2. 每一件事情都要經過調查。
3. 要讓每件事情看起來都很合理；如果認為不合理時，就要保持懷疑的態度。
4. 在事實和對事實的解釋間要劃出明顯的界限，不要被對方所愚弄。

單單知道策略還不夠，如果整個策略部署失當，則談判無法取得成功。策略的目標和策略的執行程序要比策略本身重要多了。歷史上有許多偉大的策略，就因為部署失當而失敗。所以策略的本身和策略的部署是相輔相成的，二者並不相同。

彈性地運用策略是必要的。因此此時適用的策略，以後未必就能適用；適用於你的策略，未必就適於他。在談判剛開始一時，用起來合適的策略，以後可能就不適用了；昨天有效的策略，明天不一定會有效。

不斷地評估策略的適宜性是件非常重要的事情。在每次的談判中，聰明的談判人員常會一次又一次地問自己這些問題：

1. 我能不能運用新的策略，求得更好的成果？
2. 此刻是不是變換策略最適宜的時刻？
3. 對於不道德的策略，是否應該加以懲罰？
4. 對於我使用的策略，對方會有怎樣的反應或解釋？
5. 對方會不會進行反擊？
6. 假如我的策略被人識破時，我會不會因此而失去面子或者失去議價的力量？如何才能將損失減少到最低的程度呢？

策略的選擇往往牽涉到道德的問題。在商業或政治上的成功，並不能證明所使用的手段是正當，的。不管你喜歡與否，每個談判人員在選擇策略時，都有他個人的愛好。

在選擇策略時，不應該忘記的原則是，除非你已經仔細想過對方可能採取的應付方法，否則不要輕易使用任何一種策略。忽略了這一點，你的處境很可能就會和以下這個購買者一樣。他告訴賣主，除非這個價格，否則我就不買。結果他被老闆開除了，因為賣主把整個經過都說了出來。所以，任何一個優良的策略，都必須有彈性地運用，此外還得配上良好的商業判斷力。

◆ 大智若愚

在美國有一部老電影《22 轟炸大隊》中，空軍轟炸大隊的投彈手佛薩林跑去看精神病醫師；他急欲離開他的職位，因為他感覺快要發瘋了。但是精神病醫師對他說：「如果你是真的發瘋，你會願意留在轟炸大隊；你一定還沒有發瘋，因為你還想要脫離。所以我不能答應你的請求讓你離開轟炸大隊。」

上述的對白告訴我們從某個角度來看，愚笨就是聰明，而聰明卻往往是愚笨。有些顯得非常果斷、能幹、敏捷、博學或者理智的人，卻並不見得聰明。因此，在談判中如果你能了解得緩慢些，掩飾一些果斷能力，稍微不講理些，也許你反而會得到對方更多的讓步和更好的價格。可是，大多數人都想讓別人認為我們很聰明。當我們必須說：「我不知道。」或者：「請你再說一遍。」的時候，總是感到難以啟齒。

◆ 期限的力量

期限，在談判中是一種時間性通牒，使可以使對方在壓力下迅速做出決定，失去從容應付的機會。從心理角度上講，人們對已得到的東西並不十分珍惜，而對要失去的、或本來他看來並不重要的東西，卻一下子變得很有價值。所以，在談判中採取期限的誘惑和最後的通牒術，是借用人的這種心理特點去發揮作用的。

一位美國商人帶著一大堆有關日本人的精神和心理分析書籍，前往日本進行談判。

飛機在東京機場著陸時，兩位專程前來迎接的日本方面代表彬彬有禮地接待了這位美國商人，並替他辦好一切手續。

「先生，您會說日語嗎？」日本人問。

「不會，但我帶來了一本字典，可以學一學。」美國商人答道。

「您是不是非得準時乘機回國？到時我們可以安排專車送您到機場。」日本代表關懷備至地對美國商人說。不加戒備的美國商人覺得日本人真是體貼周到，以至於毫無警覺地掏出回程機票，說明兩週後離開。至此，日本人已知對方的期限，而美國商人還懵然不知日本人的計謀。

日本人安排來客用一個星期的時間遊覽，從皇宮到其他景點全參觀遍了，甚至還安排他參加為期一個星期用英語講解的「禪宗」講習班，據說這樣可以讓美國人更易於了解日本的宗教文化。

每天晚上，日本人讓這位美國商人半跪在硬地板上，接受他們殷勤好客的晚宴款待，往往一跪就是四個多小時，叫他厭煩透頂卻又不得不連聲稱謝。但只要美國商人提到談判的問題。他們就寬慰地說：「時間還多，不忙，不忙！」

第十二天，談判終於開始了，然而下午卻安排了打高爾夫球的活動。

第十三天，談判再次開始，但為了出席盛大的歡送宴會，談判又提前結束。美國人暗暗著急。

第十四天早上，談判重新開始，不過，在談判的緊要關頭，汽車來了，前往機場的時間到了。這時，主人和客人只得在汽車開往機場途中商談關鍵條款，就在到達機場之前，談判不得不達成協議。

商務談判的雙方可以分為賣主和買主。聰明的賣主知道，某些最後期限，能夠促成買主決購買。以下的 10 個方法，可促使原本無心購買的買主決定購買：

1. 7 月 8 日價格就要上漲了。
2. 這個大優待只在 20 天內有效。
3. 大拍賣將於 6 月 29 日截止。
4. 存貨不多，欲購從速。
5. 如果您再不惠顧，我們就要倒閉了。或者是：結束在即，大拍賣，欲購從速。
6. 如果你不在 8 月 3 日以前給我們訂單，我們將無法在 9 月 10 日以前交貨。
7. 生產這批貨物，整整需要 10 個月的時間。
8. 唯有立刻訂貨，才能確保買到你所需要的貨物。
9. 有艘貨輪將在本日下午兩點開船，你要不要馬上購貨，趕上這班船呢？
10. 如果我們明天收不到貨款，這項貨物就無法為你保留了。

賣主對於時間的壓力非常敏感，也許比買主還要敏感些。以下是買主用來刺激賣主完成交易的 12 個最後期限：

1. 我 7 月 8 日以後就沒錢購買了。
2. 在明天以前，我需要知道一個確定的價錢。
3. 我要在星期三以前完成訂貨。
4. 如果你不同意，明天我就要找別的賣主商談了。
5. 我不接受 8 月 15 日以後的估價單。
6. 請你把價錢全部估出來，明天就把估價單給我。
7. 星期五以後，我就不一定會買了。

8. 這次交易需要經過我們老闆批准，可是他明天就要到歐洲去考察了。
9. 這是我的生產計畫書，假如你不能如期完成，我只好另找高明。
10. 我們的財務年度在 12 月 6 日就要結束了。
11. 我星期一要去度假 3 個星期。
12. 採購預算會明天就要開，你究竟接不接受這個價格呢？

最後期限常迫使人們不得不採取行動。在日常生活中，同樣也有許多時間限制，如早上 8:30 要開始工作，下午 5:00 下班；一成不變的火車時刻表等等。每個交易行為，都包含著時間的因素，而我們對於最後期限的限制，幾乎已有了不自覺的反應。

最後期限的壓力迫使人們快速地做出決定，一旦他們接受了這個最後期限，交易就會很快且順利地結束了。倘若他們拒絕接受最後期限，後果就無法預測了。經驗告訴我們，有些最後期限可能是假的；不過，也有些是真的。有些會使我們損失不少，有些卻無關緊要。談判者永遠無法確定對方所提出的時間限制是不是真的，也無法正確估出如果拒絕最後期限，可能會有什麼樣的損失，而決定取捨。接受和拒絕之間的差異，就好像穩握在手中的鳥兒不同於飛躍在樹上的鳥兒一樣。接受最後期限的人確實能夠享有他確定未來的快樂，而不必再去進行一連串的談判了。我們不難想像如果對方拒絕的話，事情可能會變得更糟糕。

談判專家的忠告是不必盡信所謂的最後期限。他們認為所謂時間的限制，就像火車來了又去，去了又來。星期三應該交出的報告，如果星期四再交上去，你也不致因此就被開除掉。一月一日截止的大拍賣，通常一月二日還有效。最後期限的限制，只有當你認為它是真的，它才可能是真的；很多時候，只要經過商量便可延期了。

當然，不相信最後期限具有冒險性的。買主說：「我星期三以前會向你訂貨。」但他可能到時不向你訂貨，讓你孤立無助，哭訴無門；賣主說：「唯有你今天訂貨，我才可以保證有貨物賣給你。」不管是不是真的，你最好今天就向他訂貨。因為他很可能在星期三之前就沒有存貨了。如果對於對方公司的生產計畫、存貨狀況以及需求現金的情形了解得越多，則你越有掌握知道這個最後期限是不是真的。

時間就是力量。我們在進行商業談判，時常為時間的壓力所煩惱，甚至永遠無法忘掉時間的壓力。所以，我們應該十分認真地關心對方的最後期限 —— 例如：我們有最後期限，則對方也可能有相同的限制。以下的三個問題能幫助你躲開最後期限的陷阱：

1. 不管是個人或公司的最後期限，我是否會因這些限制而使談判發生困難呢？
2. 我自己或公司的最後期限是不是真的？我可不可以和我方人員商議延長期限呢？
3. 對方的最後期限究竟是什麼？

   時間限制有一種無形的迷惑力量。即使我們不需要，往往也會在不知不覺中接受了它。這也就是為什麼它的效力如此之大；它常會促使對方做成你希望他做的決定。所以，最後的期限仍然常為人們所相信而接受。

防守的策略

◆ 以逸待勞

「以靜制動，以逸待勞」是古代的謀略術語，它出自老子所著的《道德經》。他說天「虛而不屈，動而越出」，要求人們「致虛極、守靜篤」、「重為輕根、靜為躁君」，以觀其動。意思是說，人能把激烈的情緒平息下去，以一種清靜無為的心理狀態，敏銳地觀測事物的運動變化，才能抓住突破口，迅速攻擊，克敵制勝。

美國加州的一位石油商人得知另一家公司有意購買他預計出售的一批二手卡車，感到十分高興。經過反覆核算，他決定以 250 萬美元的價格出售這批卡車，並準備了充足的理由說服對手。

談判的時候到了，坐到談判桌上，石油商人在心中一再叮嚀自己要沉住氣，他看著對方很久沒說一句話。果然，買主首先沉不住氣了，他滔滔不絕地對卡車進行挑剔。

然而，面對買主的一再殺價，石油商人仍是一言不發，只是報以微笑，使得買主誤認為石油商人已經找到了新的顧客。於是他按捺不住了，心理上敗下陣來，咬著牙說道：「這樣吧，我出 350 萬美元，但除此之外，一塊錢也不能多給了。」

350 萬，顯然比石油商人原來的估價要高出許多，這是他始料未及的，當然就順利成交了。

我們提倡在談判活動中「貴虛」、「尚靜」，就像那位石油商人一樣，引而不發，以一種特殊的心理狀態，我們攻破對手的心理防線。所以，「貴虛」、「尚靜」有兩層涵義：

1. 指一種清虛、敏銳、明澈如玄的心境。這是一種特殊的心理狀態，靈感火花的迸發就是在此心理狀態下的直覺感悟和生命經驗。
2. 指冷靜地預測事態的發展變化，抓住薄弱環節，出其不意，突襲對方。在運用「以逸待勞，以靜制動」談判技巧的時候，要注意以下兩點：第一，談判雙方在關鍵問題或有爭議的問題上，雖急於要求對方表態，但雙方都反其道而行之，一言不發或者避而不談，藉以激怒對方，擾亂對方的心理，迫使對方說出自己的真實意圖，然後迅速出擊，達到改變對方談判態度的目的。第二，當對方處於優勢，己方處於劣勢時，在行動上採取以退為進的方法，靜觀其變，然後，伺機扳回優勢。

◆ 不動聲色

明朝有一種勞役，是官府將官馬分派給民戶飼養，過段時間再由民戶向官府繳納驗收。由於各州縣都不能自己繁殖小馬，必須靠馬販子從外地販過來，於是奇貨可居，馬販子常會趁機抬高馬價。開州地勢偏遠，交通不便，買馬比別的州縣更為困難。為了解決這一長期存在的難題，開州的知縣陳霽岩在思索了這一情況之後，心生一計，佯作不急，表示要等馬販子到齊之後才出堂看馬。在看馬前一天，他把負責解送馬匹的差役叫到公堂，向他們詳細地詢問了市場的行情，然後又悄悄地對他們說：「雖然我現在心中非常急於買馬，但明天看馬之時，要裝出一副不在乎的樣子，這件事先讓你們心中有數。」

差役們原本是怕交不了差而被上司懲罰，在聽了陳知縣的這一席話之後，猶如吃了一顆定心丸，趕快叩頭謝恩。

看馬的日子到了，管馬的差役把馬販子齊集堂上，他們帶來了各種各樣的馬匹，其中大部分都很雄健，但陳知州卻是一概不要，他對馬販子說：「馬的高矮就怕比較，我寧可要矮一寸的馬。我已經發文通知太僕寺（當時朝廷負責馬政的官署），說這是自己繁殖的馬駒。」

眾差役於是齊聲呼應道，說是再過三日到臨濮的市場上去選購，一定能夠得到知縣要求的這種馬。陳知縣答應了，對誰也沒有責備。

馬販子眼看成交無望，內心非常失望，為了保本，都爭相把手上的馬賤價脫手。結果，這年開州需要的馬匹不到兩天就全部買齊了，而且價錢都在20金以下一匹。而在周圍的州縣，為了爭取早日完成任務好得到官府的保薦，地方官們都爭相高價買馬，有的馬價竟然漲到30～50金一匹。

陳知縣買馬，心急面不急，以輕鬆自如的神態參加談判，就等於把問題的包袱甩給了對手，這往往有助於你達到自己既定的談判目標。

談判桌是一個特殊的戰場，那麼，面對對手的進攻，也要採取特殊的防禦措施。要做到這一點，可以從下面三方面加以注意：

最好不要為自己的事親自去談判，可以委託代理人。因為人們對自己的利益往往會更關心，常常在談判桌上過度看重得失，而喪失了一種客觀而從容的立場。

如果談判進行得不如預料中那樣順利，那麼你不妨做最壞的打算，使得心中一塊石頭先落地。用美國著名作家、演講家戴爾．卡內基（Dale Carnegie）的話說便是：「大不了……」「難道談不成就活不成了嗎？」如此一來，你便會豁達而樂觀地去面對談判桌上出現的難題；同時還會感覺精力充沛，精神輕鬆，面對命運的挑戰而充滿自信。

從多角度去看問題。有一個典故說：兩個人看到半瓶啤酒，一個人說：「唉，只剩半瓶！」另一個人卻說：「太好了，還有半瓶！」前面是個悲觀主義者，而後者則是一個典型的樂觀主義者。

◆ 以柔克剛

老子在《道德經》裡這樣說道：「世界上最柔弱的東西莫過於水，但是，一切堅強的東西都不能戰勝它。」所以說，天下最柔弱的東西，往往是縱橫馳騁於天地間最堅強的東西。這就是我們在談判桌上經常運用的以柔克剛技巧的理論基礎。

談判人員在使用這些技巧的時候，通常以貌似弱小無力的談判協商與智謀，影響談判對手的心理狀態和立場觀點，達到有時用強有力的「雄辯」也不能解決問題的目的。談判者用謙卑的態度去圓滿地處理各種人際關係，用溫柔的情意去化解對方冰冷的心，用甜蜜的語言去消解對方的怒氣。在文學作品中，常常把「情感的力量」比做是和煦的春風，它能使冰雪融化，枯木發芽，綠葉成陰。其原因就在於情感能使人在不理智的狀態中清醒過來，喚醒人對真、善、美的追求，擺脫醜惡和虛偽，滿足了對方的心理需求，從而感化對方，改變對方頑固的立場和態度，如春雨潤物，在「細無聲」中使萬物勃發生機。

談判桌上，對手的攻擊一般有三種形態，強烈地主張自己的立場；攻擊你的方案或想法；對你施以人身攻擊。如何施展「柔道談判技巧？」如何避閃對方的攻擊，而使它轉向問題的實質？

不要攻擊對手的立場

當對手提出他的立場時，

1. 不必立刻表示贊同或拒絕；
2. 將它看成是一種選擇條件；
3. 關心對方立場背後的利益；
4. 尋找它所表達的原則；
5. 構思可加以改良的方法。

下一個階段，即是把對方的注意力引向建議案，並引導它進入你的改良方向。為達到這個目的，坦誠地和對方討論，再設想一下，如果接受對方的主張，結果將是如何？

虛心「納諫」

在談判過程中，我們常常會在相互的批評上耗費許多時間。聰明的作法不是一味地以批評對付批評，而是要設法改進對方的批評。例如：問對方：「這個方案中，你不同意哪一點呢？」強迫對方接受或拒絕一項提案，並非良策；正確的作法是要讓對方具體說出到底是哪裡不好。

為了確實找出對方最基本的利益，我們應站在對方的立場，適度地修正自己的想法，並需要研究對方可能加以否定的各種情況或論據，再根據研究所得的結果，重新理出你的想法；這樣就可以將妨礙協議的批評，變為達成協議的重要因素。

把批評改為建設性的提示徵詢，然後再徵求對方的意見，問他如果站在你的立場時他該怎麼辦？

提問後的緘默

以柔克剛談判策略有兩個要點：

第一，不要妄下斷言，應改用詢問的口氣。若語氣過於生硬或武斷，對方很可能會反抗，但如果以詢問的口吻來表示，則通常可獲得回答。事實上，也只有透過詢問，才能獲知對方想說的到底是什麼；此外，詢問還可以表示積極的態度，使對方針對問題來作答；再次，詢問不至於留下對方攻擊的目標，也不會留給對方批評的餘地。態度和緩的詢問並不是批判，而是啟發。

第二，沉默。沉默也是最佳的武器之一，應該好好地加以應用。假如對方的提案不夠合理，或對你進行不理智的攻擊時，你不妨靜下心來，保持緘默。「以靜制動」亦不失為一個理想的方法。

當你認真地加以詢問，但對方卻未做正面的回答時，你就可以靜靜地等待。因為你的沉默，對方會感到不安。尤其當你對談判結果沒有充分的自信時，更應該保持沉默。

沉默，也是一種「陳述」（無聲的陳述），也往往給人一種談判陷入僵局的感覺；對方為了打破僵局，結果不是回答了你的問題，便是不得不提出新的方案。當你在詢問後，必須保持一段時間的沉默，萬不可緊接著提出另一個問題，或者說出自己本身的意見而擾亂對方。某些時候，一言不發（沉默）反而是最巧妙的談判方法。

《莊子》中有一則故事：

從前一位名叫紀渻子的鬥雞師，對調教鬥雞很有心得，是個鬥雞名人，名氣很大。有一次，周宣王派人送來一隻雞，希望這位名人好好調教。

十天過去了，宣王問他：

「已經可以用了嗎？」

他恭敬地答道：

「還不可以，牠過度虛張聲勢，只會逞強。」

又過了十天，宣王又問。

「還不行，牠對其他的雞的聲音和影子會突然擺起架勢。」

又過了十天，宣王催促他。

「還不行，一接近其他的雞，牠就精神抖擻，用力地瞪眼。」

又過了十天，宣王又來催促，紀渻子回答道：

「現在可以了，即使聽到其他雞的叫聲，牠也不會有任何反應，從遠處看，簡直就像一隻木頭做的雞，其他的雞隻要看一眼就會逃走，沒有一隻雞膽敢面對牠。」

第三章　策略談判的鮮招

現在，人們多把「呆若木雞」用來形容因恐懼或驚訝而發愣的樣子，視為貶義，若從這則寓意深遠的故事看，其實不然。按紀渻子訓雞的意圖看，正是要使這隻雞達到「呆若木雞」的「無我無敵」之最高境界。當談判桌對面坐著一位「知無不言，言無不盡」的對手時，你並不會感到心理上有多大壓力，但若面對的是一位沉默寡言的對手時，則另當別論了。談判活動有時需要這種理智的「木雞」，在談判過程中有時需要這種類似「木雞」的人，也可以說是一種性格需要。在談判活動中也應因背景、條件、對象等的不同，調整自己的策略及姿態，或靜或動，或言或少言或言。

請一位「第三者」

通常，談判者往往是在自己無法從立場式談判，轉向為原則一談判的情況下，才請第三者介入的。下面是一對夫妻在新建

屋時意見對立的例子：

妻子希望是有落地窗的二層樓建築物，但丈夫卻希望有寬大車庫與現代化書房的平房。為了調和大家的構想，雙開始互相討論：「客廳應該怎樣布置？」或「你為什麼喜歡那種？」在討論中，雙方都固執己見，堅持採用自己的設計草圖。丈夫為了獲得妻子的讓步，結果同意將車庫的深度減少一米，妻子也同意放棄在屋後增設陽臺的構想。但是，雙方仍然各自為自己的設計辯護，並且千方百計責難對方。結果，夫妻之間的感情受到傷害，溝通更加困難，無論誰一旦稍作讓步，便會極感委屈，因此，雙方更堅持己見，不願再做更多的退讓。

這就是立場式談判法最典型的一個例子，兩位當事人之間的談判，已弄成僵局，雙方根本不想改變談判的性質以求解決爭議，所以，請第三者「列席指導」，便是一個理想的解決方法。

調停者比當事人更容易將事與人加以分離，而將議論的方向導向利益與

選擇條件。同時，調停者往往可以提供解決雙方不同意見的公平標準，減少選擇方案的數目。也可讓當事人了解達成決議後雙方可得的利益。第三者用來調停的這種方法即是最終方案調停法。

這對夫妻因為房屋的設計方案不同而無法達成協議，假如聘請立場超脫的建築師重新設計，便可以同時兼顧丈夫與妻子的構想。我們必須了解，第三者並不一定能採取最明智的行動。某些第三者在雙方委託人明確表明各自的立場後，會強迫雙再三讓步，甚至感情用事地讓委託人放棄原來堅持的立場，而採用第三者提出的方案。

最終採取調停方案的建築師，一般會採取較明智並且理想的行動。建築師並不關心委託雙方的立場，只是注重雙方真正關心的事或利益。

例如：他並不會問妻子「落地窗要多大」，而只是問：「你為什麼喜歡落地窗呢？是想讓早晨的陽光或是下午的陽光照進來嗎？或者你只是為了欣賞外面的景色？還是為了能從外面看到裡面？」

同樣，他也詢問丈夫：「你為什麼想有個車庫？是為了收藏東西嗎？書房又將如何使用？純粹是供看書用還是在裡面觀賞電視節目，或者只是為了招待朋友？什麼時候使用？白天？週末？晚上？」如此逐一地問個明白。

建築師只是向夫妻雙方徵詢意見，並不是要求放棄各自的立場，他只想找一個較為完美、使雙方皆能滿意的設計方案，但至於是怎麼樣的主設計圖，仍未完全確定。在最初的階段中，只是盡可能多地了解夫妻雙方的要求及利益。

然後，建築師將夫妻雙方的各種利益及需要一一清單：「早晨的陽光、暖爐、適合閱讀的場所、工作間、存放跑步機與兩部汽車的車庫……」，然後再讓夫妻雙方對所列的專案逐一評判，並尋求改進。雖然使雙方讓步極其困難，但讓他們作評判卻是輕而易舉。

兩、三天之後，建築師帶來擬好的建築草圖，說道：

「這張草圖，我自己覺得還不夠滿意，因此想聽聽二位的意見，並再作修改。」

丈夫看了之後說：「咦？盥洗室和臥房離得太遠了吧？而且放書的位置也小了一點，還有，萬一有客人來，卻沒有客房可睡，怎麼辦呢？」

同樣地，他也要求妻子發表意見。

幾天後，建築師帶來第二份設計草圖，再次徵詢雙方的意見。

「盥洗室與藏書的問題已經解決了，而且書房也可作為客房，你們的意見怎樣？」

隨著建築師的巧妙的運作，設計圖逐漸完成，而夫妻雙方也不會再斤斤計較，而是確切地表明自己認為最重要的事項。同時，夫妻雙方認為建築師不僅沒有拋棄他們的主張，反而將他們的希望完全表現了出來。這樣一來，包括建築師在內，任何人都不能因主觀和自私的欲念而否認這張設計圖。

建築師在經濟預算內構思，在最大限度上逐步地調和了雙方的利益。在這個過程中，需要彼此共同合作，所以，雙方皆不需擔心或性急地做出決定。當然，丈夫與妻子都用不著放棄自己所堅持的立場，何況目前他們皆處於與建築師談判的相同地位，隨著設計的進行，依己之見加以批評，並協助建築師的計畫擬一個草圖（方案）。

然後，第三、第四、第五個方案逐漸提出，並且經過了一番修改。最後，在大家都認為已無修改的必要時，建築師說：

「這就是我們共同意見的設計圖（最終方案），我一直盡力使二位的各種需求得以調和，我將你們的問題，以最標準的建築技術，參考先例及最優秀的職業性判斷加以解決，因而繪製出這份設計圖，希望你們能夠採用。」

這時，夫妻雙方要做的決定，只有「採用」或「不採用」，同時，他們也已經完全了解下決定後將會獲得什麼。只要有一方回答「採用」，必須引誘他方也同意採用，最終方案，不僅使談判的形式大大地轉變，同時亦能認真考慮選擇條件，並大幅地簡化共同決定方案的過程。

在其他類型的談判中，應該讓誰來扮演建築師的角色呢？有時，只要請第三者從中調停或仲裁便可以了。在談判成員超過兩者以上時，由關心達成協議、但對協定的內容利害關係不大的人擔任調停角色比較恰當。

在談判中，談判者本人擔當調停者的例子也不少。假設你是塑膠工廠推銷員，有塑膠容器製造業者前來洽談大量訂貨，對方期望能得到特製的塑膠瓶，但是工廠方面，卻擔心由於應付其訂貨而須添購新設備，所以猶豫不決。這時候，你的任務不是解決雙方有分歧的條件，而是使顧客與工廠間互相協調，推銷員自然知道他不是因為合約的內容，而是達成協議，取得訂單才能獲得報酬。例如：有位總經理極其關心是否能在不刪減款額的情況下獲得透過對某項目投資，如果你是那位總經理的助理，便可以告訴他，其實撥款額是 1,000 萬元或者 1100 萬元並不是主要的問題，而應關心的是該項目投資款本身是否會被董事會透過。

以下舉一個關於策略方面的例子：兩位部屬意見相左時，身為經理的你，不應著眼於採取哪一位的意見，而應重視如何作決定，才會使雙方都同意並樂於從命。不管情況如何，雖然你是解決問題的當事人之一，但也能以調停者的立場去處理問題。此時，採取最終方案調停法，最能使你獲得利益。簡單地說，也就是自己調停自己的糾紛。

這種最終調停法，必須借助調停法，雙方的談判方能奏效。特別是在有多個當事人的談判中，若無調停者，將難以解決談判問題。例如：150 個國家，提出的方案就有 150 個，而且誰也不肯讓步。在這種情況下，想得出一個建設性方案似乎不太可能。因此，必須將方案程序簡化，或是提出另一種方案，此時，就適宜採取最終方案的程序仲裁。

使用這種方法，實際上不需要全體人員的同意就能開始，只要事先擬好草案，再徵求個人的意見即可。這是借助開始新的談判方法（程序仲裁法），而改變原來談判方案的方法。談判各方當事人爭執不下時，只要有人提出新的談判方式，即可改變形勢，但是如果對方不希望與你直接談，那麼只需委託第三者向對方提出最終方案即可。

◆ 折中調和

漢宣帝時，渤海（今滄州地區）及附近各郡鬧災荒，百姓們沒飯吃，紛紛造反，當地的郡守根本管制不了。宣帝打算派一個能幹的人去治理渤海，丞相、御史都推薦龔遂，宣帝便任命他為渤海太守。當時龔遂 70 歲了，宣帝召見他，見他長得又瘦又矮，不像個能幹的人，心中有些瞧不起他，問道：「你有什麼辦法平息造反呀？」龔遂回答說:「沿海地區地處偏遠，不沾教化，百姓們飢寒交迫，官吏們卻不加撫恤，致使陛下的子民偷拿陛下的武器在小水池邊耍弄著玩。陛下是讓老臣去戰勝他們呢，還是安撫他們呢？」宣帝聽了龔遂幾句話，覺得龔遂是個人才，便正色回答:「寡人選任賢良，當然是安撫百姓了。」龔遂說:「老臣聽說，治理亂民如同把攪亂的繩子整理好一樣，不可操之過急。臣希望丞相、一史且不要用那些法令和規範來約束臣，讓臣得以按情況自己處理事情。」宣帝答應了他。

龔遂便走馬上任，前往渤海郡。郡裡官吏聽說新任太守來了，派軍隊前去迎接，以保證安全，都讓龔遂給趕了回去。龔遂馬上傳令各屬縣，撤銷所有捉捕盜賊人員，凡手裡拿著鋤、鐮等農具的人都是良民，任何人不得干擾，拿著兵器的人才是造反的盜賊。之後，龔遂自己不用任何人護衛來到郡府。造反的百姓聽到了龔遂的號令，便各自解散，扔掉了兵器，又拿起農具種田去了。從此以後，渤海郡得以安定。

龔遂的「息事寧人」是有條件的，一是官府撤銷所有捉捕盜賊人員，營造「寬和」的氣氛，二是暗示「大眾」只要放下兵器，拿起農具，官府將不予追究，這兩個條件成熟，才能達到「息事寧人」的效果。龔遂的「息事寧人」在謀略實施上是有計畫、步驟和技巧的，如「趕走來迎接、護衛的軍隊」，「馬上傳令撤回捕盜人員」，「宣布凡是拿著農具的都是良民」以及「不用任何人護衛來到郡府」。

這個案例正好說明，雙方若是都退一步，就可以息事寧人，就都能海闊天空。

即雙方分擔差距，互相向對方靠攏，以解決談判最後差距的做法。折中有一次折中和二次折中，也能以不同內容、但意義相當的條件參與折中。

具體做法為：當買賣雙方的價格條件僅差 10 萬美元時，為達成交易，雙方同意折中解決，即各讓 5 萬美元。有時，某一方（買方）不同意這一次折中結果，又提出再折中要求，即 5 萬與 10 萬美元折中，即 7.5 萬美元，再降 7.5 萬美元成交。對此，賣方也有權再還一手，以 5 萬美元與買方同意的 7.5 萬美元折中，即以 6.25 萬美元成交。在某些談判中，折中還可以將價格與貨物相抵，如一方同意降價 2 萬美元，另一方同意減少 2 萬美元的貨物，以解決 4 萬美元的差距。在合約條款的談判中，雙方將分歧點計數，稱之為「記分法」，如有 10 分，則各讓 5 分，以解決分歧，結束談判。

此策略應注意的地方是：

折中時機必須是雙方均已做出了明顯的讓步之後，在最後的條件決定之時。

不宜率先提出折中，以免離成交點太遠。

在提出折中或回應折中時，不宜聲稱「最後的折中」，以保留「再折中」、「還一手」的權力。

折中時，應注意手上留「牌」，即讓步的餘地。

反擊的策略

談判時，假如對手的經濟寬裕、人際關係良好、參與談判的成員眾多、聲勢浩大，且具備各種優良條件，你又該怎麼辦？

當對方占上風而態度強硬時，反擊他！

◆ 好好保護你自己

晉靈公是一位荒淫暴虐的君主，常以彈丸打人、斬殺僕人為樂。宰相趙盾屢屢進諫，勸他禮賢遠佞，勤政親民，他非但不聽，反而把趙盾看成其恣意行樂的眼中釘，在奸佞屠岸賈的攛掇下，竟派人刺殺趙盾。幸虧行刺之人是個正義之士，不忍心殺趙盾乃自殺身亡。晉靈公和屠岸賈又設圈套，誘趙盾進宮看劍，借強加意欲行刺的罪名，趙盾在家臣提彌明的掩護下逃得性命。趙盾父子出城時碰上打獵歸來的趙穿，趙穿是先王晉襄公的馬，靈公的姐夫，與趙盾同族。趙穿知道事情的經過，請趙盾暫避一時，說宮裡的事一切由他安排。

趙穿去見晉靈公，假惺惺地說：「我們趙家人有罪，請主公罷免我的官職，再治我的罪吧！」晉靈公以為趙穿真誠，就說是趙盾斷欺寡人，與你無關，好好任職吧！趙穿又投其所好，說當國君就應及時行樂，否則當國王有什麼意思，當年齊桓公滿宮的美女，除正宮娘娘外還有六個老婆；先君文公妃妾無數，60 多歲還納妾呢！您現在年富力強，何不多選些美女進宮？晉靈公被趙穿說得心裡癢癢，問這件事讓誰去辦，趙穿介面道，辦這種事沒有比屠岸賈大夫更合適的人選了。靈公遂命屠岸賈到民間物色美女。

趙穿支開了屠岸賈，又對晉靈公說：「主公常去桃園遊玩，為安全起見，我給您選些衛戍士兵吧！」靈公高興地同意了。趙穿回家，精選了可靠的甲士 200 名，對他們進行了戰鬥動員和具體部署。趙穿回稟靈公，警衛部隊選好了，請您在桃園檢閱吧！靈公登臺閱兵，見人人精勇，個個強壯，心中大喜，即留趙穿侍酒。酒剛喝到興頭上，趙穿使個暗號，200 名甲士一聲吶喊，晉靈公還沒反應過來，就被甲士們刺死了。由於晉靈公在百姓中積怨甚多，所以他的被殺並沒有引起大混亂。趙穿回來主持國政，不久，立晉文公的小兒子當了國王，即晉成公。

這個故事就是告訴你，強權並不可畏。關鍵是避其鋒銳，擊其要害，保護好自己。

某些時候，我們會為了趕搭某趟航班而不顧一切地開快車，心想非搭上這班飛機不可，但後來往往會發現，其實搭乘下一班飛機也無所謂。同樣，在談判時我們也常常會遇到這種情況。例如：當你全力以赴地進行某一項談判時，心中強烈期望能順利地獲得成功，但又擔心會遭到失敗。在這種情形下，你所面臨的最大危機便是因為操之過急而百般遷就對方。通常，人們會經不起對方說：「我們大家都贊成這個決定，來吧，就只剩你一人還沒有同意，現在，只要你點個頭，會議馬上就可以結束了。」這種勸誘的口氣極具說服力，結果會使你對原本應該拒絕的提案和協議，輕易地妥協了。

◆ 築起你的「萬里長城」

不能達成協議時的選擇代替方案，雖然的確是能夠使雙方削減爭執，並達成協議的理想方法，但為了切實地避免發生在不利於自己的內容協定上與對方達成妥協的情況，最好能事先設置一道最後防線（第一種好處）。事先設置防線，雖比不上理想方案，但卻比達不成協議時的替代方案更具優勢。當你準備提出防線下的更壞條件來達成妥協時，最好是先將情緒鬆弛下來（能緩則轉），對談判的一切情況重新考慮後再作決定（第二種好處）。設置防線與底價的另一種有效的作用，就是可藉以限制談判代理人的許可權。例如：你可以告訴代理人：「除非事先通知我，否則，絕不能低於七萬九千元出售房屋。」

設置防線的其他三種好處是：

1. 使你在談判中保持心理的平穩，不致失措而自亂陣腳；
2. 使談判結果好過自己的預期；
3. 使你在談判場上擁有進可攻、退可守的策略基地，因而遊刃有餘。

◆ 看好你的底牌

通常人們認為，談判的力量是以談判者所擁有的財富、政治關係、體力、朋友及武力所形成的。而實際上，雙方當事人所擁有的談判力量取決於：

1. 最佳替代方案的吸引力；
2. 無所畏懼，「即使談判破裂亦無所謂」的優勢。

假設，在某市火車站的商店裡，一位富有的觀光客想以公平的價錢買一把小銅壺，店員雖然不算內行，卻深知這種銅壺受歡迎的程度，心想，縱然不賣給這位顧客，也可以賣給其他顧客。而觀光客雖然有錢、有地位，可是他很可能不知道這種銅壺的市場行情，同時，如果其他商店不賣這種物品，那麼觀光客在這種談判場合中的力量就處於弱勢；因為，觀光客只能要麼以極不合理的高價購買，要麼放棄購買的念頭。

在這種情況下，「財富」的條件，並不能強化他的談判力量。如果讓對方知曉他是位腰纏萬貫的富翁，這位觀光客反而更難以公道的價錢購買銅壺。其實，觀光客若要把他的財富轉化為談判力量，他應該利用財富去調查銅壺的行情。

讓我們再來想想看：一位求職者面對毫無把握的就業機會，他接受面試時的心情會是怎樣？他將以什麼樣的態度來進行有關薪水的談判？再來看看另一位擁有兩個就業機會的求職者關於薪水談判的態度；比較一下這兩個人有何差距？這個差距就是由談判力的不同造成的。

◆「拳頭」來,「原則」擋

當對方的談判實力強大時,你卻一頭栽入一種實力的競爭,那麼,即使你不上對方的當,也勢必在備嘗艱辛後空手而回。假如對方實力強或經濟上占優勢地位,那麼,根據雙方各自所提示的優點來進行談判較為理想。只有掌握基本原則、事實、互益的原則,來構思最佳代替方案,談判才不至於迷失或敗陣。

在自身談判實力強的情況時出擊,應事先擬定協議不成時的代替方案,則容易進行問題本質的談判,充分地開發並改善己方對於協議不成時的代替方案,將可以有效地強化己方的談判力度。不論對方是否贊同你所擁有的一切資訊、情況、時間、財力、人力,你都能運用自己的智慧,設計出一套獨立於對方意願之外,對你最為有利的代替方案。不懼怕隨時中止談判,這一點對談判結果有很大的影響力。

總之,擬定協議不成時的替代方案,不僅可以決定自己可接受協議的最低限度,而且也能避免接受底線以下的協議。對付談判高手最有效的策略,就是要事先擬定好自己的最佳代替方案。

炒蛋策略

通常若想解決問題,把事情簡化要比使它複雜更聰明。可是「炒蛋」卻剛好相反。有人以此為策略,故意把事情攪和在一起。這種攪和可能會形成僵局,促使對方必須更辛苦地工作,然後提出「最後通牒書」,迫使對方屈服,或者藉此機會反悔已經答應的讓步,有時候,甚至可以趁機試探對方在壓力下保持機智的能力。雖然談判通常應該以一種有秩序的方式進行,但是懂得「炒蛋」戰術的人卻知道這種沒有秩序的狀況反而對他有利。

攪和可能發生在談判初期或末期。有一個談判者,他喜歡很快就把事情攪和在一起。會談才開始了沒多久,他就要討論改變新的送貨日期、服務、品質標準、數量、價格、包裝等要點，將事情弄得非常複雜。他之所以這樣做，乃是為了要看對方是否已準備充分，是否願意重新了解不熟悉的問題。有的談判者特別喜歡在深夜時把事情攪和得很複雜，因為這時每個人都已精神不支，寧可同意任何看起來還合理的事情，而不願意在凌晨兩點鐘的時候去傷這種腦筋。

攪和的人常常會利用人們困惑時所犯下的錯誤——突然間事情變得加以比較，甚至連成本也無法作比較了。當事情被搞得亂糟糟的時候，大部分的人就想鬆手不管，特別是當他們疲累不堪或者還有其他煩惱的時候。

對付攪和者的人必須具備自信心。以下這些步驟對你會有很大的幫助：

1. 要有勇氣說「我不了解」。
2. 在你真正了解之前，你要堅持說「我不了解」。
3. 堅持事情必須逐項討論。
4. 當會攪和的人和你討論時，千萬不要讓他得逞，你可以用你自己的方法來討論，並且要讓他傾聽你的理由。
5. 記得，他也很可能和你一樣感到困惑不解。
6. 警覺到你可能會犯的錯誤。

防禦攪和者的要訣，是在你尚未充分了解之前，不要和他討論任何問題。耐心和勇氣會幫助你對付善於攪和的人，把事情一件一件地弄清楚。

不要讓他有混水摸魚的機會。

疲勞轟炸策略

研究結果顯示，被剝奪睡眠、食物或飲水的人，他的思維和行動能力十分薄弱。相同的道理，疲倦的人都比較容易被打動，犯下許多愚笨的錯誤。那些喜歡在晚上做生意的人都知道，在清晨三點所進行的交易，大都會有十分完美的結果。

經過白天長時間的會談後，再以整晚的時間來討論、重新計畫或重新估計。慣於這樣做的人都知道，這種方法只要實施一段時間之後，談判者便會變得不講理、沮喪而且容易犯錯誤。同時，也會使得他們的太太非常生氣。

討價還價是一項很艱難的工作，需要很清晰的頭腦和大量的精力才能勝任。人們忍受壓力的能力是不同的。經過長時間飛行後的緊張，再加上緊湊的談判議程以及陌生的環境，這些不利的情況，對於談判者都是一種考驗。

談判小組的領導者應負責檢查排程，盡量使談判在正常的工作時間內進行，也應該注意到小組的成員是否有定時和足夠的休息時間。如果到異地談判需要經過一段遙遠的旅程，那麼他們的妻子應該能夠伴隨他們，所需的費用也應由公司負擔。不要心疼出差費和一流旅館的住宿費，這些看來都只是小錢，卻往往是成敗的關鍵。

第四章　短兵相接的快招

在談判桌上與對手短兵相接，是「勇」者勝，還是「智」者勝？

答案是：智勇雙全者勝。

攻心戰術談判，講究「知己知彼」，如果能摸透自己與對手的心理，攻其不備，投其所好，打好這場「攻心戰」則沒有不贏的道理。

不戰而屈人之兵，方為上上策。

◆ 使對方滿意

這是一種令對方在精神上感到滿足的戰術，為此，要做到禮貌、溫雅，同時關心他提出的各種問題，並盡力給予解答。解答內容以有利於對方理解為準，哪怕他反覆提問，也必須耐心重複同樣的解答，並爭取以事實證明，使你的解答更令人信服。

接待對方要周到，讓他有被尊重的感覺，必要時可請出高級主管出面接見，以給其「面子」。但是，高級主管的講話不宜過早提出具體的談判條件，也不必急著做成交易，否則會適得其反。因為這不是給面子，而是施壓力了。

主管的最好臺詞，是敘談雙方的友誼，分析對方做成該筆交易的意義，當然也可總體評述雙方立場的困難程度，最後表示願隨時給予幫助，做到這樣便可以了。

莎士比亞（William Shakespeare）曾經說過：「人們滿意時，就會付出高價。」因此，製造對方的滿意感，運用滿意感的策略，可以軟化對方進攻，同時加強己方談判力度。

◆ 心理暗示法

所謂心理暗示法是指以含蓄、隱蔽的語言或形體動作、間接的方式，向談判對手傳達思想觀點、意見態度、情感願望等資訊，以達到對方在理解和無對抗的狀態下，自然地接受己方的影響，從而改變對方心理和行為的方法。暗示是一種被人們主觀意願肯定了的假說，不一定有根據，可是人們在主觀上已經肯定了它的存在，就會使自己的心理盡量趨向於這種主觀假說。例如：廣告上經常介紹某種商品如何如何好，在你沒有使用過之前，對於你來說它就是一種主觀假說。但是，由於種種原因，你相信它好，還購買了這種商品，這就是你的心理已趨向了這種主觀假說，證明你接受了這種暗示。

暗示是談判時經常被使用的方法之一，它雖然沒有勸說那麼直接，但比勸說更容易被人接受。心理暗示對於談判對手的影響，及其在談判中的地位和作用不容忽視。

心理暗示在談判中的作用歸納起來有如下幾方面：

啟迪思考

這裡有個「孔子訪老子」的寓言。說的是孔子去拜訪老子，問候老子身體如何。孔子先問老子：「你的牙齒如何」，接著又問「你的舌頭如何」，老子回答說「牙掉了，舌頭很好。」孔子聽完馬上告辭。孔子的學生不解，孔子告訴他的學生：「老子已經給我上了一課，他告訴我柔能勝剛。」這個寓言告訴我們，孔子從老子那裡獲得暗示，也獲得了啟迪。在談判過程中己方人員的相互暗示，或談判對手之間的相互暗示，既是一種傳遞資訊的方法，又是一種啟迪。

含蓄地批評

在公開場合不點名地對某件事進行批評，對做了這件事的人就是一種暗示。在談判時態度平和地對談判對手的某些作法提出忠告，這既是一種暗示，也是對談判對手的一種含蓄式批評。用這種方法可以達到既不傷和氣，又達到了指出對方問題的批評教育的目的。因此這種方法效果好，容易被人接受，對做好談判雙方的關係、創造良好的談判氣氛極為有利。

另外這種暗示還可以達到防止火上加油和衝突的作用。有這樣兩個暗示的小幽默、對我們談判也很有啟迪。第一則幽默：有一個顧客對冷飲店的老闆耳語，我有個辦法可以讓你的飲料多賣三成，老闆急問什麼辦法，顧客說只要你把要賣出去的每杯飲料倒滿。第二則幽默：服務員把一碗湯麵灑了顧客一身，連忙道歉「對不起」，顧客回答說：「沒關係，反正油水也不大。」

這兩則小幽默都批評了社會上的偷工減料、以次充好的不良經營作風，這種批評不至於激發矛盾，但又意味深長。

緩和氣氛

談判氣氛對談判的成功與否至關重要。談判時雙方難免會發生矛盾、對立、緊張和衝突。此時，一方可以用暗示的方法表示了自己的讓步，或用暗示的方法換一個話題，也許能緩和雙方的矛盾、對立、緊張、衝突，打破僵局，使問題能夠部分或全部地得到解決。

談判時可用於緩和氣氛的暗示方法有三種：

1. 讓步暗示。在談判的雙方處於矛盾的對立和衝突之中以致陷入僵局時，一方公開地向對方做出讓步會感到丟臉，或認為這是一種失敗，從而會造成心理上的極大不平衡。但如果一方在不損害己方根本利益的前提下，對非原則性的某些問題做出讓步的暗示，這樣可以做可以既不失面子，又顯示出自己的高姿態，還緩解了緊張對峙的談判氣氛。為了繼續談判，一方對另一方的讓步暗示應做出積極的心理反應和行動配合，自己的不冷靜情緒也因此可以得到「降溫」。讓步最簡單的做法是雙方暫時停止爭辯，等彼此間的緊張氣氛緩和了、態度平靜了再心平氣和地討論問題。
2. 威脅暗示。這也是談判時經常運用的一種心理策略。威脅暗示就是指在談判時採取一些方法，給對方造成心理壓力，迫使他改變原來的作法。採用威脅暗示比直接威脅的效果要好得多。採取直接威脅的方法，可能會給談判帶來兩種後果，一是可能會嚇住對方，使對方經過權衡利弊，幡然醒悟，從而改變原來的作法，做出讓步。二是使對方產生反感心理，結果加劇雙方的對抗和衝突。而假如採取威脅暗示的方法，則可能緩解雙方的衝突、對立，緩和談判氣氛。威脅暗示常常比直接威脅更具威懾力，因為威脅暗示的內容不具體，使對方摸不到底，造成心理上的壓力就會更大。

3. 轉換暗示。在談判過程中，為了緩和一下雙方的對峙情緒，一方可以暗示另一方換一個對象或換一種方式討論問題即是轉換暗示。在談判中，假如談判的一般成員之間發生了分歧、對立和衝突，就可以採用轉換暗示的方法，告訴對方「這個問題跟我說沒有用，需要跟我們經理說。」或者告訴他「採取這樣的方法是解決不了問題的。」暗示對方轉變一下談話的對象和談判的方式。

 談判者要想很好地運用暗示這一心理策略，使對方接受並對其產生積極的作用，就必須了解暗示的條件和暗示的技巧。

暗示的條件

掌握暗示的條件是談判者巧妙地使用暗示心理策略，充分發揮暗示效用的重要因素。要使暗示充分地發揮作用，必須具備兩個基本條件。

1. 一方發出資訊的含義（包括表層含義和深層含義）必須能夠被對方所理解。假如不能被對方理解，暗示的作用就無從談起。
2. 暗示資訊的內涵要能夠與被暗示對象的心理相容。假如暗示資訊的內涵與被暗示對象的心理不相容，甚至互相抵觸，被暗示的對象一般是會抵制這種暗示的。但如果暗示資訊的內涵與被暗示對象的心理相容，那就會形成一種「暗合」。暗示的資訊可以喚起被暗示對象某些內心深處的情緒、需要、理念等。因此，是否「相容」和「暗合」，是使被暗示對象有意或無意地接受暗示的前提。也只有在這種條件下，才能使被暗示者形成「無對抗心理」，自然而然地接受你的影響。

第四章　短兵相接的快招

暗示的技巧

談判者要成功地運用暗示這一心理策略，還必須要掌握暗示的技巧。這樣才能使有意暗示產生預期效果，避免無意暗示所造成的不良影響。

暗示是對被暗示對象的暗示，因此，暗示在一定程度上要受到被暗示對象的知識、經驗、理解力和認同性的制約，所以，暗示技巧要在如何能使被暗示對象理解和認同上做文章，因而暗示的立足點就在於準確地掌握被暗示對象的不同心理特點。同時，暗示還要遵循下面一些規律：

1. 遵循暗示的一定強度規律。暗示要有一定的強度，才能使被暗示的對象感知到。談判的一方發出暗示資訊的強度過弱，就容易被對方忽略；而暗示資訊的強度過大過強的話，則又容易引起對方的反感，甚至會產生反向心理，拒絕接受暗示的資訊。所以，暗示的強度要合適。

   暗示的強度既包括談判者的身分、地位、扮演的角色、威信等方面，也包括暗示的方式和內容。有句諺語叫「人微言輕、人貴言重」，也就是說，沒有地位、沒有名氣、沒有威信的人，說話就不容易引起人們的重視，不容易發揮暗示的作用。而有權威、有地位、知名度高的人發出的資訊，就容易引起人們的重視，對他人的暗示作用就大。談判者的身分越顯赫、地位越高、名氣越大、扮演的角色越重要，對談判對手的心理和行為的影響就越大。但要注意，暗示的方式方法要恰當，暗示的內容強度要合適，要講究新穎，但切忌要渲染得神乎其技。

2. 遵循暗示對比度規律。對比度強烈的暗示，才容易被人感知。例如：在商貿談判中，賣方向買方說明自己的產品是經過國家商檢局檢測的優質產品，優質率達百分之多少；市場占有率達百分之多少。這樣便與其他同類商品形成了鮮明對比，暗示買方這是值得信賴的好產品。買方對這樣的暗示比較容易接受。而那些沒有對比度、品質平常、形象顯示不出來的暗示，則不能引起談判對手的注意和重視，因而不容易被感知。

3. 遵循暗示協同性規律。暗示的內容要與被暗示對象感知到的資訊相一致才能發揮作用。例如：在商貿談判中，談判的一方一個勁地宣揚自己的產品如何如何好，強烈暗示對方應該購買他們的產品。而另一方聽到的卻是顧客抱怨其產品的品質差，看到的是要求退貨的情景。這就是暗示的內容和被暗示的對象接受的資訊不一致，這樣的暗示無法令對方接受。只有暗示的內容與被暗示對象所感知到的資訊一致時，暗示才容易讓人接受，發揮其應有的效應。
4. 遵循暗示與被暗示的思想、觀念、情感、威望、態度一致性規律。暗示的內容只有與被暗示的對象的思想、觀念、情感、願望、態度等相暗合、相一致，才能有效地對其施加影響。前蘇聯心理學家、催眠專家曾做過這樣的實驗，在催眠中讓被試驗者做各種複雜的課題，剛開始進展很順利，但當催眠專家讓被試驗者去拿別人的錢包時，她拒絕了。當催眠專家繼續命令她拿時，她不但沒有服從，反而醒過來了。由此可見，當被試驗者處於被催眠狀態時，尚且能拒絕接受與她的思想、道德、觀念等不相一致的資訊，那麼，清醒狀態下的人們更是如此了。這個實驗告訴我們，在談判時，要使用暗示這一心理策略時，你所暗示的內容必須與被暗示的對象的思想、觀念、信念、情感、願望、態度等相一致，只有這樣才能被對方接受，產生「暗合」效果，從而發揮出暗示的效用。
5. 遵循暗示內容要符合對方需要規律。當人們在情況緊急、孤立無援、最需要幫助的情況下，是最容易接受暗示的時候。一旦人們有了某種需要，在心理上就會產生緊張、焦慮、不安等現象，就要急於擺脫這種困境，來求得心理上的平衡，此時談判的一方向其發出暗示的資訊最容易被接受。暗示的內容應符合對方需要的規律告訴我們，談判者故意暗示的特定目的，必須要和幫助談判對手解決困難相結合，要善於在幫助對手的過程中，展現自己暗示的特定目的。

《莊子．齊物論》裡有一則寓言：一個養猴子的老人用橡實餵猴子，早晨給每隻猴子三個，晚上各給四個，眾猴子都不高興。於是老人改變了一下：早晨給每隻猴子四個，晚上各給三個，眾猴子皆大歡喜。

好笑的是，人類這一自然界最高等級的動物，也有寓言中猴子般的心理。

晚清時期，曾國藩率領湘軍與太平軍作戰，連連失敗，傷亡慘重。當他在奏摺寫下「臣屢戰屢敗，請求處分」等字，又為必將受到皇帝加罪而焦慮。一個幕僚看了奏章，沉吟片刻說:「有辦法了。」只見他提起筆來，將「屢戰屢敗」改為「屢敗屢戰」。曾國藩連連稱妙，拍案叫絕。照此呈報上去，皇帝看了奏摺，果然認為曾國藩忠心可勉，讚揚了一番。

老人每天餵猴子的橡實仍為每隻猴子七個，數量並沒有增加，但猴子對「朝三暮四」和「朝四暮三」的理解卻不一樣。

假如皇帝看見的是「屢戰屢敗」幾字，肯定認為曾國藩無能統軍作戰，自然要加罪;對「屢敗屢戰」的理解就明顯不同了，認為曾國藩是百折不撓，鬥志頑強的良將忠臣，當然要給予嘉獎了。

「朝三暮四」換成「朝四暮三」，「屢戰屢敗」換成「屢敗屢戰」，猴子理解的重點在前，認為四比三多，皇帝理解的重點在後，認為雖敗猶戰。猴子與皇帝都接受了同等要素而不同組合的心理暗示，形成了多與少、功與罪相互變換的心理效應。

「心理暗示技巧」在談判活動中常被運用。比如你代表公司與某公司就某項合作協定進行談判，不妨先聽取對方的意見，盡量先提出並探討對方關心的問題，或者先誠懇地關心對方的某些局部利益等。讓對方感覺到你是在替其著想，對合作具有相當誠意，然後再談己方的利益。這樣比一開始就圍繞自身利益進行談判的效果會好得多。

總之，談判時必須遵循暗示的基本規律。只有掌握暗示的基本技巧，才能成功地運用暗示這一心理戰術，進而有效地發揮暗示含蓄、間接地影響談判對手心理和行為的作用。

◆ 談判的心理感染法

所謂感染，是以一定的方式，使談判對手產生與自己相同或相似的情感，並產生心理上的共鳴。感染實際上是談判對手之間情感資訊的相互傳遞和傳染。心理感染是和心理勸導、心理暗示既相似，又不完全相同的影響談判對手心理和行為的有效方法。

心理感染是傳遞情感資訊的特徵

談判時，談判雙方一定會有情感資訊的溝通和交流，談判雙方無論是積極的，還是消極的情感資訊都會感染對方。假如談判雙方見面後，一方對另一方表現非常冷淡，目光不對視，相見不抬頭，相近不握手，懷有戒備和不信任心理，這就等於向對方傳遞了一種消極情感資訊，這種消極情感同時也會感染對方。如果相反，雙方見面後其中一方向另一方熱情握手，互致問候，主動讓座，敬菸敬茶，態度友好誠懇，尊重對方，話題活躍，口氣輕鬆，心境愉快，並且帶有幽默感。這就向對方傳遞了一種積極情感資訊，同樣也會引起對方的共鳴。

感染是情感共鳴的特徵

正如上文所說，談判雙方，一方的積極情感會引起另一方的積極情感，而一方的消極情感同樣也會引起另一方的消極情感，雙方會產生情感上的共鳴。就是說，主動發出情感資訊的一方，與被感染的對象的情感具有相同或相似的性質，雙方的情感一般是同一而不是對立的。一方的良好心境，會引起另一方的良好心境；一方的不良心境，同樣也會引起另一方的不良心境。

感染是自願接受性的特徵

一方發出的情感資訊，另一方是自願接受的，來不得半點強制性。一方的情感不能強加給對方，而對方也是不由自主地接受感染，並自願地進入情感角色的。感染是一種普遍有效的人際影響現象，談判者如果能自覺、有意識、有目的地把它運用到談判過程的始終，一定能提高談判的效果。

感染是影響談判者心理的有效方法，這種方法如果運用得當，它能成為談判者的有利武器，可以提高談判效果。但要想用好這一武器，談判者必須搞清楚影響感染效果的因素。影響感染效果的因素主要有以下幾個方面：

1. 感染者本身素養：感染者素養的高低是影響感染效果的重要因素。「談判者素養」的概念外延很廣，它既包括談判者的知識、才能、品德，也包括談判者的權力、地位、威望的了解。假如談判者的知識淵博、才能出眾、品德高尚，人們就會對他產生信任感和崇拜心理。如果談判者是某一方面很權威的專家，處在一定的地位，有相當的權力，並善於果斷地行使權力，那麼他的言行就容易感染和影響對方。由於感染是「以情動情」、「以情傳情」的心理現象，因此借對方對自己的淵博知識、出眾的才能和高尚的品德及其權力、地位、威望等，令對方產生信任感和崇敬心理，這種情感又能推動其他情緒、情感的產生，進而產生連帶效應。
2. 感染者和被感染者的關係：談判雙方之間的關係包括談判雙方的認知關係和情感關係。認知關係是指參加談判的其中一方對另一方的人和事帶有評價意義的理解和說明。假如一方對另一方的人格和行為做出積極的評價，他們的人格力量和行為便會強烈地感染對方；如果做出消極的評價，就會失去其感染力。情感關係則是指談判雙方的相互情感體驗。如果談判雙方互相都能產生一種深刻而友好的情感，即是一種積極的情感體驗，相互間容易受到積極的感染；而假如談判雙方相互間感情淡漠，或情緒嚴重對立，一方發出的情感資訊，另一方就會拒絕接受。

3. 被感染者本身的因素：我們這裡把被動接受感染的談判一方視為被感染者。影響感染效果的因素也包含來自被感染者本身的因素。被感染者的性格特徵對感染效果也會有影響，被感染者的性格特徵不同，接受感染的效果就會不同。具備情緒、情感型性格特徵的談判者，他們的心理和行為易受情緒的左右和干擾，所以他們容易被感染；而理智型性格的談判者，遇事冷靜，慣於用理智去判斷是非，所以，他不太容易被感染。性格內向的談判者易受消極情緒的感染；而性格外向的談判者則不管是消極或積極的情緒都容易受到感染。

此外，從談判者的角色特徵看，一般來說女性談判者比男性更容易受到感染；年輕談判者比中、老年談判者更容易受到感染。

從談判小組特徵看，假如談判小組凝聚力高，民主氣氛好，團結一致，情緒高漲，並且有堅定的信念，則不但不容易接受談判對手的感染和影響，反而會影響和感染談判對手；與此相反，假如談判小組缺乏內聚力，比較鬆散，缺乏民主氣氛，成員情緒低落，信念不堅定，則較易受到談判對手的感染和影響。

從談判雙方的心理差異來看，如果談判雙方有著共同的興趣（如都對同一個談判議題感興趣）；相同的態度（都想透過雙方的努力達成某種協定）；共同的目標（透過談判實現各自的利益，滿足各自的需要）等等，就容易接受共同積極情緒的感染和影響；相反，假如談判雙方在態度、目標、需要、利益等方面都存在著對立矛盾，特別是雙方存在著嚴重的價值取向衝突時，就不易受到對方的感染和影響。

由此可見，攻心戰術在談判中發揮的效果，其中既有談判者本身的因素，也有談判對手的問題，還會受到談判對手雙方關係的影響。要想提高這一心理戰術的運用效果，就要提高感染者本身的素養，同時還要認清被感染對象的不同人格特徵，並不斷協調雙方的關係。只有這樣，才能有效地發揮這種心理戰術的作用。

衝突戰術

在商務談判中，不管你多麼仔細了解對方的利益所在，不管你契合雙方利益的方式多麼巧妙，也不管你多麼重視與對方的關係，你仍然很難擺脫雙方利益發生衝突的這一事實。

◆ 關心立場背後的利益

多數情況下，談判雙方的利益是互相矛盾的，因而其立場也往往是對立的。談判人員堅持某種立場的目的，就是為了保護自己的某種利益不受損失，或者是為了爭取得到更多的利益。

既然如此，那為何形形色色的談判都能取得圓滿成功？ 1978 年以色列與埃及在大衛營的談判能突破多年來的僵局很好地說明了這個問題，它說明重視立場背後利益的重要性。

美國前總統卡特為了調停以埃衝突，成立了一個特別小組，專門負責研究和制定適合於卡特總統採用的調停方法和措施，即著重調和雙方的利益，而不是調和雙方的立場。這種作法之所以有效有兩個原因：

首先，任何一種利益通常都有多種滿足的方式。例如：以色列宣布要占有西奈半島的某些地方；但是，當雙方超越對方的立場，去尋找使其一方堅持這種立場的目的時，往往就能找到既符合此方的利益，又符合彼方利益的替代性立場。當時在西奈半島劃定非軍事區，就是一種替代性立場。

其次，在雙方對立立場的背後，彼此存在著共同利益和對立性利益。而雙方的共同利益往往大於對立性利益。例如：某房客與房東的關係。按租約規定，室內原有設備如不是故意損壞的，應由房東負責修理、更換。有一天房客發現屋子裡的電暖氣壞了，房間裡很冷，於是便去找房東要求更換，但房東推說沒有錢買新的更換。拖了一段時間，房東仍不肯讓步。迫於無奈，房客找到房東說：「我今天來通知你，我下個星期將搬出你這裡，你必須在下週一前，把我所預交的三年租金如數退還。如果你下週一前不退錢，我將採取其他方式迫使你退。」房東心想，預收的租金已經用在蓋樓房上面了，退不了租金就可能被告到法庭上去。最終房東作了讓步，更換了電暖氣，使問題得到解決。這一問題之所以能得到解決，是由於在他們對立的立場背後，既存在著衝突性利益，又存在著共同的利益。雙方的共同利益是：

1. 雙方都希望穩定。房東希望有一個長久房客，房客希望有一個長久住所。
2. 雙方都希望房子能得到良好的維護。房客希望住條件好的房子，房東希望提高房子的價值和保持好的名聲。
3. 雙方都希望與對方做好關係。

他們之間的衝突性利益則展現在：

1. 房客因為太冷，要求房東修理或更換電暖氣；房東則不願意負擔修理或更換費用。
2. 房客要房東退回預交的租金；房東已把錢挪作他用，不能馬上拿出這筆錢。
3. 房客聲稱要「採取其他方式」迫使房東退錢；房東則不願把事情鬧大。

雙方在權衡了這些共同利益和衝突性利益之後，更換電暖氣的問題就容易解決了。由此可見，重要的是衡量雙方的利益，而不是在立場上相互爭執。當然，在談判中如何做到這點，並不是件容易的事情。立場也許是具體而明確的，但隱藏在立場後面的利益，卻可能並不那麼明朗具體，甚至可能是極不一致的。不過大多數在立場上討價還價的人，在表明自己的立場的同時，都會給出為何堅持這種立場的解釋，這也許能對我們越過立場審視其利益有一定的幫助。假如你希望對方能考慮你的利益，你也必須向他們做出解釋。如果兩位談判者都強烈追求自己的利益，常常可以激發自己的創造性思維，從而探討出對彼此有利的解決方案。

人們在談判中為什麼總是死死堅持自己的立場？其原因有兩個方面：第一是由於人們常常圍繞單一的內容進行談判。例如：領土的分割，汽車的售價，租約的期限或銷售佣金的數額等；第二是由於人們有時會遇到的非此即彼的選擇。例如：在離婚談判中，房子歸誰？孩子歸誰？這種選擇要麼對你有利，要麼於對方有利。因而，某一方可能只把眼光盯在是輸或是贏上面了，即使己方贏了也會因擔心對方憤憤不平而心裡不安。

但有一種方法能把一塊「大餅」分割得讓雙方都滿意。這種方法就是在分割「大餅」之前，先把「大餅」做大，即提出相互都受益的選擇方案。由一個人切餅，另一個人先挑了，就是做分配「大餅」的好辦法。埃以西奈半島的談判就很好地說明了這個問題。正是有了把西奈半島非軍事化這樣一個創造性的方案，才得以打破十多年的談判僵局。可以說，在談判雙方彼此表明的立場之間，存在著多種對彼此有益的選擇方案。但談判者卻很少能夠意識到這一點。

在大多數談判中，有四個方面的因素阻礙了大量可選擇方案的產生：

1. 不成熟的判斷：即不經過深思熟慮，就貿然斷定某種辦法可行還是不可行。尤其是當你處於談判的壓力之下時，擔心提出某種方案會影響到雙方關係，從而影響到實際收益，或者擔心會暴露出某些影響你談判立場的資訊。這種「批判意識」可能並不切合實際，還會妨礙提出創造性方案能力的發揮。

2. 只尋求一種答案：有些談判者並沒認識到「構思可選擇方案」是談判組成的一部分。他們認為自己的工作僅是設法縮短雙方立場上的差距，而不是增加各種可能的選擇方案。有時還會想我們好不容易才達到目前協議的程度，因此，非到萬不得已，不得節外生枝。他們擔心構思多種選擇方案，會打亂目前狀況和拖長談判時間。實際上，一開始就只想得到唯一的最佳答案，往往使得一個更佳的決定過程發生「短路」，因而遺失許多可能的選擇方案。
3. 固定的分配模式：即雙方把談判看成是分一個固定的餅，你拿得多，我就拿得少，把分配模式固定化了，這是創造性解決問題的第三個障礙。如果從尋找對彼此都有利的解決方法入手，就可以發展成互利關係，滿足雙方的利益。例如：可以透過確認雙方的共同利益，利用彼此在利益上、認識上、對問題的預測上、在對時間於談判作用不同的討價上以及在對談判風險的估計上等不同方面的差異，而達成「各得其所」的協定。
4. 認為「他們自己的問題他們自己解決」：要充分意識到，為了完成符合自身利益的協議，必須同時提出符合對方利益的解決方案，是非常重要的。一旦雙方中任何一方由於某一問題引發出情緒反應，都會使他無法理智地思考能滿足對方利益的解決方案，只是認為我們自己的事就夠煩了的，他們的問題應該由他們自己去解決。此外，還存在一種常見的心理障礙，認為去思考如何滿足對方的利益，似乎是一種不忠誠於自己的行為。這種眼光短淺的自我關切，常常導致談判前只顧堅守自己的立場，只想達成對己方有利的協議，這是提出可選擇方案的最後一個障礙。

為了提出創造性的選擇方案，不僅需要糾正上述不正確的觀念，而且還要注意做到以下兩點：

1. 構思多種選擇方案：要在關鍵時刻拿出意見和辦法來，必須事先做多種構思，或盡可能多地收集各種解決問題的創造性意見。條件不同，方式也可有所不同。首先要做到自己有多種構思，這時可以根據雙方的主客觀情況認真地進行分析，因為沒有對方在場，所以不必顧慮自己的想法多麼愚蠢或多麼離譜。由於每個人的創新能力都會受到自身工作環境和知識結構的限制，所以假如能做到「共同構思」效果會更好。

   在談判中與你的對手共同構思，遇到的情況可能會十分複雜。因為這時你可能會說出與己方的利益背道而馳的話；或可能洩露祕密；也可能使對方弄錯了你的本意。所以，要把這個過程與談判過程明確劃清界限。為了不使對方把你的設想視為要他做出承諾，你可以一次至少提兩個方案，而其中一個是與你的本意相背的方案。
2. 選擇出可行方案：在已提出各種選擇方案的基礎上，判斷多種方案的優劣，篩選出可行性方案。這裡介紹一種依據構思方案過程進行篩選的方法。

構思選擇方案有四種連貫的思考形態。第一種思考是考慮特殊的問題。如，目前談判中存在什麼問題，有哪些你不希望出現的事實？第二種思考是描述性分析，即從一般的角度去分析現實情況，把問題進行歸納分類，並試圖找出它們的原因。第三種思考則是考慮採取什麼樣的行動。經過分析判斷之後，從理論角度去探求解決辦法，研究各種行動構想。第四種思考是研究特定的而又可行的行動方案。將以上四種思考形態動態化，就變成一種構思過程中的四個步驟。

如果能保證每個步驟都能順利進行，則運用這種方式擬定的特定行為方案，就是可行性方案。在得出了某一可行性方案之後，據此可以按路線進一步推出獲得這一方案的理論依據，然而再利用這一理論依據推出其他的選擇方案。當然也可以先從步驟四構思行動方案開始，然後再探求隱藏在背後的理論根據。

方案是否可行，最終要接受實踐的檢驗，即要看對方是否同意接受這一方案。所以，構思可行的選擇方案，不能只狹隘地關心自身的利益，同時也要關切對方的利益和要求。

◆ 客觀標準是解決利益衝突的好途徑

不管你多麼了解對方的利益所在，不管你契合雙方利益的方法多麼巧妙，也不管你多麼重視與對方的關係，你仍然擺脫不了雙方利益是衝突的這一事實。

其實解決雙方利益矛盾的較好途徑，是堅持使用客觀標準。這種方式可以促使雙方根據原則，而不是根據壓力進行談判，即把注意力集中在價值上，而不是雙方的耐力上。在住房分配問題上流行的分配方案，不僅考慮年資因素，同時也考慮本企業年資因素，只不過年資和本企業年資的權重（重視程度）不同而已。這樣就照顧到了雙方的需求，根據雙方貢獻的大小（價值），而不是根據多數壓倒少數的原則來進行的，從而使問題可以得到圓滿解決。

堅持使用客觀標準的好處還有一個例子。在一次國際海洋法會議中，印度代表第三世界國家提出一個建議，要求進行深海勘探礦源的公司，每開發一個勘探區就要繳初期費用 6,000 美元，美國堅決反對這項建議，認為不應該有什麼初期費用。雙方堅持各自的立場不放，於是這件事成為了一場意志力的較量。後來有位代表發現了麻省理工學院（MIT）的一套關於深海採礦的經濟學模式。這一後來被各方均認為具有客觀性的模式，其各種收費建議案對勘探的影響提供了一種客觀評價方式。當印度代表詢問他的建議將造成何種影響時，該模式顯示印度建議的收費額將對採礦公司造成相當大的影響，即公司繳費之後才能取得採礦收入，因而將無法正常營運。印度代表深有感觸，因而宣布重新考慮自己的立場；另一方面，MIT 模式也給美國代表上了一課，因他們的參考資料大都是採礦公司提供的，具有片面性。該模式表明，適當的初期收費在經濟上是可行的。結果美國也改變了己方的立場。MIT 模式增加了雙方達成協議的機會，它既能吸引採礦公司進行勘探，又能為世界各國開闢財源。正是由於有了這樣一個「客觀」模式，因而能較公正地評價各種建議所可能造成的後果，從而達成各方都認為公平的初步協議，並加強了談判各方之間的關係。

從上述例子中可以看出，所謂客觀標準，應該具有公平性，有效性和科學性三個特點。具體說，它應該符合以下三個條件：

1. 應該獨立於各方主觀意志之外，這樣對標準的看法方可以不受情緒變動的影響。
2. 具有合法性和切合實際。例如：在國土疆界的爭端中，往往都是根據某些顯著的自然特徵，例如：以河流作為界線，這樣做比規定距離河岸 200 米處作為界線更符合實際。
3. 客觀標準在理論上至少適用於雙方，像 MIT 經濟學模式那樣。你可以透過評測它實際應用的情形，來了解它是不是公平和獨立於各方主觀意志之外的。

◆ 關心對手的利益

最簡單的方法，就是使自己站在對方的立場，審視對方的主張與立場，然後反問自己：「為什麼」。例如：你的房東要和你簽訂五年的租約，可是，為什麼房租要每年調整一次呢？理由是容易猜到的，就是為了彌補因物價上漲所造成的貨幣貶值。

當然你也可以直接問房東那樣做的原因，不過，你要明顯地讓房東了解你的目的，並非同意他的立場，而是為了主動了解他的需要、渴望或擔心。你可以直接問：「先生，你想和我訂立三年以上的租約，最根本的原因到底是什麼呢？」

◆ 探尋對手的意圖

要探索對方的利益，最有效的方法就是先界定對方對你的要求所了解的程序，然後，再捫心自問：為什麼對方不同意？你的要求對對方的利益有怎樣的影響？在你想改變對方的想法時，就應以推測對手目前的心境或想法為出發點。

在推測對手目前的想法時，首先要問自己：「我到底想要影響他哪一項決定？」然後要掌握對方認為你現在想要求他做的哪一項決定。如果你對此毫無心理準備，對方就不能明白你的要求。或許，就是因為這個原因，對方才無法做出你所期望的決定。其次，要從對手的角度去分析，對方贊成或反對你要求的決定；把這些決定排列記錄下來，對你將很有助益。

對自身利益的影響：

· 喪失或得到政治上的支持？
· 同事會批評或稱讚我？

對團體利益的影響：

- 目前的影響如何？長期的影響又如何？
- 經濟上（政治上、法律上、軍事上等）的影響？
- 對於外界支持者和輿論的影響如何？
- 會成為好的或壞的先例？
- 做出這樣的決定之後，會阻礙實施更好的策略嗎？
- 行動和自己的主張是否一致，是正確的判斷嗎？
- 需不需要現在就下結論？

在考慮上面各種問題的過程中，很難保證毫無錯誤或毫無缺點。事實上，決策者不可能將正反兩面的相關問題做周全的推測與評估。上面的問題，是為我們所作的選擇和判斷進行評估與追蹤考察所用，並非在做數學演算，所以很難達到完全精確無誤。

◆ 尋找雙方利益的共同點

為調和雙方的各種利益，應該在它們即將出現，或具備實現條件的時候，積極尋找並促成實現，這樣做不僅可以使己方獲利，而且還可以使對方因此獲利，這就是人們所說得「雙贏」結局。在尋找利益的共同點時，可能會產生比原先預計要好得多的效果。

平定西漢末年混亂局面的劉秀，因戰事進展不順頗為悲觀，對身邊的鄧禹說：「天下如此遼闊，如今我只平定了其中的一小部分，要等到哪一天才能完全平定呢？」鄧禹說：「的確，如今天下群雄紛起，戰亂不已，前途難測。但是萬民都盼望明君出現，自古以來興亡在仁德的厚薄，而不在土地的大小，請不要心存悲觀，只要抱著王者之德就可以了。」

半個月之後，劉秀擊敗稱為銅馬的對方軍隊，對這些投降的將領，劉秀不但以德相待，並且封為諸侯。但是降將反不敢相信，心中充滿疑惑和排斥感。劉秀得知此一情況後，就讓降將各自回營，統率舊屬，他一個人時常單騎往來巡視軍營。此時降將若想殺劉秀則是一件輕而易舉的事，但眾將都為此感動，異口同聲說：「劉秀赤誠待人，真是一位度量寬宏，德性高超的賢者。懷疑這個人真應該感到慚愧，萬死不足惜。」

從此以後，這些降將都成為劉秀忠誠的部屬，劉秀因此兵強馬壯。

劉秀軍隊繼續向前推進，大軍到中山一帶時，眾將提出以天子的尊號擁戴劉秀，但劉秀不肯接受。軍隊進擊到南平棘時，部下又推崇劉秀為天子，劉秀仍然不肯接受。這時名將寇恂也和眾將一起同聲進言：「將士們拋棄親情、骨肉、土地，跟隨君主奔走，不外乎希望君主能掌握天下，將士各遂其志。如果君主一再逆眾望，那麼將士都要離散了。」連溫順敦厚的馮異也附和寇恂：「希望君主能從眾議。」

這時有一位叫強華的儒生從長安奔來，手中拿著「劉秀是真天子」的預測語。劉秀趁勢順應眾意稱帝，成為東漢的第一位皇帝，即漢光武帝。

皇帝在歷史上是最高權力的象徵，是統治者最高利益的展現。天下大亂之時，也就是各種利益進行再分配之機，依附於各集團的人們，都希望其所投靠的集團獲勝，希望集團的領袖登上皇帝的寶座，自己也能受封領賞，福及子孫。當然，他們在投靠附依之時，也要擇木而棲，這就要求集團首領具備吸引天下俊傑的「德才」，所謂「得人心者得天下」就在於此。劉秀對降將降卒的姿態，正是以德換心、以誠心換取眾心的攻心術。

從談判的角度看，劉秀代表組織及主體，降將降卒則是客體，主客體之間既有內部各自利益，又有外部共同利益。以誠心相待，擴大了劉秀的可信度、美譽度，產生了以主體為核心的凝聚力，達到一致擁戴且非為皇帝不可的地步。劉秀真的願意放棄自己的利益不想當皇帝嗎？那只不過是一種「誠」

的謀略罷了。

◆ 利益的巧妙描述

假如你有嚴重的胃潰瘍，但卻告訴醫生你只有輕微的胃痛，也許你就會得不到及時的治療。有關切身的利益，應該正當而明確地使對方了解，這既是你的權利，也是你的義務。原則之一，就是將利益描述具體化。能夠具體而詳細地表明實情，不但會使你的描述得到別人的信任，而且還會使對方產生一種壓力。

如一居民委員會的主任與一個在鄰邊工地施工的工頭說：「上個星期，你們的卡車連續三次差點撞到小孩；星期二早上八點半左右，你們那輛裝水泥的卡車像風一樣朝北方急駛，如果當時不是李先生的兒子機靈，就會撞倒他。」這種說法很強硬地指出對方不正當的態度，但是同時沒有忽視對方的利益。只要你的語氣不影射對方的利益是不合理的，你大可以強調自己關切的事情的嚴重性。當你在提出自己的利益時，可以向對方表示：「請隨時惠予指教。」這句話充分表現出你心胸豁達，如果對方並沒有提出糾正或修改方案，那就等於他已默認了你對事情的敘述。

要讓對方對你的利益產生印象，就必須建立這些利益的正當性，你必須讓對方了解你的目的並非在攻擊他的為人，同時，也應讓對方了解你所面臨的問題，請他加以留意。如果能使對方站在和你同一個立場，他就會產生和你相同的感覺，例如：「你有小孩子嗎？如果在你住的社區裡，而常常有開得飛快的卡車在急駛，你有什麼感覺？」

◆ 「要求」在後，「問題」先行

假如你對工頭這樣說：「在 48 小時以內，你務必將施工現場圍攔起來；

工程一旦開始，當卡車透過社區時，必須把時速限制在30公里以下，因為……」

當你說到這裡時，很可能對方就不願意繼續聽你說下去，因為他覺得你的說詞是「衝」他而來的；而且，他正在心中盤算著要怎樣反駁你，因為他認為你的口吻和提議本身都是「衝」人而來。結果，你的主張將被拒絕接受。

要讓對方聽你說明理由，並讓他了解你的主張時，首先應表達自己的關心及其根據，把結論和提案緩一緩然後再談。因此，先對建設公司說明工程對兒童的影響是非常危險的，而且噪音可能太吵，會影響鄰居的安寧，並引起眾怒。這樣一來，對方就會認真地聽你的提案，至少，為了解你的要求到底是什麼，他也會認真地傾聽。所以，你如果先說明理由，然後再提出要求的話，他就能了解你的理由。

◆ 前瞻未來

我們常常不願意去了解對方的言行，而情願只是單純地、直接地做出反應。以談判和討論為例，其目的往往並非想去了解對方，因此，表面看來，雙方像是在某種問題上的意見不同，為求協調而爭論不休。實際上，討論可能僅僅只是一種形式，甚至是一種消遣；談判的雙方，只是以反駁對方為目的，或是努力收集那些自己不想改變主張的證據；雙方都不想達成協議，而且也不願放棄或改變自己的意見。

假如我們問當事者何以爭論不休，他們的答案往往只能說出原因，而無法提出目的。一旦有了爭論，無論是夫妻之間、勞資之間，或同事之間，往往不求長遠利益，只是對對方的言行採取反應。例如：「我才不吃他這一套！他以為這樣做，我就會順從，那就大錯特錯了，走著瞧吧！」

這種情形可以有兩種解釋，一種就是回溯過去，總結原因，認為今後的行動是由以前某種原因決定的。另一種就是瞻望未來，確定目的，認為今後的行動都是由自由意志所決定的。為決定如何行動，我們暫且不作自由意志論或決定論等哲學角度上的爭論，認定以自由意志來行動，或認為雖然是根據自由意志來行動，但事實早已被決定了。無論哪一種想法，我們都必須作決定。也就是說我們既可以回溯過去，又可以眺望未來。

與其回溯過去，倒不如瞻望未來，因為這樣較能滿足自己或雙方的利益。討論上一期的成本過高、上週無授權的行動，或者前天的業績比預期的差；還不如討論將來的計畫更有建設性。不要要求對方對他過去的言行做出解釋，而應問「明天應該怎麼做」方是正確的態度。

◆ 固守利益，彈性待人

在談論自己的利益時，可以採用強硬的態度。談判者在說明自己的立場時，也可以持強硬的態度。固執堅持立場是不明智的，但固守利益卻是明智的。在談判時，對自己的利益應當發揮攻擊性；因為，對方可能只考慮他自己利益，對於可能達成協議的範圍，往往以過於樂觀的態度期待著。

最好的解決方法，就是在使對方損失減至最低限度的情況下，己方卻能得到最大的利益。雙方將自己的利益明確地表達出來，或強調各自的主張，常常可以激發新的創意，進而產生使彼此均得到利益和好處的解決方案。

建築公司因為擔心通貨膨脹，也許會把關心的重點放在加快建設速度、降低成本、如期完工的價值與利益上。而你必須耐心地說服他們，坦誠地表達感情，使公司恢復既重視公司利益，也重視小孩子生命安全的平衡感。不要由於急於解決問題，而放棄將問題作正確的解釋的努力。例如：

「我相信你絕不會認為我兒子的生命，比你工地的圍欄便宜。當考慮到您自己孩子的安全時，我知道您就不會這麼說了。張先生，我認為您不是一個冷酷的人。讓我們一起來重視這個問題，好嗎？」

但是，此時你必須留意對方，若認為他受到人身攻擊，就會作自我保護，而不想再聽你的主張。所以，你必須把當事者的人為因素和問題分開來討論。不要進行人身攻擊，應當針對問題；對問題嚴陣以待的同時，要保持支持對方的態度；就是以尊敬對方的態度去傾聽對方的見解，並且禮貌地對對方所花的時間和精力表示感激。另外，還需強調滿足對方的基本需要是你關心的事，而你所攻擊的並非他個人，而是問題本身。

一種有效的方法，是用攻擊問題的積極態度，來支持對方的人性的一面。乍看之下，攻擊和支援的組合似乎是矛盾的；而且在心理學上說來，也的確是矛盾的；可是，這種矛盾，對問題的解決確實有所幫助。著名的心理學理論稱之為「認知性不協調理論」，表示人都不喜歡有矛盾，且都有採取排除矛盾的行動意念。例如：居委會主任一面攻擊在附近急駛的卡車的問題，同時積極支持對方公司的代表者，使對方心理產生認知的不協調；為了消除此種不協調，對方的代表不會把自己和問題分開轉而協助你。

對問題採取強硬的立場，能夠有效增強解決問題的壓力。另一方面，從人性面支持對方個人，意味著改善雙方的友好關係，增加達成協議或決議的可能。支持與攻擊結合起來，才能夠邁向談判成功之路；若只選擇其中一種，則很難會有結果。

為了自己的利益而採取強硬的態度，並非表示忽視了對方的見解與利益。只有將強硬的談判態度和認真傾聽對方提案的兩種態度組合起來，才能夠使你的談判取得成功。

多路進攻

有兩兄弟在為爭奪一個蘋果而吵架。最後，他們的媽媽出面，用刀分開，每人一半，他們才安靜下來。也許你認為這種裁決很正確。但事實是 5 歲的弟弟吃了果肉，扔了蘋果核；而 8 歲的哥哥扔了果肉，將果核種在院子裡。

是什麼原因，使多數的談判都是各分半個蘋果;而非一方得到全部果肉，一方得到所有果核？

如果你擬出了多種選擇方案，這種「雙輸」的局面就迎刃而解了。

◆ 不要在一棵樹上吊死

在談判中，無法得到其他不同的選擇方案的一個原因，就是當事人認為事態的本質是二選一，也就是認為爭論的結果不是贏，就是輸。談判，常常被誤認為是一場「固定金額」非輸即贏的賽局。如果對方把車子的價格提高了 100 元，一方就認為自己吃虧了 100 元。並存在這樣一種誤解，面對所有的答案，已經毫無通融的餘地，只有犧牲自己方能滿足對方，何必再想其他的方案。實際上，有許多人就是這麼執迷不悟的。

◆ 眼裡不要只有自己

妨礙找出符合現實的方案的另一種障礙，就是當事人只關心自己眼前的利益。事實上，要使自己獲得利益，必須要有讓對方也得到利益的方案才可行。話雖如此，常人只慣用情緒與從自身利益出發來處理問題，無法去考慮適合雙方利益的好方案，並採取客觀的態度。

而且，心理上也傾向於拒絕承認對方想法的正當性。也就是說，不去思考使對方得到滿足的方案。短視的、自我的、本位的態度，使得談判者常常站在偏頗的立場，至多只能單方面、片面地解決問題。

◆ 構思是構思，決定是決定

隨意做判斷會影響思路的開闊性，因此，對創造性行為和批評性行為必須加以區分；也就是說，要把構想解決方案的過程和決定選擇的過程分開。形象地說，構思是先決作業，決定為後動作業。但二者雖分開作業，程序上仍有連貫性。有了連貫性，才能得到滿意的談判結果。

談判者要提出多種解決方案，並不是件容易的事，這表示你必須使自己頭腦中不斷產生新的構想才行。因此，同事或朋友之間，共同研究探討或進行磋商會有很大的益處。經過這種訓練之後，就能夠有效地將構思和決定加以區分。

相互間進行磋商的目的，是為了解決當前的問題，盡量提出更多的構想。基本原則是禁止對初步構想予以批評或評價。進行磋商時，只能提出構想，不能批評好壞，或給予適不適合現實等評判。這樣就會使構想引發更新構想，如同引燃一連串鞭炮似的，一切更切合實際的構想會逐漸迸發。

互相磋商時，不必擔心自己的構想會被他人視為無聊荒唐的看法。與眾不同的構想，只會使你更受歡迎；由於沒有競爭的對手，因而也不必擔心祕密情報會洩露，發言也不會受到約束。

相互磋商並沒有限定方法；原則是因人而異，因事而變，靈活地按照自己的需求和條件去進行。

◆ 與對手一起「腦力風暴」

這種方式比和同伴進行磋商困難。和對方敞開思路，隨意遐想，洩露自己的祕密情報，或是辛苦想出來的方案，可能遭到對方誤解；但是，雙方也容易產生兼顧彼此利益的好構想，也會產生共同解決問題的欲望，並且也增加了了解彼此利益的機會。

與對方進行集體無物無車的非正式探討時，為保護己方的利益，應當把商討過程與談判過程界定清楚並加以分開。參加者多半已習慣於為了達成協議的目的而開會，所以，在進行磋商之前，應首先聲明這種非正式商討的目的。

為了防止自己的創意被誤解為承諾，應當養成同時提出兩種以上構想的習慣。例如：「如果你付我 20 萬元現金，或是……我可以無條件把房屋送給你。」提出這種顯然自己也無法接受的方案，對方當然也只會視為可能的提案，而不是正式的決議案。

記住，不論雙方是否一起進行集體磋商，都必須把構思選擇方案的行為與提出結論的行為分開。討論選擇的方案和堅持的立場迥然不同，雙方的立場可能會相互衝突，但是討論選擇方案卻往往會帶來更多可供選擇的方案。另外，所使用的語言也不盡相同，選擇方案只是提案，並不是一種決議案，所以它並不被固定化。例如：

「這也是一種方案，此外，還有什麼方案呢？」
「我們再考慮看看，如果我們同意這個方案，結果會怎麼樣呢？」
「我們以這種方式進行好嗎？」
「如果選擇這種方案，是否會有任何不便？」

給你一個談判前的建議，在做出決定之前盡可能多想幾個解決方案。

◆ 透過專家的眼睛

要構想出多種解決方案的另一方法，就是從各行業和不同專家的立場、角度去探討問題。

為解決孩子的監護權問題，可假想自己是教育家、銀行家、精神病科醫師、民事律師、食品營養專家、醫生、女性解放運動者、保姆等等，以這些專家的立場去探討問題。

在談判的時候，可以以銀行家、發明家、工會主席、房地產投機者、股票經紀人、經濟學者、會計師或社會工作者的眼光，去構思各種可供選擇的方案。

站在各種專家的立場去探討、解決問題，必須仔細斟酌各類專家的分析與判斷，以及提示的解決方案與普通原則。然後再從中構想符合實際的可行方案。

◆ 退而求其次

如果難以達成期待的協議，可以先提出低標準或低層次的方案，以增加能夠達成協議的方案數目。假如在實質、內容方面無法協商，那麼也許在程序、手續方面可以協商。例如：受損皮鞋的運費到底要由哪一方負責呢？鞋廠與批發商之間無法達成一致，但是若透過第三者，或許這一個問題便可獲得解決了。

同樣，合約若無法維持下去，或許雙方可以同意簽訂臨時性的協議書。重要的問題＜第一層次）無法達成協議，次要的問題（第二層次）或許不難取得協調。也就是說，對於意見不一致很難達成協議之處，至少雙方當事者都明白爭議的焦點是什麼。有時是因為雙方都無法真正掌握問題的關鍵與爭執的主旨，所以談判才會無法進展。

◆ 「雙贏」方案

積極解決問題的障礙之一，就是誤以為彼此所要求的利益是固定的，認為對方所得越少，你得到的就越多。然而，實際情形並非如此。因為，如果談判結果不理想的話，將來雙方的情況比現在更糟。

除了都想避免「各自損失」的共同心理外，大多數情況下，彼此都希望「各有所獲」，並能維護共同利益的存在。有時必須採取維護雙方友好關係的方案，有時卻必須採取維護雙方各自利益關係的方案，有時必須採取雙方互利的新方案，只有這樣才能使雙方當事人都感到滿足。

記住：談判，不純粹是零比零的結局，有時它會以感情與關係為主導，而有時它則以利益把關。

原則戰術

一項正當性的標準，並不會否定另一方的正當性標準。因此，雖然我們提出必須以客觀標準為基礎進行協商，但並不意味只以單方面提出的標準作基礎。

◆ 敞開理性之門

假設某份建設工程的承包合約書條文規定了打地基要用鋼筋水泥，但卻未注明深度，承包商主張用二尺深，但你卻認為高品質的住宅地基應當有五尺深才合乎標準。所以，如果承包商說：「我們已經同意屋頂採用鋼梁，你們也應該讓步，同意地基做淺一點吧！」這種情況下，有常識的發包人是絕不會讓步的。但此時，你不應該採取立場式或討價還價的方式來進行談判，而是要援引客觀的標準來謹慎處理。

因此，你可以這樣回答：「也許是我錯了，可能其他建築有二尺的地基，但是不管二尺或五尺，我只希望你們建造的地基能支撐的這棟漂亮建築物，它的防震力能合乎國家的規定或建築安全標準嗎？難道就沒有適用的法定標準嗎？這個地區其他建築的地基通常有多深？耐震性如何？我們一起來找出解決問題的標準好嗎？」

簽訂公正的合約和建造有堅固地基的建築物同樣困難。如果客觀的建築標準能使建築商和發包人的談判順利進行，那麼，商業談判、法律的談判和國際的談判，也可以用客觀的標準來進行。在貿易談判時，賣主不要過於堅持自己的金額，可以按照市場價格、成本價格、競爭價格等客觀標準來決定要價。更明白一點地說，不要屈服於壓力或銷售者強硬的要求，而應以客觀、固定的原則來尋求解決問題的方法。不要受當事人的感情或勢力所影響與支配，應當注意問題本身的性質與客觀的標準。為達到這一目的，應盡量接受合理的標準；把注意力放在問題的實質上，而不是彼此的耐力上；敞開理性之門，關閉感情或威脅之窗。

◆ 巧妙的「分蛋糕法」

為了產生一項獨立的、不受主觀意志力左右的談判結果，你既可以運用公平的標準去處理實質的問題，又可以使用公平的程序去化解雙方利益的對立。有一個不至於引起紛爭的典型方法，就是讓甲方持刀把蛋糕切成兩份，然後由乙方優先選取。

這個簡單的程序，曾被運用於複雜的海洋法會議的談判中。如何分配深海開採區？這個問題曾使談判一度陷入僵局。在協議方案的條款中，同意開採區的一半由私人企業開採，而剩餘的一半則由聯合國所屬的開採團開採。由於富裕國家的私人企業具備了選擇良好採掘區的技術和專業知識，所以，窮困國家無不擔心聯合國的採掘團也許只能得到令他們吃虧的採掘區。

此時採取的解決方案，就是由私人企業提出兩個開採區，然後讓聯合國開採團優先選擇，剩下的自然就是私人企業的開採區。結果，爭議就以這種單純的程序順利解決了。不但雙方均受其利，也發揮了私人企業的科學技術優勢。

「一個人切蛋糕，另一人先選擇的方式，」假如加以推演，它的變化程序就是當事人在決定擔任何種角色（持刀或選擇）之前，首先對彼此均認為公平的提案或安排進行談判。比如：有關離婚的談判，可以在決定小孩的監護權之前，先商議探視權，這樣，雙方就能夠去認真思考公平、合理的探視權。

當你考慮這種程序性的解決方案時，也可以嘗試尋求其他解決分歧的辦法，例如：輪流、抽籤，或由第三者仲裁。

在遺產無法分配的情況下，輪流保管不失為一種變通的處理方式。日後，如果繼承人之間樂意的話，仍可以互相交替保管；又或者，把分配視為暫時性的，試行一段時間再作最後決定。以抽籤或擲硬幣的方法來決定，也是一個公道的方法，雖然結果未免公平，但此方法的本質是均等的，因為至少每個人的機會是均等的。

在共同決定時，可以讓第三者扮演仲裁與關鍵性的角色，這也是被經常採用的程序性解決方法。有關這類的方法很多，例如：為了某個特定問題，雙方可以請專家發表意見或做決定，或者也可以請仲裁者做裁決，或者交由裁判，做出具有約束力或權威性的裁定；把解決不了的問題，委託給有許可權的仲裁人，卻也不失為上策。

職業球隊在解決待遇問題，而呈現出對立之時，可以採用「最終最佳的仲裁」來解決爭執，也就是讓這種方式產生一種自然壓力，迫使雙方當事者提出盡可能妥善的方案。美國有些州在公務員發生糾紛時，就使用這種調停方式，確實比一般的方法更成功。但是，不想和解的某一方，有時也會因此而讓仲裁者在兩種極端的解決方案中，做出令人不悅的選擇。

◆ 小心原則談判法的盲點

在準備了幾個客觀標準後，要使談判成為共同尋求最終協議的關鍵，就是要具有大度的胸襟和彈性的態度。大多數人在談判開始時，為鞏固自己的立場，會援引先例或其他客觀的標準，可是，這種引用標準的方法，可能會使談判陷入立場的泥淖中。

更嚴重的錯誤是，談判剛開始，便公開表示自己的立場是原則性的問題，不可能有所改變，並拒絕考慮對方的提議，盛氣凌人的口頭禪是：「這是原則問題」，因而使得談判轉變為觀念之爭，意識形態之戰；進而使具體層面的差異偏向為原則上的分歧，不但不能使談判雙方自由發言，反而冷卻了談判的活力。

在此必須強調的是，一流的原則談判法絕不是上述的這種方式。雖然，我們提出必須以客觀標準為基礎進行協商，但並不意味只以單方面提出的標準作基礎。一項正當性的標準，並不會否定另一方的正當性標準。公平的觀念因人而異，對手認為公平，你卻不一定認為公平，所以，談判的當事人應該像法官一樣去處理問題。即使你的想法偏向一方（也就是傾向自己這方），仍應當傾聽另一方提出的其他標準或不同標準的理由。

假如雙方都提出不同的標準，那就必須以客觀作為取捨的標準。比如：可以用過去慣用的一種標準、或一種較為普遍的標準作為參考。實質問題的解決，不能依靠雙方意志力之爭，同時，要選擇哪一種標準作決定，也不應受到意志力的影響。

有些問題會具有引起不同結果的兩種標準，但雙方都認為這兩種標準具有正確性。此時，根據這兩種不同的客觀標準所提出的折中方案也是正確的，因以這種標準所產生的協議案，仍然沒有受到意志力的左右。

但是，若是將雙方提案（客觀標準）的優點都討論完畢之後，仍然無法贊同對方提出的標準是最優秀時，可以建議對提案進行評鑒。首先，由雙方協商後請來一位公正的第三者，然後把所有的標準列舉出來，由這位第三者從中選出一種最公正、最恰當的標準。因為客觀的標準是正確的，而且正確的標準也必須是多數人所支持的，所以，請第三者來選訂一種標準的作法也是極為公正的。但是，請第三者並不是來解決實質爭執的，而是請他提出該採用何種標準的建議的。

「尋找合適的標準、原則以解決爭端」和「只是借著標準、原則來支持立場」，兩者之間的差距有時雖然很微妙，但也是很嚴格的。原則型談判者會仔細傾聽對方，對有關問題實質的理性闡述，並且坦誠地依據客觀標準尋求解決的方案。只有這樣，才能夠使原則談判法具有說服力，而且效果顯著。

◆ 壓力面前不變色

在本節開始舉的例子中，假如建設承包商表示願意為你的侄子在他的公司中安插職位，藉此希望你放棄對地基深度的堅持，此時你會如何處理呢？你也許會說：「我侄子的就職問題，與建樓的地基深度及安全問題沒有任何關係。」但是，假若承包商威脅：「那麼我除了提高工程費用之外，沒有別的法子了！」這時，你可以回答：「關於這個問題，可以按照程序來解決，我先調查其他承包商在承包這項工程時要求多少錢？」或者回答：「請你告訴我建築的成本價，我們根據這個價格來計算合理的利潤好不好？」假如承包商說：「這點上你可以信賴我！」那麼你就回答：「這不是信不信賴的問題，我們的問題是要保證房屋的安全，究竟地基的深度要多少才夠安全呢？」

這類的壓力有多種形態，如：賄賂、威脅、以信賴感為藉口欺騙對方、拒絕讓步等。應付這種壓力的對策就是讓對方說明理由，提出你認為合適的客觀標準，而且堅持如不根據這一標準就無法讓步。

這就是不屈服於壓力，只依據原則和客觀標準的談判方式。

那麼，哪一方會比較占優勢呢？其實，哪一種場合對哪一邊較有利也很難斷言，因為，原則談判法除了堅持意志力即客觀標準之外，同時還具有客觀標準的正確性，以及合乎邏輯的說服力，對付沒有任何根據卻要求你讓步的對手，比根據客觀標準來逼你的對手，要來得容易。如果對方沒有正當理由，在他未提出公正的提案之前，採取拒不讓步的談判態度，無論與公、與私都是較為有利的。

一般來說，程序上的談判，還對正確客觀的談判者較有利。也就是說，你隨時可以將「立場的爭執」，引導或改變為「客觀標準」的尋求。從各種角度看來原則性談判，確實比立場性的談判更為優越。

堅持依據事實和客觀標準從事談判的人，若想增強說服力，最佳的方法不是施加壓力，而是要動用「探照燈」，引導提案所根據的事實、客觀標準和原則，向著「雙方互益」的燈塔邁進。

容易因立場性爭執而屈服於對方壓力的人，更應當進行原則性的談判，才不至於迷失自己的方向，也才能夠保持客觀公正的態度。原則與標準，不僅是阻攔意志屈服於壓力的強有力的武器，同時還是談判時出擊的刀劍，更是「正義就是力量」的最佳注解。

如果對方寸步不讓，也不肯提出具有說服力的標準支持其主張，這時，舵手若仍不改變航線，那麼，談判之舟必將觸礁。這種情形，就好比過去到國營商店購物一樣，你同意商店的標價就買，不同意就走——只有兩條路。在談判桌上，不要隨意放棄協定。要仔細分析當時的局面是否忽略了能支持對方主張的客觀標準，如果能找到此種標準，則應以此為基礎來訂立協議；比就此放棄機會更有利時，就應該訂立協議。屈服於無理的主張，要付出過高的代價；但是若能找出客觀的標準，那就不是屈服於對方。

如果對方全然沒有讓步的意思，而你也沒有找到同意對方的依據，此時，不妨在找到最好的代替方案前，先預估如果同意對方不合理的主張，你能從中得到什麼，失去什麼？並權衡得失後，弄清讓步所能獲得的實質利益，與離開談判桌後被稱為原則性談判者的美譽，將這兩種得失放在天平上，看看哪一邊重要再作決定。

在談判過程中，從「探索對方在什麼條件上願意做」到「如果決定問題的客觀標準」，並不表示雙方已達成協議，標準也不能保證產生有利的結果。但是，這種做法至少不需要付出立場式、討價還價、無休止爭執的過高代價，從而可給談判務實上提出積極而有效的策略與方式。

膠泥戰術

一旦開始談判，談判人員就希望能地順利和對方達成協議，完成交易。但事實並非想像中那麼美好，談判人員常常陷入滿是膠泥的沼澤地。

◆ 不要被資料的「海洋」所淹沒

對方很可能提供給你多而不切實際的資料，使你被一大堆瑣碎的資料所包圍，以致忽略掉重要的資料，而無法掌握真正的問題所在。曾經有一位賣主兩手捧滿了文件來說明他的立場。當他說：「我剛巧隨身帶了這些資料來」的時候，對方每個人無不搖頭苦笑。顯然的，由於有了這麼多的資料，反而無法細察其中任何一項資料。

面對著過多的資料，你就會像去赴盛宴，這個吃一點，那個吃一點，可能還沒有吃到最主要的一道菜，肚子就已經很飽了。

所以千萬不要被滿滿文件資料和冗長的回答給唬住了，太多的資料幾乎和沒有資料是一樣的糟糕。在滔滔不絕的話匣子後面，可能隱藏著「故意說錯的話，個人的決定以及互相矛盾的資料」。所以你要有勇氣要求對方做更進一步的說明，並且盡力去調查所有重要的問題，千萬不要被瑣碎的資料給淹沒了。

這個策略特別提醒你「神龍見首不見尾」所帶給你的壞處。

◆ 做一隻滿腹狐疑的狐狸

談判桌上撲朔迷離，往往令人莫辨真假。一個優秀的談判者必須隨時保持懷疑一切的態度，在評估對方所說的話時，總是注意到下面四個原則：

1. 永遠不要將任何事情視為理所當然。
2. 對每一件事情都要經過調查分析。
3. 用自己的頭腦認真分析，要讓每件事情都很合理；不合理時，就要保持懷疑的態度。
4. 要清楚地區分事實和事實的闡述，不要被對方所愚弄。

◆ 對方的欲望是難以滿足的

當賣主讓步的時候，買主會有什麼樣的反應呢？買主只會注意讓步的本身；即使那是一個很大的讓步，買主仍會覺得不夠，而向賣主提出更多的要求。這就好像一個連鎖反應——我們所說或所做都會影響到別人的言行舉止，而別人所說或所做的也會反過來影響我們……如此一直循環下去。

所以賣主在每次讓步之前，都必須預先想好它可能帶來的後果，及買方所可能有的反應。賣方必須先問自己：如果我做了這個讓步，如果他再有更多的要求時，我該如何應付呢？這個小小的問題將會幫助你從第三者的立場來決定是否應該讓步。

◆ 時間陷阱

有許多微妙的方法可以傳達時間緊迫的資訊。飛機起飛的時刻、度假的日期、固定的假日、可能的組織改組或者歡送退休人員的宴會等，都可能促使猶豫不決的對方接受協議。劉先生曾因此而中了保險公司的圈套。保險公司先是答應給他一項很慷慨的賠償費，同時，該公司的理賠員也告訴劉先生，他要出國，要求他在下個星期五把所有的資料都帶到保險公司去，在他們稍做檢查後，就馬上開支票給他，就可以了結這宗案件。於是，劉先生很辛苦地準備，終於在星期五下午把一切事情都準備妥當。到了保險公司，理賠人員滿面笑容地接見他。當對方把資料接過去後，卻很抱歉地說他還得向上級請示一下。等他請示回來後，卻對劉先生說，公司只能償付一半的賠償費。於是劉先生頓時感到不知所措，為了要趕上星期五的期限，他在時間緊迫的狀況下做出對自己不利的談判情勢。其實那個理賠員根本就沒有出國的打算。這只不過是一個利用時間的策略——用來冷卻被告的賠償要求。借著一個高價的虛假提議及一個虛假的時間限制，保險公司便贏得了這場談判。

無論商議任何一件事情，都有適合和不適合的時候。政府發放公債、股市狂飆、發薪日、五一長假、十一長假及年終獎金發放的日子裡，都是房地產買賣的旺季。公司財務報表公開時，企業的改組和時刻表的更動，都可以增加或減少自己的議價力量。偉大的決定常常是因為對時間的掌握得當所做出的。

最後適時的出價，尤其能夠增加買主對它的信賴。倘若太早提出來，即使是很好的價錢，也難以取信於買主。凡是經過幾天討論之後，再提出來的價格就很容易被買主接受了，在略做讓步之後，便突然更換掉談判者，則可能暗示未來的讓步沒有多大希望了；這種突然的舉動，將使談判在最後幾分鐘內突然緊張起來。

所以，時間的選擇至關重要，絕不可輕視。

邊打邊談

談判就好比敵我對陣的戰場。談判過程中所出現的問題千變萬化，是談判各方所無法完全事先預測並掌握的。那麼怎麼辦？——邊打邊談！

◆「影子」談判——間接談判

每次商談都有兩種交換意見的方式，一種是在談判時直接提出來討論，另一種則是在場外，以間接的方法獲取想要知道的資訊。

間接交流是基於實際需要而存在的，一個談判者可能一方面必須裝出很不願妥協的高姿態給己方的人看，而另一方面又必須盡量壓低姿態，在對方認為合理的情況下和對方交易，以達成協定。不管是買主還是賣主都會有這種雙重壓力的困擾，這也就是談判雙方有時會建立起間接談判關係的原因。

每一項議題並不一定都要在會議桌上提出來。因此，彼此建立起來的間接關係，有時反而能在最少摩擦的情況下使消息傳遞給對方。假如對方拒絕這個非正式的條件時，雙方都會心知肚明，同時也不會有失掉面子的顧慮；倘若這個條件在談判時被正式拒絕，則很可能會在對方顏面盡失的情況下引起對方的指責，進而導致雙方感情的破裂。

所以，間接的溝通方式，可以幫助談判者在不礙情面的情形下，悄悄地放棄原先的目標。

而某些需要更改的目的，也可以透過這種半正式或非正式的勾通加以修正。以下所列的方式可用來補充正式會談的不足。

1. 有禮貌地結束每一次的談話。
2. 在正式談判之外，另外再找地方祕密討論。
3. 以價格變動為由來探測對方的意見，或者故意放出謠言。
4. 請第三者做中間人或見證人。
5. 組成委員會來研究、報告和分析。
6. 透過報紙、刊物或廣播的媒介。

◆ 巧布迷陣，請君入甕

美國開鑿巴拿馬運河的初期談判，其談判謀略是典型的「巧布迷陣，請君入甕」，而且談判雙方都是如此。

談判的一方是美國，另一方是法國巴拿馬運河公司。談判的焦點是美國應該付給這家法國公司多少錢，才能取得開鑿巴拿馬運河的權利。這家法國公司雖然已開鑿失敗，但它在巴拿馬運河卻擁有一筆數量可觀的資產，其中包括：3 萬英畝土地、巴拿馬鐵路、2,000 幢建築物、大量的機械設備、醫院等等。法國人估價 1 億多美元。他們開始報價 1.4 億美元，而美國人的開價僅僅 2,000 萬美元，二者相距甚遠，經過雙方磋商，分別讓步到 1 億美元和 3,000 萬美元，但談判到此就停了下來。

美國人的策略是聲稱另找一塊地方挖運河，他們選中了尼加拉瓜，美國眾議院宣布考慮支援開鑿尼加拉瓜運河。法國人摸透了對方急於想要一條運河，來溝通兩大洋的迫切心理，而且也料到美國會用尼加拉瓜運河來與巴拿馬競爭，於是也耍了一個花招，暗示法國亦同時與英國和俄國人談判，以爭取英俄的貸款繼續的開鑿巴拿馬運河。

雙方相持不下。

不久，法國人獲得了一份美國有關委員會給總統的祕密報告，報告中雖然肯定了巴拿馬運河的優越性，然而提出購買的費用過高，不如實施尼加拉瓜方案。這份情報讓法國人的信心動搖了，他們憂心忡忡地另作評估。正所謂「福無雙至，禍不單行」。不久，法國內部又爆發了一場危機，巴黎公司的總經理因故辭職不做，股東大會亂作一團，股東們都提出盡快將開鑿權賣給美國人，什麼價錢都可以接受！於是一夜之間，法國的報價驟跌至 4,000 萬美元，落入了美國實際可接受的範圍。

從以上談判案例我們可以看出，談判者謀略的出發點在於巧布迷陣，藉以給對手指示某種虛假的動向或暗示的資訊，使之具有一定的誘惑力。其目的就在於搜索到對方更多有價值的資訊，從而掌握談判的主動權，達到「請君入甕」的目的。

在商務談判中，談判者也常常運用這種巧布迷陣的策略，放置各種煙幕彈，干擾設置迷陣，貴在一個「巧」字，談判者應善於借助一個恰當的形式或局面來製造聲勢，並能順理成章，不露痕跡。如果一個談判者善於將對手引入自己設置的迷宮，這種談判的主動權就掌握在自己的手中。

能夠不露痕跡表達你意願的最佳方法，便是故意在走廊或談判桌上遺失你的備忘錄、便條或文件，或者把它們放在對方容易找到的字紙簍裡。外交消息就是常常用調換手提箱的方法來完成的，而軍事上的祕密計畫也常常是在戰場上死去的軍官身上發現的。

由間接途徑得來的消息，有時會比正式公開的資料更可信賴。所以掉了的備忘錄、便條和被偷走的文件，通常都會被對方逐條地仔細研究，可是在談判桌上公開遞過去的相同資料，他可能連瞧都不瞧一眼。

有一個生意人，常常遺留某些「重要」資料讓對方去「發現」，因而賺了不少錢。他曾經做過一筆很大的生意，是承包某公司機器方面的製造，他一得標便馬上以較低的價格分包給其他幾家競標者。每當一個競標者來拜訪他時，都會很意外地發現一張手寫的報價單。所以，所有投標者都以為若是想得到這筆生意，就必須報出更低的價格，卻不知這張報價單乃是買主故意放在那裡的，他會藉故離開房間幾分鐘讓賣主在無意中看見。這些看到報價單的競標者為了要得到這筆生意，都不得不把價錢壓得比這張報價單上的價格還要低些。

有位談判者也使用類似的策略，他故意將某些想讓對方知道的事情用很大的字寫出來，那些字足以讓坐在桌子對面的人即使倒著看也看得很清楚。起初，對方還感到相當得意，最後，意識到他的動機後才開始懷疑起來。另外還有許多買主有時會讓賣主從桌子對面偷看到他們的資料。

所以不要信任太容易得來的資料，對方並不是傻子。有的資料是故意將你引君入甕的，使你產生錯誤想法與作法以正中其下懷；有的則是有意試探賣主是否會賣出，或者買主是否會購買。所以如果發現到對方不慎遺失的文件時，千萬要提高警覺，凡事很少是在不付出代價的情況下取勝的，特別是些有價值的資料。

◆ 說服有術

以下的建議都是根據最近心理學上的研究而來的，和任何研究一樣，實驗結果的理論和實際的情形不可能完全相同。所以還要依靠良好談判能力來彌補與實際理論之間的差異。

1. 談判開始時，要先討論容易解決的問題，然後再討論容易引起爭論的問題。
2. 如果能把正在爭論的問題，與已經解決的問題一併討論，就較有希望達成協定。

3. 雙方彼此的期望與雙方談判的結果有著密不可分的關係，不妨伺機遞消息給對方，以影響對方的意見，並進而影響談判的結果。
4. 假如同時有兩個資訊要傳遞給對方，其中一個對方會很高興，另外一個則較會引起對方的不悅，那麼就該先讓他高興。
5. 強調雙方處境的相同，要比強調彼此處境的差異，更能使對方了解和接受。
6. 強調協議中有利於對方的條件，這樣才能使談判較容易取得成功。
7. 先透露一個使對方好奇而感興趣的資訊，然後再設法滿足他的需要。這種資訊千萬不能帶有威脅性，否則對方就不會接受了。
8. 說出一個問題的兩面，比單單說出某一面更有效。
9. 等贊成和反對的意見都能充分討論後，再提出你的意見。
10. 通常聽的一方比較記得對方所說的頭尾部分，中間部分則比較不容易記清楚。
11. 結尾要比開頭更能給聽者深刻的印象，特別是當他們並不了解所討論的問題時。
12. 與其讓對方做結論，不如先由自己清楚地陳述出來。
13. 重複地說明一個資訊，更能促使對方了解和接受。

◆ 沒有「讓步」，「承諾」也可

很多生意是經由口頭上的承諾而達成的。「假如你這樣做的話，我就會那樣回報」；有的承諾甚至不必說出來就能為雙方所了解。當你承諾某種好處給對方時，你就可以記在他的帳上了。

一項承諾就是一項「讓步」。有的承諾絲毫不花代價，有的承諾只有承諾人願意履行時才有用。假如你無法得到對方的讓步，就設法爭取一個承諾吧！

合約本身就是一項具有約束力的文件，對方若做成某些事情，你將會付錢給對方。但是，簽訂合約只是規定雙方的責任和權利而已，不足以保證對方的履行責任。縱然你與對方事先約定好，但對方也有反悔的可能。這時，合約所能給你的就只有訴訟的權利了，而實際上訴訟又可能無法進行，因為那時說不定對方已經溜之大吉了。

當合約無法充分保證對方履行責任時，就必須採取其他的措施。例如：要求對方預存一筆保證金或保證票。其他用來保證履行的方法還有，安插一個人去監督對方的董事會，或是彼此互買對方公司的股票等等。

對方可能會履行承諾，但也可能不會。若要確定對方履行合約的誠意，則必須事先做好資訊調查和管理，要讓對方知道不履行承諾是不可能的。一份仔細擬訂的合約，也可以作為管理的基礎。有些承諾即使沒有寫下字據或沒有法律的支持，也可以迫使對方履行，就像從銀行借到的貸款，就一定得在規定的期限內歸還的一樣。

承諾往往會被打折扣。有一些建築承包商就用這種作法「發現致富」的。原來他派了許多工程監理監督工程的進度。在工程進行時，再把部分工程分給小承包商去做。這些小承包商往往會多做一些額外的工作，希望以後能和當地監工商量，多拿到一些貨款，但最後這些監工都不認帳了。原來這個承包商不斷地調動監工，那些小承包商經常突然面對一個全然陌生的監工，而這個新監工根本就不知道前任監工和小承包商之間的默契，於是拒絕支付這些貨款。由於承諾打了折扣，使得這些小承包商損失不小，然而知道時已經太晚了。因此，目前已嚴格限制建築承包商轉包工程的做法，就是為了防止出現不規範的承包和不負責任的承諾。

不過一般來說承諾仍是有效的，假如你得不到對方讓步，不妨先得到一些他的承諾，因為大部分的人都會試著去履行他們所說過的話。

◆ 聲東擊西

聲東擊西的策略在談判中經常可見，談判的目的並非都是為了完成交易，有的人只是利用談判來先發制人或者阻撓、延緩對方的行動。例如：買主先主動地和賣主講好，請賣主為他們保留產品而不賣給別人，可是後來賣主卻又以更好的價錢賣掉了。如果賣主的心中早已有這種打算時，會故意不談妥價錢，因為他相信價格會漲。外交上的談判也常常沒有什麼目的，只是想掩飾一項有意的侵略行為，或轉換對方的注意力，以便爭取時間進行動員與後勤的準備。

「聲東擊西」的談判是討價還價過程中的一部分，雖然很不道德，但也不能過度指責。因為談判本身就是智力的角逐。使用這種策略的原因一般是：

1. 一種障眼法，另外再到別處活動。
2. 為以後真正的會談做鋪路工作。
3. 表面上為別人鋪路。
4. 保留產品或者存貨。
5. 暫時擱置，以便探知更多的資料。
6. 延緩對方所要採取的行動。

7. 一方面另尋其他方法，一方面進行談判，談判是為了爭取時間。
8. 暫時拖延，等待第三者的介入，以利自己。
9. 即使根本沒有妥協的意思時，也擺出願意妥協的姿態。
10. 造成衝突局面，再請仲裁人來公斷。
11. 轉換對方的注意力。

◆ 借助仲裁

商務談判不常用到仲裁者，但事實上應該有個仲裁者。幾個世紀以來，仲裁者（在外交上通常是斡旋者）調解過無數似乎不可能解決的國際糾紛，因此，當然也可運用到商務談判上。

下面是當買賣雙方都無能為力時，仲裁者所能夠幫助雙方解決的事情。

1. 他們能建議實際的解決方法。
2. 他們能出面邀請已經鬧成僵局的雙方再次展開會談。
3. 他們能刺激雙方提出更有益的創造性建議。
4. 他們能不帶情緒地傾聽雙方面的意見。
5. 他們能建議用妥協的方法，達成交易。而這是談判雙方中任何一方都不願意提出的，因為這會影響到自己議價的力量。
6. 他們更容易向任何一方建議新觀點，這比其中一方的建議更容易被對方接受。
7. 他們能促使買主和賣主反問自己：「我希望對方做怎樣的決定呢？我必須如何去做才能促成他做出那樣的決定？」

仲裁者可以是公司內的人，或者公司以外的人，最好的仲裁者通常是和談判雙方都沒有直接關係的第三者，他必須有足夠的社會經驗、豐富的學識和高尚的品格，只有這樣才能贏得雙方的尊重。公司內的人假如沒有直接參與交易，也可以承擔仲裁者的任務，至於公司外的律師、教師和顧問，則比較能勝任這方面的工作。

假如僵持的談判雙方無法解決彼此之間的分歧，最好採用仲裁的方法。許多工商業及貿易的爭論就是如此解決的，仲裁者在工會談判中經常被運用，並且運用得越來越廣泛了。

仲裁者的服務非常有價值。一個仲裁者能夠找出顧全雙方面子的方法，不只是使談判者滿意，也使雙方的公司滿意。在仲裁者的面前，爭執中的雙方無論採取怎麼強硬的態度，都沒有什麼關係，而他們所表現出的強硬立場，還可以滿足公司對他的期望，另外仲裁者也能促使新觀念的順利傳遞，使雙方能夠重新坐在一起合作以解決問題。最重要的一點是仲裁所需的費用，總比僵局或者交易破裂所造成的損失要少得多。

照理說仲裁者應該公平地幫助談判雙方，他要分清楚自己的感情和事實，及希望和現實之間的區別，他就像篩檢程序，要傳達雙方的意見。此外，仲裁者要給雙方傳遞資料和資訊，還應該強調某些重點。所有這些事情都應正當並且公正地執行，可是事實上懷有偏見的仲裁者卻也不少。

每一個人幾乎都有某種程度的偏見，也有自己的觀點，每個人對於事情都有自己一定的看法。對於事實、方法、目標和價值，也都會以自己的價值觀和經驗來加以詮釋，例如：對翻譯者所做的試驗中可以證實，即使他們不是有心的，但在翻譯時仍然會扭曲原文的意義。

在仲裁的過程中，偏見的產生也有可能有其他原因。仲裁者假如和其中一方是朋友，或者剛好有相同的看法時，無形中可能對另外一方就會有偏見；另外，也可能出於對商業利益或政治因素的考慮，使仲裁者偏袒其中一方。在仲裁過程中，通常偏見都不會很顯著的，你必須注意到這一點。

挑選仲裁者時，要記住以下幾點：

1. 了解這個仲裁者。記住，所有的人都會有某種程度的偏見，因此務必小心地挑選。
2. 注意仲裁者已經形成的偏見。
3. 注意有的仲裁者可能會被賄賂，或被其他重大的利益所左右，而不利於己方。
4. 假如你有任何理由足以懷疑仲裁者的公正時，就另外再挑選一個。

仲裁雖然有不少多好處，但有時也會有嚴重的缺點。例如：

1. 有時仲裁者無法了解雙方真正爭執的問題。
2. 仲裁者的想法可能已經過時，不符合現實的需要。
3. 仲裁者可能由於不同的原因，潛意識地形成某種偏見。
4. 仲裁者可能被某一方的言辭所影響。
5. 仲裁者在解決某項爭執時，可能使得問題更加複雜。

仲裁者有時也會被談判者所利用，買主會想到利用他的好處，故意辛苦地和賣主討價還價，從 15 萬元降到 11 萬元，然後他們就要求仲裁者來調解。這時賣主已經處在很不利的位置了。因為第一，他和他的公司開始認為 11 萬元是一個比較理想的價錢；第二，仲裁者這時會想到以低於 11 萬元的價錢使雙方達成協議，因為仲裁者看到賣主也同意把價格降低到 11 萬了。結果這個時候買主、賣主和仲裁者所想的價格都是 11 萬元，而不是原先賣主所要求的 15 萬元了。在這種情況下，利用仲裁的買主會因此而獲得不少好處。

仲裁是談判中的一項合法工具。當你希望雙方達成一個平等，而不是取決於權威的協定時，可以要求仲裁。對於沒有先例的重要事件，仲裁也是很適合的方法。許多商貿談判時的某些爭執都很適宜運用仲裁的方式來解決，不過需要注意的是，它並不是包治百病的靈丹妙藥，它也可能是對方故意設計來對付你的圈套。

◆ 拋磚引玉，投石問路

拋磚引玉，投石問路是一種策略。運用這種策略的買主可以從賣主那裡得到通常不易獲得的資料。知道成本、價格越多的買主，就越能做出好的選擇。假設一個買主要購買 2,000 件衣服供應全國的銷售網。於是他要求賣主分別就 200、2,000、10,000 和 25,000 件的銷售量來估價，一旦賣主的估價單送來，敏銳的買主就能從估價單中得到許多資料了。他可以估計出賣主的生產成本、設備費用的分攤情況，生產能力及價格政策。因此買主能夠得到比購買 2,000 件衣服更好的價格。因為通常很少有賣主願意失去比 200 件還要多 10 倍的生意。

買主要求賣主對於他並不需要的數量加以估價，這是投石問路的策略，也是取得資料的好方法。人們在購買東西時，經常運用「投石問路」的策略。下面所列舉的例子通常都能問出很有價值的資料，引導出新的策略。

1. 假如我們的訂貨數量加倍，價格是否可以打八折呢？
2. 假如我們和你簽訂一年的契約呢？
3. 假如我們將保證金減少或增加呢？
4. 假如我們自己供給材料呢？
5. 假如我們自己供給工具呢？
6. 假如我們要買好幾種產品，不只購買一種呢？
7. 假如我們讓你在淡季接下這筆訂單呢？
8. 假如我們自己提供技術援助呢？
9. 假如我們買下你全部的產品呢？
10. 假如我們要改變契約的形態呢？

11. 假如我們改變一下規格呢？
12. 假如我們要分期付款呢？

任何一塊「石頭」都能使買主更進一步了解賣主的商業習慣和動機。

投石問路這個策略似乎有點苛刻，它逼使賣主和他的公司進退兩難。每塊「石頭」都使賣主在他公司的工程、生產和企劃人眼中變得更令人討厭——因為他面對著許多買主提出的、看來似乎無害的問題，想要拒絕回答是很不容易的，所以許多賣主寧願降低他的價格，也不願意接受這種疲勞轟炸似的詢問。

聰明的賣主在買主投出石頭，要求「假如」的資料時，要仔細考慮後再答覆。下面介紹的是幫助賣主如何給買主更好地回答的建議。

1. 找出買主真正想要購買的意圖，因為他不可能做那麼多選擇，並購買那麼多產品，賣主不妨詢問自己的生產人員，他們會告訴你有關這方面的知識。
2. 永遠不要對「假如」的要求立即估價——因為這是危險的誘餌。
3. 如果買主投出一個「石頭」，最好立刻要求對方以訂貨作為條件。
4. 並不是每個問題都值得回答。你可以要求對方提出「保證」，這乃是整個交易的一部分，倘若沒有公平交易的法律或者其他人的同意，對方無法不提出保證。
5. 有的問題必須花很長的一段時間來回答，也許比限制截止的日期還要長。
6. 反問買主是否準備馬上訂貨。當他了解這點以後，也許就會接受大概的估價。

一個精明的賣主，可以將買主所投出的「石頭」變成一個很好的機會。針對買主這種想知道更多資料的欲望，他可以趁機向買主建議一次簽訂三年的契約最有利，也可以採取所謂的「請你考慮」的策略；如 B 級品、數量更多的訂貨、購買備用零件、改變規格或者去年的款式等。「投石問路」和「請你考慮」可以促使買賣雙方達成更好的交易。

隔離戰術

雖然從對方的視角來看問題，是極為困難的，可是，唯有具備這種能力，才有可能成為一個成功的談判者。只知道對方也會以與自己不同的眼光來看事情是不夠的。

◆ 談判雙方都是「人」

在商界或國家間的談判中，談判者往往會忽略對手也是「人」，而不是「抽象的代表」。對手也有個人的感情、根深蒂固的價值觀。但是，由於彼此文化背景和思想觀念的不同，你很難掌握對方的行動，反之亦然。

在談判的過程中，人為因素、人性層面，既可能是談判繼續進行的動力，也可能是阻力，各有利弊。為了達成共識，一定要有使雙方都能滿意的信心。而且，隨著時間的進展，依賴、了解、尊敬、友情都將從中產生。這種切身利益的關係，會促使談判順利、快速地進行。

但是，人們通常會有生氣、失望、恐懼、敵視、不滿和憤慨等情緒，而且不容許自己的自尊心受到傷害。人們常常從自己的立場觀點來看世界，把主觀和現實混為一談。如果對方的意見和自己無法溝通，或當對方的想法和自己的想法有出入時，誤會、偏見、反抗等負面心理反應便油然而生，甚至形成惡性循環。而一旦變成這種局面，雙方往往會斤斤計較自己的利益，最終導致談判破裂，彼此留下惡劣的印象，造成嚴重的後果與負面影響。

既然人是有感情的動物，在談判時就應該能善用感情，否則，運用不當，適得其反。無論談判進行到哪個階段，必須常常自我反省、考慮人的感情因素，事情才能得心應手。

◆ 注重友誼

無論談判者是誰，其目的都是為了取得自己的實質利益，這也是談判的重點。但是，除了追求利益之外，與對手維持友好關係，也同樣不可忽視。透過出售商品來賺取利潤，固然是經營者的目的，然而，如何使顧客成常客，更為重要。談判者最好能考慮到彼此的利益；最低限度也應該在維持彼此利害關係的立場上，共同討論解決問題的方法。

在以維持彼此關係為前提的條件下，在談判時應當著重於加深彼此的友好關係，以有助於將來的談判。對於有著長久往來的顧客、客戶、家人、同事、同僚、朋友而言，維持當前融洽的關係，比談成一件個案更重要。

在談判過程中，如果談判雙方都堅持自己的意見，這將會使人際關係和問題的發展趨於惡化。當甲方敘述他期待談判的結果時，乙方就能知道甲方的立場。而甲方的立場與態度，往往會使乙方感到甲方不重視轉變雙方的關係。假如甲方堅持乙方認為無理的立場，乙方就會認為甲方太不講理，轉而採取極端的立場。於是，雙方都會認為對方不注重彼此的關係，因而也就不考慮對方的立場。

若只站在個人的立場進行談判，就會使解決懸案問題（實質利益）和維持友善關係（關係利益）這兩種談判目的，變成二選一的情形。

◆ 關係≠實質問題

在談判中若要達到解決實質問題和維護友好關係這兩種目的，並非是完全相對立的。重要的是談判的當事者是否願意把這兩種談判目的，依據各自的本質分別加以處理。對於談判雙方的相互關係，必須有一個正確的認知、清晰的溝通、適當的情緒，並能對目的有積極的展望。人際問題就應該用人際關係去處理，不應為了遷就人際問題而做實質的讓步。心理問題的處理，要運用心理學的技巧。如果看法不夠正確，要找機會矯正;情緒過於高亢時，要設法讓其發洩；若雙方有誤解時，則要改進溝通技巧。

在複雜的人際關係中謀求解決方法時，從「看法」、「情緒」和「溝通」三個角度進行思考，會有很大的幫助。人際關係的許多問題，歸納起來脫離不了這三大範疇。

談判的時候，不僅要拋開對方的人為因素，同時也不能忘記處理自己的人為因素。有時候，很可能會因為自己的憤怒、不滿、挫折感，而喪失在客觀上能有利地解決問題的好機會。也許，己方的認識只是片面的、一廂情願的，或者己方沒有仔細傾聽對方的意見，甚至沒有說明自己的意圖，因而造成相反結果。

◆ 假如我是對手

任何事都會因各人立場不同，而產生不同的看法。但是，人們通常只看到自己願意看到的一面。在許多詳細的資料中，挑選出與自己以往看法相同的資料，然後以此為中心，無視自己的錯誤，先入為主地看問題，甚至扭曲事實，排斥與自己意見相左的看法。一般來說，談判的雙方都只會看到己方的優點和對方的缺點。

雖然，從對方的角度出發來看問題，是極為困難的，可是，唯有具備這種能力，才有可能成為一個成功的談判者。只知道對方會以與自己不同的眼光來看事情是不夠的。假如想改變或影響對方的觀點，就必須了解對方在多大程度上堅持他自己的見解，同時還需努力地去發掘對方的心情，只有這樣才能掌握對方的意向。

用在顯微鏡下觀察甲蟲那樣的態度，去仔細地觀察對方，這樣做是不夠，還必須設法了解作為一個甲蟲的感覺。為了做到這點，你必須暫時停止判斷對方，而是設身處地地加以揣摩，或用他的心理「試行」對方的觀點。你堅持自己的見解決對無誤，同樣，對方也可能深信他的見解是「正確」的。例如：桌上放著半杯水，你可能認為：僅是杯冷水。可是，你的妻子也許會想，是哪個討厭鬼把熱杯子放在桃花木的桌面上，說不定會印下燙痕呢！

又如，我們可以通常房東與房客對於房租的看法有著較大的分歧。

去試著了解對方的看法，並不表示你已經同意他的看法。當然，在充分了解對方的想法後，你也許會修改自己的想法。不過，我們不應將這點視為因了解別人的見解而付出的代價，而應該將它視為因了解對方的見解而獲得的收益。這種了解，不但可以縮小彼此意見的差距，而且還將協助你看到新的利益。

◆ 理智地對待感情

在談判過程中，有時雙方會產生激烈的爭執，此時「處理情緒」遠比「說話」重要（情緒，包含談判者的「感受」）。因為兩位當事者都充滿了激烈的情緒，根本沒有共同協商來解決問題的心情，因此，才會抱著上戰場一決勝負的心情進行談判。一方的情緒，又很容易刺激對方，而恐懼則會導致憤怒，憤怒反過來又會引起恐懼。於是，情緒阻礙了談判的繼續進行，使談判陷入僵局，甚至破裂。

談判開始前，首先要認真觀察自己是否變得神經質？胃有沒有不舒服？對方是否感到憤怒？試著聽一聽對方說話，並感受一下對方的情緒，然後把自己的感覺，諸如恐懼、擔心、憤怒，或者自信、鎮定一一記下來，這對你將會有極大的幫助。接著，再對對方作相同的分析。

在與某一組織的代表人物談判時，我們經常犯的錯誤，就是把對方看成是傳達事件的傳聲筒，完全忽略了對方的情緒問題。事實上，他們也和你一樣，也有恐懼和希望等各種感受。說不定談判的結果會影響他的職業生涯，因此對於某些問題他會特別敏感，某些問題他會引以為榮。情緒問題不僅僅限於談判者本身，甚至在他背後的團員或選民也同樣有情緒，而且可能比談判者還要單純，說不定只看到事態的一面，他們就馬上露出明顯的敵意。

誘發情緒的因素有哪些？什麼事情使得你發怒？對方為什麼生氣？是不是因為過去的不滿而產生報復的念頭？是不是對某一問題所產生的懷恨而影響了另一問題？還是家庭的因素影響到工作？

要想解決情緒問題，雙方都必須坦誠地說出自己的感覺，這有助於雙方間的了解。

說出自己內心的實際想法，是絕對有利的。把自己和對方的情緒問題坦誠的拿出來討論，不但能強調問題的嚴重性，而且能夠削弱談判時「針鋒相對」的氣氛，也能促使談判趨於積極的一面。由於壓抑的情緒得到緩解，實質問題的討論便能較順利展開。

要想應付對方的憤怒、沮喪和其他的反感等情緒，最巧妙的方法是給對方一個發洩情緒的機會。人們一旦把自己的不滿告訴別人，就會有一種解脫感。如職業婦女在下班回家後，正想開口告訴丈夫這一天在公司裡不順心的事，丈夫就搶著開口說：「好了！我知道，你的工作相當辛苦，對不對！」如果丈夫真的這麼脫口即出，妻子的沮喪情緒會更強烈。

談判者亦是如此。假如能設法讓對方把心中煩悶的情緒通通發洩出來，他必然能夠理性地進行談判。不過，要特別注意在談判者背後的影響力。如果對手能堂而皇之地說出他的憤怒，那麼對手的支持者就會認為他很有骨氣、非常可靠，於是，他在談判時會具有更大的裁決權。一旦他在本公司樹立起了「強人」的形象，在以後進行談判時，就更有威信。

所以，當你接受對方的指責時，不要阻擋，也不要逃避，讓對方有機會發洩他的不滿。如果讓對方的關係者聽見他指責你時的演說，情況會更為有利。因為不僅談判者本身需要發洩他的不滿，就連他背後的支持者的不滿也得發洩。

◆ 用「我」代替「你」

在談判時，一般人都習慣於責怪對方的企圖或動機。但是在針對問題時，不宜以對方的意圖與言行來說明問題，而要以你對問題的感受來描述問題才更具有說服力。

例如：「你不遵守諾言！」可以改為「我感到很失望！」。假如指責對方說：「你所相信的是錯誤的！」對方一定會生氣，或者乾脆忽視你的話，不留意你所關心的事。但是，假如你說：「我有這樣的感覺！」對方便不能說你在撒謊；同時也不至於引起他情緒性的反應，或遭到他的拒絕；而且，你也能夠在平和的氣氛中，把自己的觀點傳達給對方。

◆ 功夫在桌外

以私人身分去了解談判的對手，對於談判的順利進行有很大的幫助。「和陌生人談判」與「和熟識的人談判」，兩者的情形是完全不同的。對你而言，「陌生人」只是一個抽象的名詞，因此，你容易採取冷漠的態度。如果談判的對象是同學、同事或朋友，情形就大不一樣了。假如你能盡快使談判的對方變成熟人，談判就容易進行了。而且，這樣做對了解對方的為人與背景資料也比較容易。即使再困難的談判，若能在這種熟知的關係下互相培養信賴的心理，將能使雙方意見的溝通更為順利。要形成這種友好關係，談判開始之前就應該進行工作。盡早與對方認識，研究對方的好惡，積極地製造私人的見面機會。在談判前，盡早和對方交談；談判結束後，也不要急著掉頭就走，多讀一些題外話，讓彼此都鬆懈下來。

◆ 人、事要分家

如果談判雙方不能將人的問題和談判的內容分開，而且認定彼此處於對立的狀態，那麼，有關實質內容的討論，也會被視為在攻擊對方。這時，雙方都會一心一意地維護自己的利益，反駁對方，而不可能去注意對方的正常利益和所關心的事。

要想有效地進行談判，雙方都必須要認定對手是自己並肩作戰的戰友，是共同尋找對彼此有利，和公正解決方法的夥伴。

就好比發生沉船事故後，共同搭乘一條救生艇的水手，雙方也許會為了爭取有限的食物，而把對方看成敵人，是多餘的一分子；可是，如果他們想要生存下去，就必須要把客觀問題和個人問題分開；他們知道每個人對藥品、飲水、糧食的迫切需要；並且，還會進一步把保存雨水、搖槳等視為求生的共同問題，而且同心協力，共渡難關。唯有把對方視為解決共同問題的同伴，才能夠調整彼此對立的利害關係，從而增強共同的利益。

談判中當事人之間也是如此，應將雙方的對立關係調整淡化為利害與共的合作關係，而且彼此要互相協助、研究，倘若有了這種共識，達成協議也就不難了。

為了使對手了解雙方的關係不是對立，而是以互相協助為目的，你可以將問題坦誠地向對手提出來。例如：「我們都是律師（或外交官、企業家、一家人等）嘛！如果你的要求無法得到滿足，我的要求也就無法滿足，因此，如果只使單方面得到滿足，問題還是無法解決的，讓我們共同研究能使雙方的要求都滿足的解決方案好嗎？」

如果你能夠主動地表示，談判是雙方互相協助的交流，對手也會認為你的做法是理想的。

就座時，與對方比鄰而坐，並將合約稿、相關資料、備忘錄、筆記簿和相關資料，放在大家面前，這樣做法也相當有效。事前假如能夠建立雙方互相信賴的基礎，自然是最理想不過。但是，在尚未建立彼此的友好關係前，各自利益、想法和感情都不相同的談判雙方，應當努力促成彼此進行共同任務、共同作業的談判局面。

把人和事分開，並非一次就夠了，而應當把它經常放在腦海裡，持續不斷地努力。最有效的方式，就是同對方保持良好的私人關係，按照問題的事實或價值來解決問題。

第五章　牢牢控制主動權的高招

在談判中，誰控制了主動權，誰就掌握了談判的有利地位。

控制對話法

會不會說話和能不能說服別人，從說話的技巧為看，有著很大的差距。說話是提供給對方資訊；說服別人則是要解決意見分歧。這是「控制」的問題，也是如何促成共識的問題。

如果是你控制著對話局面，你就能順利推進說服的過程。你在什麼時機、什麼地方展開攻勢，將取決於對手如何反應。

你在什麼時候建議什麼事情、問什麼問題，也將取決於對方的反應。

◆ 建議的力量

在溝通的時候，隱藏性的建議如果不被對方理解，就稱不上是什麼建議。但是，如果有人「發現」你話中有話，找出你話裡的建議，再反過頭來建議你的話，他的心裡就會不自覺地升起一股占據主導的自豪感。再退一步說，使用隱藏性的建議，不會讓別人覺得你什麼都知道，或是已經把答案都想好了，任你擺布讓他感到十分被動，這樣至少不會破壞你苦心經營的和諧氣氛。

以下是關於隱藏性的建議的三個例子：

1. 如果我是你的話，我也不知道該怎麼辦。我有一個顧客曾經碰到過類似的情況，結果他……（你提供的「顧客」實際上是一個隱藏性的建議……）
2. 我前兩天讀到一篇文章，那個作者建議說，你可以……（有沒有這一篇文章不要緊，「作者」怎麼說就是你的隱藏性建議）。
3. 有的人說，在這種市場中，最聰明的做法就是……（你等於是在建議他，可以使用別人曾經試過的方法）。

如何在談話中引進新的點子是一門藝術。不經意地把對方引向你的隱藏性建議，談話將如行雲流水般地順暢；但是，如果你赤裸裸提出建議，對方的戒心和防衛心態可能會很重，抗拒也在所難免。

◆ 運用引導與祈使式的問句

有的時候，聽者可以用問題來控制對話。

下面是一位製片經理和服裝設計師之間的一段對話。請注意他們對話裡面主動權的變化情形。經理借用服裝設計師話題，使用引導和祈使式的問句，吸引談話的焦點，左右服裝設計師的想法。

經理：我想我沒弄錯你的意思。你是說，因為你沒有辦法弄到橘色的波紋綢，而且裁縫的時間表已經排滿了，所以，戲服沒有辦法在 15 號之前交貨。

經理的問話其實只有一個焦點 —— 波紋綢什麼時候弄得到，裁縫什麼時候有空，這決定了戲服何時交貨。

經理：你其實是在告訴我，如果我能在星期一之前，幫你弄到橘色的波紋綢，然後裁縫又肯加班的話，戲服在 15 號之前就可以做好。

第二個問題其實就已經把服裝設計師，引向製片經理設想好的解決方案了。經理有辦法在星期一之前把橘色的波紋綢布送到服裝設計師的工作室，裁縫只好加班了。

◆ 安排的策略

一篇談話中的哪一個部分最容易被人記住？是開頭、中間、還是結尾？

人們會記得簡單和有意義的事情，也就是能按下他們啟動記憶按鈕的部分。聽眾印象深刻的是頭尾的部分，至於中間，他們一般沒有記憶。相對而言，開頭又比結尾記得清楚。所以，你在做報告的時候，要按照這個道理，安排好先後順序。

◆ 說服性傾聽

若想當一個能說服對方的人，你首先要學會恰到好處地讚賞對方，並豎起耳朵傾聽他的每一句話，從而加強雙方達成共識的著力點，也不妨趁勢增加點新意和正面的說服力。

附和對方可以使你覺得你跟他是同一立場的人，而不是勢不兩立的仇敵。一定要想盡辦法了解對方的立場，如果能順著對方的思路，適當修正讓它符合你的設想，那你的說服工作就大功告成了。比如：

說者：嘿，我現在忙得不得了，實在不知道什麼時候能交出你要的那批貨。

聽者：我知道你手上有很多訂單，現在沒辦法告訴我交貨的時間。勞動節就快到了，等過節之後，恐怕還不能交貨吧？

把勞動節提出來，是想替對方解圍，刻意地強化他忙不過來的說法。你並沒堅持己見，反而用體諒的語氣，增加你和他之間的協調感。先塑造和解的氣氛，然後站在比較穩當的地位，伺機指出他邏輯不通、前後矛盾的地方。

說服性傾聽的要訣，是偶爾找到適當的機會，打斷對方的話頭，提醒對方，你其實非常在意他說的每一個字。打斷對方的這種做法要節制使用，目的是讓對方再次澄清他的論點；或是暗示他，儘管你不盡同意，還是想了解他的想法是什麼。

要掌握好說服性傾聽的訣竅，關鍵是要細究其意、斟字酌句地掌握其間的差別。

說服性傾聽是重複對方的用語，或是從對方的角度，重新組織他的想法，協助你理清他到底要做什麼。

某電視臺主持人邀請了一位著名的髮型設計師做節目，請他談談女人為什麼喜歡和她們的髮型師東家長、西家短地講各類新聞。這是因為髮型師經常會對他的女客戶表現得特別關切，所以，她們才會向他傾吐心中的祕密。女人可以透過髮型師細心的梳整打理，感受到髮型師的細心和體貼。見到鏡子裡的自己更加美麗，女人的話匣子很容易就會打開。

某著名醫學院一位極為有名的醫學教授建議他的學生說，在照顧病人的時候，最好坐在他們的床頭認真聽他們說話，傾聽之餘，還可以拍拍他們。如果是站著，或是坐在床尾的話，病人會覺得醫生不關心他，好像隨時要離開的樣子，不願意花點時間聽他說話。

再如電視臺某著名主持人在主持節目的時候，都是只坐在椅子的前端，上身前傾，用這種肢體語言來與人交談，容易增加雙方的親近感。說服性傾聽就是要豎起耳朵來聽。這是一種主動的聽取。不管你是髮型師、醫生、電視主持人，只要你是行家，就會知道在你的言行舉止中，一定要流露出關切對方的神情。這是你一定要做到的一點，因為你很想知道對方的想法和感覺。

所以你一定要記住：大聲說話是習慣，側耳傾聽是藝術。

◆ 打斷的藝術

側耳傾聽雖然是原則，但是，也不是沒有例外，有的時候，你得打斷對方的談話，當然你應該掌握好機會，比如在冗長又沒個盡頭的會議中，或者在話題越扯越遠的當日，你可以抓住機會打斷談話。

你直截了當地跟對方說：「請抓住重點好不好？」對方立即會直覺反應說：「好，我講重點。」

電視節目主持人都能較好掌握這一點，他們先附和對方講話，再伺機打斷對方滔滔不絕的談話興頭。很客氣地應一聲「是的」，或是「那當然」，這是禮貌地打斷對方獨白的很好武器。請記住，只有在打斷對方東拉西扯的時候，或是急於呈現己方觀點的時候，才可以運用打斷別人話頭這一招，目的是讓對方的談話簡明扼要，有的放矢。

如果你急於說明自己的立場，卻又不想讓對方覺得你是為了自己的蠅頭小利，而惡意打斷他的談話時，就要在對方的字句之間，找尋空檔插話。插話的時候最好用「對／而且」這種模式，不要用「但是」開頭。「對的，這批貨送到的時間會稍微晚一點，但是我們是有理由的，因為我們發展出一套更嚴格的品質管制程式。這需要時間。」

如果這招不管用，那麼你可以在和諧的氣氛中，輕鬆地用「對不起」一筆帶過。

◆ 話少說為好

這是一個很簡單的經濟學原理，如果話說得太多，超過需求，說這段話的價值就貶值了。

你話說得越少，大家就記得越清楚。你的想法傳達得越精確，你就越可能得到一個肯定的答案。如果你提出長篇冗長的計畫，別人需要花很多時間和精力才弄得懂，那麼因為誤會而被拒絕的機會也隨之增加。

想想你一生中最感激的老師，你為什麼會對他們的印象特別深刻？是因為他們能抓住你的注意力，即你陳述自己想法的時候，老師能夠很準確地擊中你的心扉。那些受過訓練，知道如何準確傳達訊息的高級主管，他們在遣詞用句的時候，常用主動句，用鮮明的詞彙，恰到好處地停頓，從而使他的講話吸引人並意味深長。

他們都知道用最簡單的方法，把理念和處境說清楚，他們知道這種表達方式最有力。

他們更知道在高中語法課能得到優良成績的造句和文體，並不適合在談判中運用，這時候需要言簡意賅的簡練字句。

他們知道，說服的目的不是對方說什麼，而是對方聽進了什麼。

他們更知道，如果沒能在頭幾分鐘就擊中對方的要害，他們就失去了最佳機會。以後的一切都無須再廢話了。

◆ 話什麼時候該說

你什麼時候該講話？什麼時候應該住嘴呢？

你要說服的人終於鬆口，做出關鍵性的承諾，你當然就可以不用再說了。

不要把話顛過來倒過去地說。

不要轉移話題。

不要用不同的句子講相同的話意。

人們常常會錯誤地認為，我們的話說得越多，影響力就越大。其實並不是這樣，有時會此時無聲勝有聲。在對方還沒有回應之前，你就喋喋不休地推銷你的計畫，這樣給別人的感覺好像你很心虛。

如果對方向你提問，你回答的時候要言簡意賅，擊中要害。

◆ 隨機應變

在談判的過程中，如果一定要改變對方的行動，就要給予對方有利的條件，使對方採取傾向同意己方意見的行動。

要使對方的行動產生變化，必須先改變對方的心理狀態，也就是必須先改變對方先人為主的觀念、需要和願望，從而讓對方贊成你的意見。

這時，對方一定會顯現對你所提意見的連鎖反應，因此，首先要有系統地分析對方這一連串的反應及原因。接著，才以能夠吸引對方的意見並刺激對方。這個階段稱為「對條件的反應」。

在向對方提出的意見中，要提示對方所能獲得的利益，可成為一種刺激。同時，也可以指出那些對方雖已發覺，但依然無法圓滿解決的問題及困難，使對方對你的見解產生興趣。

這樣一來，便能夠引誘對方做出反應。這種積極的談判方法，包含了針對你的意見刺激對方做出反應的過程。另一方面，對方也可能會促使你對他的意見產生反應。

這時，你可以採取如下兩種對策中的一種：

1. 如果對方對你的提議表示好感，你就要積極地給予對方鼓勵和報答。
2. 假如對方不支持你的意見，你就要採取反駁或撤退的行動。因為這是給對方的行動下結論，所以，可稱之為「根據條件而定的對策」。

其實在談判的過程中，彼此的關係並非單行道，也就是說，你可能影響對方，同時對方也可能影響你。因此，談判的結果就要透過觀察對方的行動來掌握了，當然，你的行動也會影響對方將來的行動。換句話來說，在進行談判時，通常都是根據理論進行的，可是，雙方進行談判時的相互作用，通常都比較有人情味，所以解決問題與否，往往會由雙方之間所存在的共鳴程度來決定。

不過，談判未能成功時，為了恢復自信，多數人都會自我安慰一番，譬如說：「我本來就不想和那樣的人做交易。」或者乾脆說：「對手實在太傻了。」這都是談判失敗時一般人的反應。

戴高帽法

戴高帽法，指的是以切合實際，或者是不切實際的好話頌揚對方，以比較合適的，或某種角度認為是不太合適的物品贈送對方，使對方產生一種友善甚至是受恩寵的好感，進而放鬆思想警戒，軟化對方的談判立場，從而使自己目標得以實現的做法。通常的做法有：

給對方主談人戴「高帽子」。可抓住對方的年齡特徵，如年老，則講「老當益壯」，「久經沙場」；若年輕，則講「年輕有為」，「反應靈活」，「精明強幹」，「前途無量」。這些話或許有切題之處，但作為言者，目的是為了感化對方，減緩對方進攻的氣勢。

個別活動。如單獨會見主談人，邀其赴家宴、拉家常、談令人愛好，把嚴肅的談判空氣「生活化」，使討價還價的氣氛更輕鬆緩和。「宴請」對方主談人，在品名茗，嘗佳餚中展現「好客」或「義氣」；在乾杯中塑造「知己」。

《史記》記載，西元前239年，燕國太子丹在秦國當人質，秦國對他很不好，太子丹對此懷恨在心，偷偷逃回燕國，於是秦國派大軍向燕國興師問罪。太子丹勢單力薄，難以與秦兵對陣，為報國仇私恨，打算招納敢死勇士去刺殺秦王。

他以恩惠打動了勇士荊軻，又對一位逃到燕國的秦國叛將樊於期以禮相待，奉為上賓。二人對太子丹感激涕零，發誓要為太子丹報仇雪恨。

荊軻力敵萬鈞，勇猛異常，但秦國宮廷戒備森嚴，五步一崗，十步一哨，且有精兵護衛，接近秦王難於上青天。他對樊於期說：「論我的力氣和武功，刺殺秦王不難，難在無法接近秦王。聽說秦王對你逃到燕國惱羞成怒，正以千金懸賞你的腦袋，如果我能拿你的頭，冒充殺你的勇士，找秦王領賞，就能取得秦王的信任，並可乘機殺掉他。」樊於期聽罷，毫不猶豫，拔劍自刎。

荊軻帶著樊於期的人頭和督亢地方的地圖去見秦王，這兩件東西都是秦王非常想要得到的東西，但他最終未能殺掉秦王，反被秦王擒殺，為後人留下了「風蕭蕭兮易水寒，壯士一去兮不復還」的悲壯詩句和「圖窮匕見」的故事。

樊於期之所以能「獻頭」，荊軻之所以能捨命刺殺秦王，都是為了回報太子丹的禮遇之恩，誠所謂「士為知己者死」也。「投桃報李」、「滴水之恩，湧泉相報」，足以說明「恩惠」對人心感化的巨大作用。

《史記．貨殖列傳》記載，西漢時期從事轉運貿易的商人師史發大財到「7,000 萬」，成為擁有運輸車輛以百計的大商人。

師史是今河南洛陽人，據傳當時洛陽人很吝嗇，師史尤其厲害，但他對於幫自己跑買賣的夥計卻非常大方，捨得花錢。洛陽的窮人因沒有本錢，無法獨立做生意，只好到有錢人家當學徒，師史就利用同鄉或宗族的關係去籠絡這些人，經常詢問他們有什麼困難，適時施以小恩小惠，滿足夥計們經濟的、心理的需求，消除與夥計之間的障礙，他還經常鼓勵夥計們以長期在外經營為榮。這一切強化了夥計對雇主的向心力和內驅力，說明「恩」對人的心理效應。談判中，有時也會以同學、同鄉、朋友的朋友等關係去靠近對方、軟化對方。

無疑，戴高帽法可以軟化對方態度，在談判中應善於運用，不過也有注意之處。首先，要抓準有決定權的對象；其次，使用的分寸要得當，否則會弄巧成拙，令人厭惡。

激將法

在談判過程中，事態的發展往往取決於主談人。因此，雙方常常圍繞主談人或主談人的重要助手，出現激烈的爭辯，以實現己方的目的。

以話語刺激對方的主談人或其重要對手，使其感到若仍堅持自己的觀點和立場，會直接損害自己的形象、自尊心、榮譽，從而動搖或改變所持的態度和條件。通常我們把這種作法稱之為激將法。

例如：某方說：「貴方究竟誰是主談人？我要求能決定問題的人與我談判。」此話貶低了面前的主談人，使他（尤其是年輕資淺的談判者）急於表現自己的決定權或去爭取決定權。也有用棋盤上「將軍」的說法：「既然您已有決定權，為什麼不立刻回答我方合理的要求，反倒要回國或向上級請示呢？」以此迫使對方正視自己的要求。此外，還有間接刺激對方主談人的做法，即透過主談的主要助手來刺激主談人。例如：主談人不吃直接的激將，但他的律師被說動了，同是該論題，該理由，但以律師的角度，一時無言以辯，只能接受。此時，主談人再一次被激時，就難以抵抗了。這種激將類似「將軍」，不吃也得吃，躲是躲不過去的。激將的常用做法大多為：「能力大小」、「權力高低」、「信譽好壞」等與自尊心直接相關的話。

民間相傳一則諸葛亮勝師的故事。據說諸葛亮早年在水鏡先生處讀書，經幾年用心傳授，水鏡先生決定舉行出師考試，考題別出心裁；從現在起到午時三刻止，弟子中誰能得到老師允許走出水鏡莊，誰就算及格，可以出師了。

十幾個弟子中有人突然從外面進來呼叫：「大水漲到水鏡莊了！」另有人驚惶失措喊道：「莊後失火！」水鏡先生一動不動，儘管閉目養神。徐庶略有心計，寫了一封假信，對水鏡先生哭著說道：「今天早晨家裡有人送信來，說我母親病重，我情願不參加考試，請允許我立即回家探望。」水鏡先生微微一笑，說：「午時三刻以後請自便。」龐統的計謀更勝一籌。上前稟道：「要我得到老師允許從莊裡出去，我顯然無能為力。如果讓我站在莊外，設法得到老師允許走進莊來，我倒是有辦法的。」水鏡先生說道；「龐士元休得耍這些小聰明，給我一旁站下。」此時諸葛亮卻伏在書桌上睡熟了，鼾聲大作。水鏡先生大皺眉頭，覺得不成體統，要是往日早就將他趕出去了。今天只好忍耐。

眼看午時三刻就要到了。諸葛亮打個呵欠，嘖有煩言。水鏡先生厲聲問道：「你在說些什麼？有話當面說來！」諸葛亮也忍不住粗聲粗氣地頂嘴道：

「你不考四書五經，卻出這種古怪題目。窗友們煞費心機，全是徒勞無功，因為在任何情況下，午時三刻以前你不可能叫任何人出去。原來我們以為你學富五車，從今天這種考題看來，幼稚可笑。我不以做你的弟子為榮，而以做你的弟子為恥。你還我三年學費，今後我們視同陌路。我再找有真才實學者為師。」

水鏡先生是天下名士，誰不尊敬？想不到如今受到學生侮辱，氣得渾身打顫，連喚龐統、徐庶：「快將諸葛亮趕出去！」諸葛亮拗著不走，龐統、徐庶死拉硬拖，才將他架出莊去。一出水鏡莊，諸葛亮哈哈大笑，龐統、徐庶這才恍然大悟，也跟著笑得前俯後仰。諸葛亮卻轉身匆忙跑進莊去，跪在水鏡先生面前道：「衝撞恩師，罪該萬死！」水鏡先生一愣，猛然醒悟，轉怒為喜，扶起諸葛亮，說：「你可以出師了。」諸葛亮懇求道：「徐、龐統也是老師叫他們出去的，理應出師，請老師恩准。」水鏡先生勉強答應。

無論這個傳說是真是偽，即使是水鏡先生這樣學富五車，計謀高深的名師，也難免存在人性的弱點及戰勝自我的問題。諸葛亮計高一籌，正是抓住了水鏡先生的這一弱點，挑動對方情緒，使對方以情緒而放棄了理智，從而達到控制、左右對方，為我所用的目的。在談判活動中，一方面己方應努力戰勝自我，超越自我，不為對方所控制，始終以理性的姿態對待問題，處理問題；另一方面要能掌握對方人性的弱點（虛榮心、逆反心、同情心、僥倖心等），採取控制對方情緒的措施，達到談判的目的。

值得注意的是，使用此計時首先，要善於運用話題，而不是態度。既要讓你所說的話切中對方心理和個性，又要切合所追求的談判目標。其次，激將語應掌握分寸，不應過度牽扯說話人本身，以防激怒對手並遷怒於你。

潤滑法

為了解決雙方最後的分歧，作一些對己方全面利益影響不大，但從對方來講，仍不失為有利條件的讓步，以促使對手做出相應讓步的策略，稱之為上潤滑油。所謂「潤滑法」，其概念總的來說，是些有價值意義但其分量又不太大的文字或數位條件。不過所謂「不太大」的量，要根據交易標的所涉及的規模而有所不同。規模大的交易中較小的量，在小規模交易中也是大的量，因此，「不太大的量」，僅僅是依交易標的規模而言。除了量的概念外，還有事先已知可以用作妥協的意義，即可以退讓的概念。

具體做法是，先將專案的「潤滑油」列出備用。比如：某些交易談判，可將付款條件（有時具有價格的3%～10%的份額），貨幣選擇（可起3%～20%的調價作用），價格種類（FOB還是CFR，價差在3%～6%或更多），專家和實習生的待遇、食宿、交通標準，以及技術考核時間的長短等，作為談判決戰時的潤滑劑。

運用此策略應注意：第一，不要在談判初期，輕易讓掉那些作為潤滑油作用的條件。第二，運用「潤滑法」的時機，一定要在最後的定價或成交階段，即決定交易成敗的時刻。否則，人們是不會關心它所能達到的作用和效果的。

誘餌法

像釣魚一樣，以某個有利於對方的條件來吸引住對方，使其不得不與你談判到底的做法，稱作誘餌法。這是捨小利為誘餌，爭取大利的交易做法。它與上潤滑法的不同之處是，在運用的時機上，上潤滑油策略在最後定價成交時用，而誘餌法則可在全面談判中使用。

某公司與賣方在談判技術設備引進合約時，賣方提出先談技術費，理由是技術費決定這筆交易的關鍵。針對賣方的想法，該公司在談判技術費時巧用了誘餌法，對賣方技術費的開價800萬元，採取先嚴後鬆的談判次序，讓對方感到實在的讓步，最終以500萬元達成協議。經過2小時的談判，完成了由低還價到稍高還價的過程，讓賣方真正感到了某種滿意。

但當談到設備售價時，買方對賣方的攻擊力加大，經過耐心、反覆地談判（主座、客座、主座的談判了幾個回合），在基本供貨範圍不變的情況下，設備總報價由2,600萬元，降到1,500萬元成交。賣方只好說：「若不是由於最初已定下技術費，設備費就不這麼談了。」可見下了餌後，對方不得不繼續談，而一旦繼續談起來，不見結果又不甘心。誘餌的連環作用顯而易見。

運用此策略應當注意：①誘餌應有吸引力，即常說的「利益量」。利益量的要求是，既讓對方有可能獲取實在的意義，又不至於影響己方的全面利益。②在談判過程中，應始終強調作為釣魚用的誘餌的讓步，實質上給對方帶來的好處，以便能從讓步中另有所求。

假設法

當你問經常參加談判的人，他認為在談判中最有用的兩個字是什麼時，大多數人的回答是：「不行」。

雖然這個答案不能說是完全錯誤，但也不是正確的答案。

正確的答案應該是：「如果」。

為什麼要這麼說呢？

在最具權威的工具書《牛津辭典》中，對「讓步」一詞的定義是：「給與、退讓或投降」之意。

談判與投降完全是風馬牛不相及的兩回事。要是只能投降，那就沒有談判的必要，對方只需拿起鞭子趕你走就行了。另一方面來說，要是你只知道單方面屢屢做出讓步，向對方投降，也就根本不配被委以談判的重任。

怎麼才能知道自己已處於談判之中了呢？

有時開始時往往看不分明，直到談判即將結束，你才發覺原來已身處談判之中（也只有到這時，你才會為自己不自覺地過早做出了「善意讓步」而後悔莫及）。同樣，有時你會過早地放棄對談判的希望（這常常發生在不能冷靜地加以對待，而對之感到畏縮的時候）。

你遲早總能發現，自己是否能下決心為達成一筆好交易而進行談判。在開始談判的時候，你也許會進行某些試探性的詢問以判斷對方的力量。這時千萬不要被對方看似強大的氣勢所嚇倒。那些虛張聲勢的場面不足以證明他有力量，而你就一定比他弱。

如果你能區別談判與作決定之間的差別，就可以運用這種知識來判斷是否已經具備了談判的條件。總體上說，可對談判作如下的定義：它是「一種相互行為，參加雙方都有權對最後結果表示拒絕」。

如果一方不主動行使這種「否決」權利（包括中斷談判或改與他人做生意等），那就只有任人宰割的份了。談判的任何一方都必須同意雙方一致達成的協議，每一方也可以從對方的同意中獲得一定的利益（但雙方所得利益的多少，並不一定完全相等）。換句話說也就是雙方透過談判，做出了「聯合決定」或叫共同的決定。假如你對對方提出的關於應做出何種共同決定的建議持不同看法，但又想不出替代建議時，可以對其建議表示拒絕。這是因為：

談判意味著參加的雙方對共同做出的決定應該完全出於自願的。假如是違心地被迫同意，那就不能叫談判！

關於談判的這種觀點是什麼意思呢？

首先，談判雙方有時對於談判結果中哪些可作為共同決定會有不同看法。這是很自然的，因為雙方都期望這個決定能對自己更為有利。誰若是不抱這種希望的話，他也就不必去參加談判了。因為，如果讓他去做生意，他肯定會把本錢賠得精光。

· 賣方希望成交價盡可能高，買方希望成交價盡可能低。
· 付款方希望能盡量延長付款期，不希望立刻就付。
· 定單最好是大宗而單一的，不希望是零星的，而規格和數量卻是不盡如人意。
· 作為買方希望少用現金結算，作為賣方則希望多收現款。
· 買方希望賣不完的商品可以退，賣方則希望盡量不退貨。
· 賣方希望能額外收取發送笨重貨物的費用。

如此等等。

但交易中並不只是對方所失，就是己方所得那麼簡單。如果談判得法，一方就有可能做到得大於失。要是把總利益裝進一隻籃子，這方所得可能是個大頭。

有時雙方因交換了某些東西，而使你方獲得更多收益，但這並不能理解為你方所得即是對方所失。比方對方自願在價格上做出讓步，以換取你方的自願提前付款，這只能說是各得所求，無所謂哪一方占了便宜。

從另一個角度看，你在這一點上的所「失」，是以在另一點上的有所「得」為補償的，這就是常說的「所失必有所得」的原則。所謂談判得法，就是要確保在最後總的收益中，能確保得到自己應得的那一份。

其次，關於談判中對己方更有利的結果（即不考慮對方利益的選擇），並不總是能夠得到。因為對方如果覺得吃虧太大，就有權不同意。反之亦然，對方同樣也不能期望總能得到對自己更為有利的結果。

因此，雙方應致力於從各種可能選擇中，找到一個能充分滿足雙方的利益與期望值，而不致引起最終否決的結果。如果做不到這一點，那就只能終止談判，另外再找其他合作夥伴，而不必指望有人能做出仲裁。

談判的意義，至少有一部分在於認真探求，而不至於引起否決的結果，或不造成否決可行的方法。有些共同決定或解決問題的建議對雙方都很有利，有些不是很有利，還有些則可能雙方都根本不會考慮。

最後的結果取決於多種因素。付出大量的時間與精力後，也許還是會不歡而散，形成僵局。如果把談判看作是投降（無論採取何種形式，其中也包括善意的單方面讓步），則其結果必然大大有利於對方，而不利於己方。拙劣的談判者不一定談不成交易，但談成的只能是大上其當的交易。

但既然不允許投降，又該如何使談判進行呢？要知道固執己見，寸步不讓是談不成交易的。「不許投降」不等於「誓死不退」。

無謂投降當然不可以，但這裡指的是己方單方面做出讓步。

所謂「談判」就是雙方在做交易。

只有把談判看成是相互交換的過程，才會明白為什麼得不到回報就絕不可讓步的道理。作為談判者，己方每向對方邁進一步，都務必要讓對方也朝你前進一步。

要是能讓對方多踏上一步當然更好！那麼，談判是否只是一樁有取有予的事情呢？

也不盡然！

所謂「有取有予」只是個粗線條概念。只有做到所予不超出自己的能力，而所取不低於自己需要時，才是可以接受的。談判中沒有必須對等讓步的「規定」（這樣的規定萬不可信！），也沒有只因對方作了讓步，就必須以讓步來回報的道理。

談判中最重要而又最單純的原則是，沒有白給的東西，絕對沒有！

它是所有談判者必須遵行的準則。如果對方不按這條原則做，用不著你管。他愛白給是他的事，你盡可不客氣地「笑納」，並沒有義務去關心他的死活。

如果遇到的談判對手是位愛作單方面讓步的人，那真是你的福氣！最後的對付辦法就是不為所動。你該怎麼堅持還怎麼堅持。他若是要求你讓步的話，你就要他再作些讓步，讓得越多越好。

人們總認為在談判中，雙方「必須」對等行事，都犧牲一點談判開始時的立場。但如此看待「談判」實為錯誤。

如果一方降低要求，另一方沒有必要也同等降低。比如對方一下子就把價格降低了 20%，你怎能知道他原先的開價不是在「漫天要價」呢？

「公平交易就是不打劫」，這句話不能說不對，但公平交易絕不是交換的東西必須對等。事實上，世界上的交易從來就沒有完全對等的。

某人從小攤上花 30 元買了一支冰淇淋。這個人和攤販之間就根本不存在對等交易的問題。冰淇淋不等於 30 元，如果說是等於，那此人何不乾脆去吃硬幣。

你用錢交換了對方的冰淇淋，這是公平交易。如果不公平就不會買了。在自由社會裡，沒有人強迫你吃冰淇淋。在此項交易中，你需要的是冰淇淋而不是那 30 元。你手中有錢但沒有冰淇淋，攤販也一樣，他要的是錢而不是冰淇淋，冰淇淋他有的是。

其主要驅動力是利潤。攤販希望的是能把錢櫃裝滿，把冰淇淋賣光。所以，雖然並不完全對等，但交易卻絕對公平。

假如雙方都認為最好的談判之道必須是不獲回報絕不讓步（當然，對方如願無償奉送你大可坦然接受），那怎樣才能避免形成僵局呢？

此時，那個極為有用的「兩字禪」就可登場發揮作用了。

在談判過程中什麼都可以忘記，唯一不可忘記的是這條最最重要的指導原則，在提出任何建議或做出任何讓步時，務必在前面加上個「如果」兩個字。

· 「如果」你把要價減少 20%，我就可以簽訂單；
· 「如果」你承擔責任，我可以立刻把貨物放行；
· 「如果」你放棄現場檢驗，我可以如期交貨；
· 「如果」你答應付快遞費，計畫今晚就能送到；
· 「如果」你馬上下定單，我可以同意你的出價；
· 「如果」……

用上「如果」這兩個字，就可以令對方相信你的提議誠實無欺。加上條件從句後，對方無法不相信你的提議絕不是在單方面讓步。正如人們說的，這兩件事是捆在一起的。

要養成每次提議前面都冠以「如果」從句的習慣，這能給對方傳遞如下資訊：

「如果」部分是你的要價。

隨後部分是他付出代價後所能得到的回報。

在談判中如此行事也有助於教育談判對方。

感恩法

以溫和有禮的語言，勤勉守信的行動，使對方感到實在不好意思置你的態度於不顧，而再堅持原立場，從而達到預期談判效果的做法，叫感恩法。

通常的具體做法有：

1. 以「無知」為自己的形象，竭力向對手「學習」，只要對方說的回答了自己的問題，就表示感謝，甚至照辦。
2. 態度謙恭，一一聽取對方提問，並努力回答，讓對方感到自己「實誠」。
3. 準備資料十分盡力，有的當場寫，隔夜交；說過的事，一定按時辦好，絕不拖延。即使是某些按常規看來難度較大的事，也表現出竭盡全力去做的樣子，若不能實現，也必有個清楚的交代，使對方感到你的「誠」意。在實、勤、誠的三重攻勢下，對方立場必然會產生微妙變化。

但使用此策略時，也應注意已方隱含的目標，即聲明的事實所代表的水準與談判需要實現的目標水準的差距，因為這個差距也是機動的餘地，沒有差距的存在，感恩法將會失去意義。為此，運用的資料均應以這個差距為前提，加以篩選和編造。當然，從某種意義上講，該差距是談判者的工作目標，是在使用感恩法中，自己為了談判利益的一種保留，也是動用「誠與實」的手法時的「不得已」的保留。

告狀法

即有意在對方主談人的上司或老闆面前，說其「壞」話，從而達到施加壓力，動搖對方主談人的意志的目的，或者挑起對方上司或老闆對其不滿，乃至撤換主談人的做法。具體做法有，宴請或單獨拜會對方主談人的上司或老闆，並利用該機會回顧談判，分析癥結，相機抨擊主談人的態度和做法。例如：某國使館商務參贊在會見其商社的談判對手的上司時說：「貴方主談人太死板，不知變通，態度過於強硬，盡職得過頭了。」要求該上司「予以干預」。又例如：買方對賣方聲明：「你們若在現場多耽誤一天，除了按合約規定除扣發薪資外，還要向你的上司報告。你將對耽誤後果負全部的責任。」這二例都是「告狀」性質，前例為已告，後例為將要告。

使用此計值得注意的是：

1. 「狀」要准，即說出事實，不論其是非標準如何。例如：「太盡職」，雖從參贊的角度看並不是缺點，但是他說的是「事實」。
2. 告狀時，菲不得已，不應提「換將」要求。一則可能會傷害對方，二則不一定會答應你，也有失面子，再往下談時難度會更大。
3. 既然已告了狀，若談判成交還應做事後的彌補工作。如上例商務參贊告了狀，當交易成功時，利用大使出場的機會，當著主談人的面向其上司表示讚揚，以消除「後遺症」。

虛擬法

「我哥哥說，售價絕不可少於650元。」

對方當然也可以以其人之道還治其人之身，說：

「我丈夫交待了，價錢要是高於550元就不要了。」

當然，交易要是能成交，總有一方甚至雙方都會將那位虛構的主事人拋置腦後的。

買賣雙方可能就這樣一直以隱身的主事人做幌子，把談判繼續進行下去。

但在運用這個策略時也得提防一個事實，即這畢竟是談判，最後總得見真話。搞不好把對方惹急了，他會說，「既然你什麼都做不了主，那就叫主事人出來談好了。我不能老和一個傀儡糾纏不清！」只有當你處於極強的談判地位，即他急需要和你做成生意，或即使談判鬧僵了，你也不在乎，也就是你無需和他做成生意時，才可如此和他戲耍。

一般來說，當對方問價而你不知該如何回答，或缺乏足夠自信，態度不敢過於強硬時，都不妨用這個辦法搪塞一陣。

買賣舊家具（比如說洗衣機之類），通常都用不著請人代辦。但是只要這個辦法的確有利於取得較好效果，在談判中就值得一試。

經理們幾乎總是拿老闆作擋箭牌：

「我要是把價錢再降，老闆非叫我走人不可！」

或者稍微變個說法：

「同意這些條款，是違反公司方針的。」

賣房子或賣家具需要取得先生（或太太）的同意，乃是人之常情，因此在賣這些東西時，用他（或她）作擋箭牌最順理成章。

當你看出對手流露遲疑的神情時，抬出個虛構的主事人最能增強要價的信心。

這個策略可以用於：

1. 支援自己對對手產品品質的要求（使你盡可大膽去吹毛求疵）。
2. 要求對方在交易中，必須包括無償提供某些零配件，如果他不同意，你就有了打退堂鼓的藉口，或是改而要求他在價錢上打點折扣以作補償。
3. 堅持讓對方必須為其所提供產品處於良好工作狀態提出證明，這可為要求折扣埋下伏筆。若是對方提不出必要的證明，你可以說，萬一出了紕漏，為了維持其正常運轉，「花多少錢先不說，光花去的時間和精力就叫人受不了」。如此等等。

這樣的要求可以一下舉出一大堆，反正什麼都能推到那個虛構的主事人身上去。

當然，賣主也可以抬出他的哥哥，說是他說了，只收現金（為接受支票支付時要求貼水埋下伏筆）。哥哥還說了，要是你需要零配件，得要另外加價，「通常行情都是這麼做的。」

為了減少麻煩，在提要求時請出這尊神最管用。當條件不合適，你又想退出談判時，它又是一個現成的藉口。

有些非專業的買主，常使用這個辦法來委婉地表示不想買某件貨物。他們常常對人說：「我不好意思說那人的車不好，所以就對他說，我還要再考慮考慮，然後離開那裡。」專業人士可沒有這麼多的不好意思，他們常常直言告訴對方：「不要打電話給我，必要時我會打給你。」

虛構一個主事人，把自己的主事身分變成代人說話，使自己置身事外，說起話來就方便多了。即使最後鬧僵了，對方也怪不到自己頭上。

這樣，你就有了一條退路，可備不時之需。當對方逼得太緊時，有它可做擋箭牌，即使買賣最後不能成交，彼此也不至於過尷尬，因為：「不是我不同意，而是太太不答應。」

抬出主事人還可以使談判者在做出讓步的次數與大小上有轉圜餘地。他可以說：

「我說了不算數呀，總經理不會答應。」

或是：

「委託人說了，如果不能全額減免，絕不接受。」

如此等等。

以非主事人的身分出現，可以使你在購買房屋、汽車等這類價值較高的商品時，能先問問價，並了解一下賣主可以做出多大讓步。你可以在看房子的時候，趁機摸賣主的底，然後客氣地對他說：「我還得回去和太太商量商量。」這時你已大致把賣主期望的最佳賣價，以及可能會包括在賣價裡的其他設備（比如：家具、地毯、廚房設備等）了然於胸。

如果房子還中意，你和太太再一同去看一次，落實一下包括在賣價內的具體項目。在看過三次後，談判事宜就可交給經紀人去操辦了。光是兩口子圍著那房子「哦哦啊啊」地發議論是買不成房子的。某會計師有次買房子就在房價上吃過虧。因為會計師的岳母大人在第一次看房時，便對房子讚不絕口，說這是她「所見過的最漂亮的房子！」所以屋主在談判中對房價寸步不讓，一連談了三個星期，都絕不鬆口，還老是引用岳母大人那句話來堵會計師的嘴。從此以後，老人家說話也就再不那麼口無遮攔了！

買房時另一個「超級」錯誤，就是急於把一切都交給經紀人去辦。因為那些人只顧自己拿傭金，不會為委託人考慮省錢的。

總之一句話，做交易若急於求成，在錢上面就必然吃虧。

房主總是讓經紀人出面的目的，是可以把事情全推到經紀人身上。假如你問他：「多少錢你能接受？」他可以把責任推得一乾二淨，告訴你：「這要由經紀人做主。」

這種策略不光在賣房時可以運用，很多大交易也常常使用，無非玩得更巧妙一些而已。代理人與你達成的任何協定綱要，都需經過那位不露面的「首長」批准方能算數。

在洽談廣告業務時，人們之所以常愛說「只與主事人洽談」，目的就是為了節省時間與金錢。

不過，在代理人身後設一位主事人的確可以增強他在談判中的地位。主事人因為不在談判第一線，所以不會受到談判過程中的壓力，也不受代理人所作承諾的制約，只要討價還價的結果不滿意他就可以拒絕。

換句話說，透過代理人來拒絕一項提議，可使交易雙方不傷感情，從而取得較好的結果。

主事人離談判現場越遠，就越便於說「不」。因此當必須採取強硬姿態時，最好以電話或信函的方式通知你的主事人，切忌親自出馬，赤膊上陣。

談判對手無從知道代理人手上握有多大許可權，也就無從知道要做出多少讓步才能把生意做成。這樣己方就有機會迫使他做出更多讓步。

代理人請出主事人這個法寶，往往還能爭取到更好的協議條款。他可以說：

「若是我可以做主，你的意見是可以接受的。無奈委託人說了，必須堅持延遲交貨全額罰款的條件。」

或者說：

「我深感遺憾，但是你這個建議我的委託人是絕不會接受的。」

上述兩種說法都是對手難以繞過的障礙。

在透過代理人進行談判時，主事人無從控制其彙報的內容，甚至連他會不會彙報都難以知道。這是透過代理人進行談判的最大不足。不過，如果你對當地市場情況不熟悉而賭注又很大時，還是請代理人出面談判為好。

代理人通常都傾向於抬高成交價，以便得到更多提成傭金，卻置賣主所願接受的出價於不顧。這一點你當然也是無從知道了。

你所需要的代理人是那些能為你工作，而不是要你替他工作的人。假如那人經過一段時間還不給你來電話，也不向你通報工作進展情況，看不出他整天在忙些什麼，或者對你提出的合理問題爭論不休，對所代理的工作持保留態度，他討價還價的對象似乎是你，而不是應與之談判的對方，對於這樣的代理人，還是趁早和他分手。值不值得請某人作代理的判斷準則，是他應建議取得的結果比你設想中的最佳結果還好。如不能這樣，又何必請他呢，自己做還可以省下 10% 的傭金呢！

當你代理他人進行談判時，對方為了削弱你的談判地位，有時會謀求與主事的人直接對話。這種做法當然是無禮的，但對方也總得想出辦法來達到這一目的，而又不致與你鬧翻。

有的談判者特別鍾愛半公開式談判的原因，很可能便是因為這種形式最易於在委託人與代理人之間播下猜疑的種子。

有的談判者之所以要求「只與主事人面談」，除了為節省時間，避免貪心的代理人借條款做文章，而造成不必要的僵局等原因之外，還因為這樣做可以達成有利於自己的交易。

假設待售的產業是一家大公司，賣主決定和主事的人當面商談，因為對方雖然腰纏萬貫，但對作如此巨額的交易還缺乏經驗，而做慣大生意的賣主在談判中，顯然要比初次涉入「大企業界」的買主具備較多優勢。

再以上文提及的標榜「只與主事人洽談」的廣告商為例。他本人也許就是代理人，之所以作上述標榜，目的只是放煙幕，以誘使沒有談判經驗的客戶上鉤。

最近幾年，有不止一家的買主初步涉足飯店轉讓這一行業。這些人手握鉅資（也許是剛得了大宗遺產），但毫無談判經驗，結果無不在合約條款上吃了大虧。

基於這些原因，信譽卓著的代理人對於維護缺乏經驗者的利益還是有益的。

槓桿法

雙方頭腦中的想法對談判取得的成果具有強大的影響力。

人們無法肯定，自己對於處境的設想是否真的符合實際。

要是對手對當前局勢的看法與你截然不同，那你就將遇上難題。因為你搞不清對方的態度，是如實反映了雙方力量的對比呢，還是只不過虛張聲勢想迫使你改變立場？

的確，我們可以設想，對方在談判中的任何舉動或策略，其意圖或多或少都是在影響我方的看法。哪一方能更有效地讓對方改變看法，哪一方在談判中的所獲也必將更多。

只要能使力量對比有利於己，就不必去管己方到底是買方還是賣方。

關鍵在於如何讓對方對你刮目相看。只要能影響他對你的看法，你就一定能做成一筆有利的交易。

哪些因素會影響對方的看法呢？

這個問題的答案可能會引出另一個更為複雜的問題，即是什麼東西使人按他現在的思路進行思維的？在這裡只討論與對方見面之前如何使之形成印象。這對你在談判中的行為、舉止、自信乃至達成的交易都有重大影響。

幾乎所有的賣方都有雙重的困擾，即買方所具有的力量和競爭的異常激烈。只要稍受刺激，賣方便會屈服於買方或競爭者的壓力。

很多賣主在社交場合總愛談論買主如何如何不老實，盡耍些見不得人的陰謀詭計等等傳聞軼事。以致他們一見到買主就不自覺地心存怯意，以為自己遠不是其對手。

厄恩斯特．溫本格是荷蘭一家大石油公司的行銷經理。有一次他到非洲的迦納出差，其所要訪問的客戶大都住在內地。他想多了解一些迦納的國情，盡可能地多接觸一些當地人士。同事告訴他，要想了解「真正」的迦納，旅行時最好搭乘當地的「長途汽車」。迦納的所謂長途汽車實際就是敞篷卡車。

可惜同事沒有提醒他，迦納「長途汽車公司」的服務水準和荷蘭根本不能同日而語。所以他誤以為當地的長途汽車也會和阿姆斯特丹的公共交通一樣，能按時刻表準時行駛。

馬科那集市上一位開車的司機對他說，他那輛車馬上就開往卡馬西，只待人一坐滿便即刻發車。因為他是第一次來迦納，便信以為真付了車錢上車，他上車時，車上只剩下一個座位，他想這倒不錯，很快就能上路了。誰知他一上車，旁座的那位卻下了車。

原來那人是司機雇來誘人上鉤的「托兒」！

經過如此多次的如法炮製，他才恍然大悟，原來自己竟是第一個買票上車的真正乘客！

你要趕上了這種事，千萬別想去要回錢來。因為當你要對那些司機說「不」時，他們真敢和你玩命！

厄恩斯的第一次迦納之行叫他長了不少見識。所以他以後派新手去迦納做事時，也總讓那些人去搭搭當地的「長途汽車」，當然也從不告訴他們應該謹防上當。

每當他坐在非洲「大使飯店」的酒吧與人喝酒時，免不了要說說這件開心事：「沒有人事先提醒過我，所以我也從不提醒別人。在西非與人做生意，一個月裡學到的東西，真能勝過在哈佛讀上一年書呀！」

然而，買主的看法卻不盡不同。比方，有一家電腦主機公司的採購負責人，每個季度經他手採購的供下屬裝配廠使用的電腦零組件，總貨款動輒就是上百萬元。他認為，交易中還是賣方有力量。

他又是如何得出這個結論的呢？

有一段時期，他對公司的產品可謂瞭若指掌（因為那時他經常親自操作）。可是自從負責採購業務以後，他已有十年沒有親自動過手。十年的技術變化實在太快，電腦更新了好幾代。他自嘆已經跟不上技術發展的步伐了。

經他採購的元器件，種類數以千計，批量有多有少，涵蓋著公司產品的各種型號。他訴苦道，與他打交道的賣方的廠商代表全是該種元件的行家高手，人人都是專家，而自己對那些元件所知甚少，因此涉及元件的技術問題只能全憑對方去說。這就使他在談判時明顯處於劣勢。

實際這一切完全是他的主觀感覺。如果他是賣方並相信力量掌握在買方手中，同樣也會滿腦袋充滿有關買方力量的幻覺。

你如何知道某一買主在談判中就一定比你有力量？存在著強勁競爭對手的話是不是出自他的口裡，而你也相信了？或者更糟的是，你是不是還未和對方接觸就相信存在強勁的競爭對手，並且一接觸便從對方口裡發現果然不出所料呢？

此處暫且不談買主的問題，先談談競爭的事。通常說來，在生意場上，人們與之打過交道的公司絕對不止一家。透過打交道，他們對各個公司的看法與印象也往往不盡相同。有的滿意，有的不滿意，對個別公司甚至還深惡痛絕，以致不願與之來往。所以並非每個與你生產同樣產品或作同樣服務的公司定能從買方手裡搶走你想爭取的訂單。

如果買方和你的競爭對手過去曾經合作過，並對其產品或服務已經有所權衡，那麼他在尋找銷售方時，你的競爭力也許比你的想像更強勁有力。一般情況下，只有當每家參與競爭的公司所供產品或服務對買主都具有同等競爭力的時候，才會出現激烈的競爭。而據經驗，競爭各方所提條件完全相同的情況是極不正常的（因此，在許多國家一旦發生此種情況馬上便會引起猜疑）。

買主通常喜愛從廠址就在附近或是從其同鄉所開的工廠進貨。要是你恰好符合這些條件，則談判力量就肯定會比他強，而如果不符合這些條件，則談判力量將減弱。

有的買主拒絕和某些特定的公司做交易。這些公司不能按時供貨，或是在價格上過於斤斤計較，或是曾經得罪過他，總之是讓他對這些公司有了成見。你的公司只要不在上述之列，則在談判時，買方的力量也會有所削弱。

另有一種有可能削弱買方談判力量的因素是：由於使用者的偏愛，要求採購人必須購買某種特殊規格的產品。

你可以用身上的每一分錢打賭，由 IBM 公司培訓出來的電腦程式設計師肯定偏愛 IBM 設計的產品。假如你手上有同樣類型的產品，就不用煩惱賣不出好價錢，因為買主的辦公桌上就擺有 IBM 的價格目錄。

（人們在買第一輛車時，往往傾向於買他學駕駛時用過的那種型號，這就為駕駛學校買車增加了談判的槓桿。）

反過來，即使你所賣的不是 IBM 產品，但只要其品質並不次於甚至優於 IBM，就完全用不著心慮。

因為採購人員不一定非得屈從技術人員的偏愛不可，他也許想買其他公司的產品也說不定。

採購人員選擇買什麼貨常常會受到很多限制，旁人為他們規定了採購的原則（那些人根本不考慮那麼做合不划算）。像前面說到的技術人員的偏愛就是一種，還有他不光可以從一家公司進貨，以免過於依賴於它 —— 這樣就給了你可乘之機。另有的則規定他最好大宗進貨 —— 這樣，你又有機會撈到巨額定單了。

總之一句話，不要忘記買方在談判中並非自然便具有力量，除非你甘願雙手捧上，那就另當別論了。

那麼賣方又如何呢？他們就具有力量嗎？

也不一定，要看他相信什麼。

如果他相信買主所說，認為競爭十分激烈的話，則其談判力量必然會減弱。為此，作為賣方務必警惕買方是否又在上演那出百老匯久演不衰的名劇

《啊！今天的競爭者何其多》。尤其要注意他手上的「道具」。

買方能影響賣方信心的道具常常是：

1. 競爭者的產品目錄，甚至還煞有介事地翻到某一頁。
2. 桌上擺著一堆印著競爭公司頭銜的資料（當然不會讓你看到內容）。在他拋出那個老掉牙（然而的確具有威懾力）的「殺手鐧」時，還會用手在上面輕輕地拍上一拍。這句「殺手鐧」是：「你的開價最好比他們低點。」

買主之所以愛用這些道具因為它們確實靈驗，往往能百發百中。世上實在不乏容易上當的賣主，如果有「上當賣主協會」，「會員」一定少不了。

實際上，賣主要反擊這些詭計也並非難事。

當開價受到對方挑戰時務必堅決捍衛。你可以問他：「請問你要我把價錢降下來有什麼道理？」從買方的回答中，你可以看出他是不是在虛聲恫嚇，回答越是含糊其辭或者越是充滿火氣，則他是在虛聲恫嚇的可能性就越大。

如果自己信心不足，對方一提出質疑便考慮該不該把價錢降下來以免把生意弄黃，那就沒有什麼理由可以期待對方相信你的開價。

買主總是要殺價的，這是人的本性！正因為許多賣主一遇到對方挑戰便忙不迭地往後退，所以買主才總使用那句「殺手鐧」來唬人。

當賣主處於（或買主以為他處於）優勢地位時，作為買主也並非無計可施，完全用不著耍詭計來改變賣主對己方力量的估計。

他可以告訴對方，自己並不是非買他的產品不可，還有好多別的廠商正急於搶這筆生意哩！或者告訴對方，自己庫存夠用，並不急於進貨。甚至可以說自己打算引進設備自給自足，如此等等不一而足。只要能講得令人信服，對方的氣勢馬上就會泄了。

他還可以暗示對方要把眼光放遠一點，這回多讓一些以求以後長期合作，「賣低點，圖個名」，眼下吃點虧，以後可以賺大錢。讓對方把眼光放遠一點還有增強自己談判力量的好處。「你這回不是對我扣得緊嗎，看我下回加倍奉還！」這就使對方在運用其談判力量時不得不費些思量。畢竟很少有人會不顧及長遠利益而把事情做絕的。

賣主都深知，賣高價，獲大利容易遭忌，引來競爭。更何況市場上有一條基本規律：要想賣得多，從開始就必須往下降，否則就必須捨得在行銷上花大錢。有時這兩條全離不開。單憑這一點，賣主就不敢濫用其手中的談判力量。

買方想增強自己在談判中的力量，必須讓賣方相信有眾多店家正在競相爭取和己方做生意。要是做不到這一點，就休想能增加力量。

一位喜劇演員剛在遠離拉斯維加斯市區的一家夜總會演完首場演出。夜總會老闆來到後臺對他說，「演出簡直太棒了，我自始至終開懷大笑了 20 分鐘」，並指著臉上的淚痕說，「你瞧，連眼淚都笑出來了。」還說：「這真是本年最棒的一次演出！你瞧觀眾全都向後臺湧來了。真是奇蹟呀！」

演員對他的恭維表示感謝。

老闆說：「我對你一定要大方些！你就說吧，要什麼我給什麼。我說話算數。」

演員也真會抓時機，趁機就答道：「那好，我也不客氣了。我要的第一件東西，就是把每場的演出費提到 1,000 美元。」

老闆當場同意，臉上還帶著笑容。起碼在回到辦公室以前他是笑著的。

如果老闆不是那麼急衝衝地去向演員報演出成功的喜訊，他本可以讓演員連演一月，每晚三場，每場演出費只需 500 美元的。

過度的讚揚完全改變了他與演員之間的力量對比。本來是鐵石心腸的老闆只打算給初出茅廬的演員一點小小的恩賜，結果他卻滿心歡喜地遭到了演員對手的輕輕一擊。

這個教訓是，除非你想多花錢，否則就切不可讚揚向你提供商品或是服務的人！

但假如你是賣方的話，則千萬不要讓對方知道你的倉庫裡已經堆滿了存貨，他下的定單是你賴以拋出存貨的救命稻草。

在談判中只要能使對方感到有競爭壓力（哪怕根本不存在這種壓力），就肯定可以削弱對方的力量，增加己方的力量。

因此，作為買方，你要令對方感到你已經和他的競爭對手接觸過，看過貨樣，並熟知其產品的性能與優點。

當然切不可向對方解釋自己為什麼不和那人做生意而要選上他的緣由，更忌諱當著對方的面貶低曾叫你吃過虧的人，否則，就會增加賣方的談判力量。

另外，切忌當著對方的面讚揚他的產品，透露出喜愛之情，因為這等於在鼓勵對方提高要價。

即使你心裡早已打定主意成交，也要讓對手捉摸不定，心存忐忑。你可以故意提一些問題來吊對方的胃口。比如說：

別人要出比你低。

別人是到岸價（CIF），而你是離岸價（FOB）。（注：CIF 方式，運費及保險費由發貨方承擔，FOB 方式則相反）

「他們答應可以按大宗交易打折扣。」

「老闆只想買國產。」

「他們同意延期 90 天付款，不計利息。」

如此等等。

這樣做可以削弱對方的談判力量，起碼也可讓他不至於提出過高的成交條件。

說來說去，買賣雙方到底是哪一方有力量呢？

只要對手認為你有力量，你就有了力量，可以在談判中占到便宜。

反過來，要是你認為對方更有力量，那力量就到了他那一邊，而你也必將為此付出無謂的代價。

總之，要是你對做成交易迫不及待，害怕談判破裂，就肯定會喪失力量。反過來，對方也是一樣。

談判中雙方力量的對比並沒有固定的公式，它完全取決於彼此的主觀看法。

由於主觀看法的誤導，結果必將導致在成交價格上吃虧。這一點無論對於賣方或買方全都一樣。

第六章
把「死馬」醫「活」的狠招

許多談判人員都害怕談判過程中出現僵局。然而一帆風順的談判實在太少。面對談判過程中如「死馬」一樣的僵局，談判人員如果能積極面對、盡力化解，或許打破僵局在談判桌上輕鬆自如，運籌帷幄。

正視談判僵局

福克蘭是美國鮑爾溫交通公司的總裁，在他年輕的時候，由於他成功地處理了公司的一項搬遷業務而青雲直上。當時，他是該公司機車工廠的一名低層職員，在他的建議下，公司在費城收購了一塊地皮，準備用來建造一座辦公大樓，因此這塊地皮上原來居住的 100 多戶居民，都得因此而舉家搬遷。

但是居民中有一位愛爾蘭老婦人，卻率先與機車工廠進行頑固抗爭。在她的帶領下，許多人都拒絕搬走，而且這些人都團結一致，決心與機車工廠周旋到底。

福克蘭對公司說：「如果我們採取法律手段來解決這個問題，會費時、費錢。並且我們不能用強硬的手段去驅逐他們，這樣我們將會增加許多仇人，即使大樓建成，我們也將不得安寧。這件事還是交給我去處理吧。」

福克蘭找到這位愛爾蘭老婦人時，她正坐在房前的石階上。福克蘭故意在老婦人面前憂鬱地走來走去，以引起老婦人的注意。果然，老婦人開口說話了：「年輕人，你有什麼煩惱？」

福克蘭走上前去，他沒有直接回答老婦人的問題，而是說：「您坐在這裡無所事事，真是太可惜了。我知道您具有非凡的領導才幹，實在可以成就一番大事業。聽說現址將建造一座新大樓，您何不勸勸您的老鄰居們，讓他們找一個安靜的地方永久居住下去，這樣，大家都會記住您的好處。」福克蘭這幾句看似輕描淡寫的話，卻深深地打動了老婦人的心。不久，她就變成了全費城最忙碌的人。她到處尋覓住房，指揮鄰居們搬遷，把一切辦得穩穩當當的。而交通公司在搬遷過程中，僅付出了原來預算的一半代價。

在談判進入交鋒階段、協商階段等實質性磋商的時候，常常由於某些人為或突發原因，使得談判雙方相持不下，從而產生了一種進退維谷的僵持局面。在這種情況下，如果談判人員不善於找尋產生僵持局面的原因和解決的方案，一味地聽任其發展下去，就很可能導致談判的破裂。

事實上，談判之所以陷入僵局，並不完全是因為談判雙方存在著不可化解的矛盾，也就是說，談判本身並不屬於那種沒有可行性的談判。通常情況下，沒有可行性的談判有以下三個特點。

1. 不具備客觀條件：有些談判由於客觀上不具備履約條件，或雖具備客觀條件但不可能達到目的，隨著談判的深入，這個問題就越發明朗化，從而直接導致了談判的破裂。
2. 不具備談判的協定空間：在談判中，協定空間並不是一開始就非常明朗的，它是一個雙方逐步探索的過程。在經過激烈的爭論之後，談判雙方可能會發現，他們提出的條件根本沒有達成一致的可能，因而使談判陷入僵局，並最終導致破裂是在所難免的。
3. 沒有商談的價值：這種情況常常是由於事前的盲目和衝動，在沒有做好調查和可行性研究的前提下，匆匆地舉行談判。雙方經過一番唇槍舌劍之後，才精疲力竭地發現他們所進行的談判實屬耗時費神，毫無價值，於是，懸崖勒馬，果斷地停止了談判。

只要沒有出現以上的任何一種情況。談判的僵局則看似山窮水盡疑無路，但只要找出問題所在，也是能夠柳暗花明又一村的。事實上，許多談判之所以陷入僵局，常常是基於談判雙方在立場、感情、原則上存在著一些分歧，而這些分歧透過談判者的努力，打通心理通道，逾越人為障礙，是能夠取得談判成功的。

這就如同上述的談判事例中，福克蘭以巧妙的讚揚，獲得了頑固的愛爾蘭老婦的內心認同感，並激發了她心靈深處的一種主人翁意識，從而主動地配合了企業的搬遷工作。

常言道：「東方不亮西方亮，黑了南方有北方。」談判中並不是自始至終都是一帆風順的，出現僵局也是情理之中的事，關鍵在於談判者本身要有健康成熟的心態，才能從容地面對問題和矛盾，用自己的誠懇去征服對手的心，而這種誠懇的態度，不僅是克服僵局的有效手段，也是今後談判的基礎和繼續合作的條件。

談判僵局的類型

透視談判僵局的類型，不但有助於我們在談判過程中盡最大可能地迴避，還有助於我們對症下藥地突破僵局。

◆ 溝通障礙性僵局

人與人之間的溝通，同兩列火車相向而行的狀況相反，兩列相向而行的火車在不同的軌道上運行，就不可能發生碰撞，對於列車來講這是最安全的安排。但對於人與人之間的溝通來說，雙方如果都是各行其是，自說自話，就不能有思想交鋒，就不可能有溝通。列車在同一軌道上相對行駛會導致列車相撞的悲劇，但以人們相互交流的目的來衡量，只有碰撞才是值得慶幸的事，只有碰撞才能有溝通，碰撞了才可能知道這條軌道不通。

對商務談判而言，有時談判進行了很長時間卻無甚進展，甚至雙方爭論了半天，搞得很不愉快，卻使談判陷入了僵局，然而雙方冷靜地回顧了爭論的各個方面，結果卻發現彼此爭論的根本不是一回事，此種談判僵局就是因溝通障礙引起的。

溝通障礙，是指談判雙方在交流彼此情況、觀點、洽商合作意向、交易的條件等等的過程中，可能遇到的由於主觀與客觀的原因所造成的理解障礙。

第一種溝通障礙，是因為雙方文化背景差異，一方語言中的某些特別表述，難以用另一種語言表述而造成的誤解。美國商人談及和日本人打交道的經歷時說：「日本人在會談過程中不停地『Hi』『Hi』，原本以為日本人完全贊同我的觀點，後來才知道日本人只不過表示聽懂了我的意思而已，除此之外，別無他意。」

第二種溝通障礙，是一方雖已知道卻未能深入理解另一方所提供的資訊內容。這是由於接受資訊者對資訊的理解，會受其職業習慣、教育的程度以及為某些領域專業知識的制約。有時從表面上看來，接受資訊者似乎完全理解了，但實際上這種理解卻常常是主觀、片面的，甚至往往與資訊內容的實質情況完全相反。這種情況是有關溝通障礙案例中最為常見的。如一次關於成套設備引進的談判中，某市的談判成員對外方所提供的資料作了研究，認為外方提供的報價是附帶維修配件的，於是按此思路與外方進行了一系列的洽談，然而在草擬合約時，卻發現對方所說的附帶維修配件，其實是指一些附屬設備的配件，而主機配件並沒有包括在內，需要另行訂購。這樣，我方指責對方出爾反爾，而對方認為我們是故意找麻煩。事後仔細核對原文，發現所提及的「附帶維修配件」只是在涉及附屬設備時出現過。而該方誤以為對所有設備提供備件。其實，這種僵局是由於溝通障礙所造成的，是我方未能正確理解對方的意見，作了錯誤的判斷而造成的。

第三種溝通障礙，是一方雖已理解，但卻不願接受這種理解。因為他是否能夠接受現實，往往受其心理因素的影響，包括對對方的態度、同對方以往打交道的經歷，以及個人的成見等。

由於談判主要是靠面對面地「講」與「聽」來進行的，即使一方完全聽清了另一方的講話，作了正確的理解，而且也能接受這種理解，但並不意味著就能完全掌握對方所要表達的思想。孔子講過：「書不盡言，言不盡意」。可見，有時溝通障礙還因為表達者本身的表達能力有限造成。在不少國際商務談判中，由於翻譯人員介於其中，雙方的資訊在傳遞過程中，都要被多轉換一次，這種轉換必然要受到翻譯人員的語言水準、專業知識、理解能力，以及表達能力等因素的影響。依據傳播學理論，這些影響因素就造成了對傳播過程中的資訊起干擾作用的「噪音」。雜訊干擾使一方最終接受的資訊，與另一方最初發出的資訊之間形成了一定的差異性，這方面的案例很多，不勝枚舉。

資訊溝通一般不僅要求真實、準確，而且還有及時、迅速的要求。涉外談判中的翻譯人員主要從事現場口譯工作，即要將一方發言立即用另一種語言傳遞給另一方，這就增加了資訊準確傳遞的難度。有一個婦孺皆知的遊戲：在教室裡，教師將同一句話寫在若干張紙條上，交給第一排學生，讓他們看過後立即悄聲傳遞給後排同學，以此類推，看哪一列傳話最快，同時最後一名學生所得資訊與紙條上的原話又最吻合。可結果通常是最後一排學生中誰也不能提供完整的答案，有的甚至與原話大相徑庭，鬧出了笑話。使用母語傳遞資訊尚且如此，對外談判中以非母語來迅速傳遞資訊，就更難免資訊失真了。

資訊傳遞過程中的失真，會使談判雙方產生誤解而出現爭執，並由此使談判陷入僵局。除了口頭傳遞會導致資訊失真以外，對文字材料的不同理解，也是雙方溝通中產生誤解的原因之一，這與涉外談判中口頭翻譯的情況類似。所以，談判雙方對確定以何種文本的合約為準，合約條款如何措辭都會非常謹慎，雙方都想避免由於對合約的不同理解，而構成對自身的不利影響。儘管人們重視合約的語言問題，但由此產生理解上的差距和誤解仍然時有發生，並會在合約的執行中陷入僵局，只得使談判人員重新回到談判桌前，這些都是因為溝通障礙所造成的。

◆ 強迫性僵局

強迫，對於談判來講是具有破壞性的，因為強迫意味著不平等、不合理，意味著恃強欺弱，這是與談判的平等原則相悖的，是與「談判不是一場競技賽」，「成功談判最終造就出兩個勝利者」的指導思想相悖的。

我們已經專門討論了在商務談判中，任何一方恃強凌弱，都會帶來風險的問題。當談判一方覺得風險責任和風險收益不均衡時，在談判形態上就會出現僵持不下的局面，因為接受那種無謂的風險，或損益期望失衡的風險，就意味著接受不公平，意味著屈服強權，這也是任何理智的談判者都會予以抵制的。強迫造成的談判僵局是一種屢見不鮮的常見病。

不管什麼情況，談判中由某一方採取了強迫手段，而使談判陷入僵局的事實是經常發生的。何況在國際商務談判中，除了經濟利益的考慮外，談判者還有維護國家、企業及自身尊嚴的需要。所以，他們越是受到逼迫，就越是不會退讓，談判僵局就更加難以避免，僵局就越難以被打破。

◆ 素養過低性僵局

在談判桌上，談判人員素養始終是談判能否成功的重要因素，尤其是當雙方合作的客觀條件良好、共同利益比較一致時，談判人員素養高低往往起決定性的作用。

除談判人員因素養本身需對某些風險負責外，事實上談判人員的無知，好自我表現，怕擔責任等不僅會給談判和交易帶來風險，而且也是構成談判僵局的重要原因。在總體上看，有些風險是否產生以及損失大小，也在一定程度上取決於談判人員的素養，如果對這種風險的預知存在嚴重差異，雙方在談判中對於利益的考慮和劃分就會不一致，於是談判就極易陷入對峙狀況。

在深入分析因立場性爭執、強迫手段、溝通障礙引起談判僵局的原因中，我們已經發現談判人員素養缺陷的影響。除此之外，不適宜地採用隱瞞真相、拖延時間、最後通牒等手段也是導致談判過程受阻、對方感情受損的經常性原因。這些失誤大多在於談判人員素養方面的問題。

因此，無論是談判人員作風方面的，還是知識經驗、策略技巧方面的不足或失誤，都極有可能造成談判僵局乃至敗局。這也就是反覆強調談判人員素養重要性的原因所在。

◆ 合理要求性僵局

當你走進一家汽車商店，看見一輛標價 25 萬元的紅色敞篷轎車，你可能情不自禁地想買下來。但你手上只有 21 萬元，並且你最多也只願付這個數，且不願以銀行貸款的形式付款。於是你和店家開始討價還價，你調動一切手段想證明你非常渴望得到這輛車，並且運用各種技巧讓店家相信你的出價是合理的。你達到了被理解的目的，可是店家只願 5% 的折扣，並告訴你這是他最優惠的條件了。這時談判已陷入僵局，其實誰也沒有過錯，從各自角度看，雙方堅持的成交條件也是合理的。如果雙方都想從這樁交易中獲得所期望的好處，而不肯作進一步的讓步時，那麼這樁交易就等於沒希望成功了。究其原因，就是雙方合理要求差距太大。看來，你無法用 21 萬元得到那輛紅色敞篷汽車。

許多商務談判與此相似，即使雙方都表現出十分友好、坦誠與積極的態度，但是如果雙方對各自所期望的收益存在很大差距，那麼談判就會由此擱淺。當這種差距難以彌合時，合作必然走向流產。

當然談判就此暫停乃至最終破裂，都不是絕對的壞事。談判暫停，可以讓雙方都有機會重新審慎地回顧各自談判的出發點，既能維護各自的合理利益又能注意挖掘雙方的共同利益。如果雙方都逐漸認識到彌補現在的差距是值得的，並願採取相對的措施，包括做出必要的進一步妥協，那麼談判結果也就會更真實地符合談判原本的目的。即使出現了談判破裂，也可以避免非理性的合作，有時這種合作不能同時給兩方都帶來利益上的滿足。有些談判似乎形成了一勝一負的結局，實際上失敗的一方通常會以各種方式來彌補自己的損失，甚至以各種隱蔽方式挖另一方牆角，結果導致雙方兩敗俱傷，得不償失。

所以談判破裂也並不總是以不歡而散而告終的。雙方透過談判，即使沒有成交，但彼此之間加深了友誼，增進了信任，並為日後的有效合作打下了良好的基礎，這看來也並非壞事。可以說，在雙方條件相距甚遠的情況下，由一場未達成協議的談判也可能帶來意外收穫。只要冷靜地、審慎地看待談判結果，就會發現達成協議並非就是談判的唯一目標，在許多情況下，即使談判沒有成功，也會為談判者帶來收穫，當然這肯定不是直接的收穫，而是間接的收穫。從這一點來看，經過長時間的談判，最終未能達成協議不一定就是壞事，有時倒是有意義的好事。

談判僵局的破解利器

僵局就像瘟神一樣令談判人員唯恐避之不及。但事實證明，僵局是無法躲避的。當它出現在談判桌上時，談判人員唯一選擇是勇往直前，破解僵局。

只有這樣，談判才可能出現「柳暗花明又一村」的新氣象。

◆ 原則至上法

在某些談判中，儘管主要方面兩方有共同利益，但在一些具體問題上兩方存在利益衝突，而又都不肯讓步。這種爭執對於談判全面而言，可能是無足輕重的，但處理不當，由此造成導火線，就會將整個合做事宜陷入泥淖。

由於談判雙方可能固執己見，因此找不到一項超越雙方利益的方案，就難於打破這種僵局。這時，設法建立一項客觀的準則——讓雙方均認為是公平的，既不損害任何一方面子，又易於實行的做事原則、程序或衡量事物的標準——通常是一種一解百解的樞紐型策略。

比如：兄弟倆為分一個蘋果而爭吵，雙方都想得到稍大的那一半。於是做父親的出來調停了，你們都別吵，我有個建議，你們中一個人切蘋果，讓另一個人先挑，這樣分好嗎？父親提出了一個簡單的程序性建議，兄弟倆馬上就停止了爭吵，而且會變得相互謙讓起來。

◆ 心平氣和法

要始終把學習二字放在談判之中。談判者在談判中最好以學習的態度進入談判，向對手學習，補充自己。學習包括了解資訊、了解對手，理解資訊和理解對手。

作為談判者，勤學善學不是泛泛而指。首先，它反映在對談判中的已知資訊與未知資訊的了解熱情，以及對談判對手已知與未知的各種資訊的了解態度。

通常，談判者容易對已知資訊失去了解熱情，有時甚至為部分的已知資訊麻醉，因而對未了解的資訊也失去了解的熱情，以為「沒有什麼新玩意」。這種態度十分有害，也不客觀。這是因為，即使了解到的是已知的資訊，它仍然有作用，它可幫助你證實已知資訊的準確性，還可以透過再次證實，加深對已知資訊的認識，有時甚至是帶飛躍性的認識。這就是重複認識的效果。

對未知資訊的了解更應如飢似渴。不論是有關談判的內容，還是談判對手本身，未知資訊都是知己知彼的基礎。而未知的資訊也是多層次的，要做到真正掌握未知資訊，必須要有不斷挖掘、毫不滿足的精神。淺嘗輒止的人是絕不可能真正了解資訊和對手的，甚至會成為談判僵局的根源。

具體了解姿態的典型表現方式有：「我不太熟悉貴方商品，望多介紹。」「我對貴方需求不太有掌握，僅按我方的設想做的方案，我願學習貴方思想。」「我們不太了解貴方的習慣。若有冒犯之處請多諒解。」「我的外語水準有限，萬一譯錯了，或是翻得貴方聽不懂，請別客氣，儘管指出來，我好重複。」「我聽錯了嗎？那請貴方重複一下剛才您說的意思」等等。這都是學習、了解的態度。

談判者可以透過各種管道搜集有關談判內容和對手過去和現在的資訊，尤其是談判中了解的新的、活的資訊。然而，怎麼認識這些資訊和如何評價談判對手更為重要，這是對資訊理解的結果。展現學習的理解結果要實現兩個突破，就是資訊性質認識的突破和自我情緒的突破。

資訊性質認識的突破，是指談判者對舊的與新的，靜態與動態的資訊的本質，即消極與積極後果的認識，這是從表面到本質認識的突破。比如：禮儀問題，對手沒有正式著裝，了解到其因匆忙所致或隨意所為，這是表面認識。如追究其過，應不應該？此事在談判中應占多大分量？經過分析並做出結論，這一認識才是本質認識的突破。

自我情緒的突破，是指認識的回饋，自我情緒的效果。即當有了突破性的認識後，就應有正確的思想情緒，從而為化解僵局創造思想基礎。無意識形成僵局的爭執大多著重在情緒上，而不是針對交易條件，要破解這個僵局，先要調節自我情緒。當理解了資訊和對方後，心境自會平靜下來。心平了，氣自和。氣和，則僵局破。

◆ 及時溝通法

及時溝通，是指在關鍵時刻——不懂時、誤解時、發生衝突時以及有外界干預時，談判雙方便立即交換資訊與所持態度。在無意識形成的僵局中，及時溝通起的作用十分重要。溝通是彌補資訊缺陷的最好辦法，是從無意轉換為能動的有效措施。

當無意僵局發生時，應立即溝通資訊。「立即」是指「不錯過時機」。時機多為「當時」的概念，即若上午或下午談判發生無意僵局，則應爭取在當天或在事發之後立即處理，絕不拖到次日或更久。即時處理副作用最小，不讓無意僵局因時機錯過而難以澄清。

不管因為誰而形成無意僵局，都應積極投入處理。肇事者可以減少誤會，彌補過失，而被激者可以藉機考驗對方並為自己創造形象影響力。若是請第三者干預，這種主動性更是自救必須的條件。

談判雙方在無意僵局面前要相互交換有關資訊，以增加了解，促進談判。交流就是指雙向的資訊流動。資訊單向流動不可能達到消除無意僵局的目的。所以，交流是談判雙方的共同要求。

比如：因為未整齊著裝而引起談判中斷時，主動中斷的一方可以說：「貴方衣冠不整，對我方是一種不敬。今天我們無法談判。若貴方真正想與我方談，那就請貴方整理好了衣著再約。」明確說明不滿的原因。

聽者若無意不敬，一定會說：「對不起，我不是故意對您不敬。我接受你的批評。我同意改期再談」。這也是交流了「不是有意不敬」的資訊，並馬上約定新的會談時間，不讓僵局後果蔓延。

當然，這種細微的心理對抗的後果，被刺激的一方一般不會直說，而是會人為縮短會談時間，或不認真投入談判來回敬對手。其實，採取這種不「交流」的做法，其效果並不佳，對談判雙方均有代價。因為你縮短時間，不投入談判，結果是自己時間、人力的消耗，而不會因洩氣而得到更多。但交流的結果必然是既達到批評對方的效果，又會使對方更好地投入談判，從而促進談判的效果。這樣才可以變壞事為好事，提高談判效率。

◆ 角色移位法

所謂角色移位，簡單地說就是要設身處地，從對方角度來觀察問題。這是談判雙方實現有效溝通的重要途徑。當我們多一些從對方角度來思考問題，或設法引導對方站到我方的立場上來思考問題，就能多一些彼此的了解。這對消除誤解與分歧，找到更多的共同點，構築雙方都能接受的方案，具有積極的推動作用。

特別是在涉外談判時，常常有這種情況，有時談判陷入僵局，我們先審視己方所提的條件是否合理，是否有利於雙方合作關係的長期發展，然後再從對方的角度看看他們所提的條件是否有道理。如果善於用對方思考問題的方式進行分析，就會獲得更多突破僵局的思路。有時，這種換位思考是很有效的，一方面可以使自己保持心平氣和，可以在談判過程中以通情達理的口吻表達我們的觀點；另一方面可以從對方的角度提出解決僵局的方案，這些方案有時的確是對方所忽視的，所以一旦提出，就很容易為對方所接受，使談判順利地進行下去。

◆ 據理力爭法

當談判陷入僵局時，並不只有客客氣氣地商議，平平和和地諒解才是解決問題的唯一方式。有時對於對方提出的不合理要求，特別是在一些原則問題上所表現出蠻橫無理時，要做出明確而又堅決的反應。

遇到這樣對方明顯理屈的情況，我們一定要據理力爭。任何其他替代性方案都將意味著無原則的退讓，因為這樣做只能助紂為虐，增加對方日後的

「胃口」，從自身來講，卻要承受難以彌補的損害。而同對方展開必要的鬥爭，讓他們知道自己的觀點站不住腳，就可能使他們清醒地權衡得失，做出相應讓步。

當然，面對對手的無理要求與無理指責，採取一些機智的辦法對付，通常比魯莽的正面交鋒更有效，同樣具有針鋒相對的作用，而自己可以留有餘地，將對手置於尷尬境地。比如：有一次多國商務談判中，甲國的首席談判代表在發言中非常傲慢，頤指氣使，「你們必須……」，「你們不能……」，「我奉勸你們……」，開口閉口都是命令的口吻，等他發言完畢，輪到乙國代表發言時，乙國代表慢條斯理地說：「有句俗話說『不要教老奶奶怎麼煮雞蛋』」。這句俗話讓那位甲國談判代表回味了好久，囂張的態度就隨之緩和下來了。

◆ 關心利益法

談判者是為了自身的利益坐到一起來的，但是在實際談判中，談判人員往往把更多的注意力集中在各自所持的立場上，當雙方的立場出現矛盾甚至對立時，僵局就不可避免了。雖然談判者的立場是根據自己的認識與談判做出的，但形成這種立場的關鍵卻是利益。有趣的是，在雙方處於僵持狀態時，談判者似乎並不願再去考慮雙方潛在的利益到底是什麼，而是一味地希望透過堅持自己的立場以贏得談判。這種偏離談判的出發點，錯誤地把談判看做是「勝負戰」的做法，其結果只會加劇僵局自身。若重新把注意力集中在立場背後的利益上，就可能給談判帶來新希望。

一家超市，計畫在郊區建立一個購物中心，而選中的土地使用權歸甲村所有。超市願意出價 1,000 萬元買下使用權，但甲村卻堅持要 1,500 萬元。經過幾輪談判，超市的出價上升到 1,100 萬元，甲村的還價降低到 1,400 萬元，雙方再也不肯讓步了，談判由此陷入了僵局。看來，甲村堅持的是維護村民利益的立場，由於農夫以土地為本，失去了這片耕地的使用權，他們就沒有什麼選擇，只是想多要一些錢來辦一家機械廠，另謀出路。而超市站在維護企業利益的立場上，由於超市是分店，讓步到 1,000 萬已經是多次請示總部後才定下的，他們想在購買土地使用權上省下一些錢，用於擴大商場規模。然而冷靜地審視雙方的利益，則可發現雙方對立的立場背後存在的共同利益，失去土地的農夫要辦一家機械廠談何容易，而超市要擴大商場規模，就要招聘一大批售貨員，依靠購物中心來吸納大量農村勞動力，即可解決農夫謀生問題，又可解決補充售貨員的困難，成為雙方共同的利益所在。由此，雙方就有了共同的目標，很快就找到了突破僵局的方案。方案之一，按 1,000 萬成交，但超市建成後必須為甲村每戶提供一個就業的名額；方案之二，甲村以地皮價 1,000 萬入股，待超市建成後，劃出一部分讓農夫自己經商，以解決生活出路問題。由於雙方的需要均可得到滿足，談判很順利地打破了僵局，進入兩個方案的比較與選擇中去，不久協定很容易地達成了。

所以在談判中，在對立立場背後所存在的共同性利益，常常大於衝突性利益，認識和發現到這個方面，就為突破談判僵局帶來了新的契機。

◆ 借用外力法

在政治事務中，特別是在國家間、地區間衝突中，由第三者出面作中間人進行斡旋，往往會獲得意想不到的結果。

談判也完全可以運用這一方法來幫助雙方有效地消除談判中的分歧，特別是當談判雙方進入立場嚴重對峙、誰也不願讓步的狀態之際，找到一位中間人來幫助調解，有時就會很快使雙方立場出現鬆動。

當談判雙方嚴重對峙並陷入僵局時，雙方資訊溝通就會發生嚴重障礙，互不信任，互相存在偏見甚至敵意，此時由第三者出面斡旋，可以為雙方保全面子，使雙方感到公平，資訊交流可以變得暢通起來。中間人在充分聽取雙方解釋、申辯的基礎上，能很快找到雙方衝突的焦點，分析其背後所隱含的利益性分歧，據此尋求彌合這種分歧的途徑。談判中的雙方之所以自己不能這樣做，主要還是由於「不識廬山真面目，只緣身在此山中」。

與政治事務衝突不同，談判中的中間人主要是由談判者自己挑選的。不論是哪一方，所確定的斡旋者應該是對方所熟識，為雙方所接受的角色，否則就很難發揮其應有作用。因此這就成為談判一方為打破僵局而主動採取的措施。在選擇中間人時不僅要考慮其能否展現公正性，並且還要考慮其是否具有權威性。這種權威性是使雙方逐步受中間人影響，最終轉變強硬立場的重要力量。而主動地運用這一策略的談判者就是希望透過中間人的作用，將自己的意志轉化為中間人的意志來達到自己的目的。

在實際談判過程中，中間人可以是獨立於談判雙方的第三者，也可以是與雙方都有利益者，甚至可以選擇一位對方集團中具有實際影響力的關鍵人物作為突破口，藉以勸服對方撤走設置在談判桌上的防線，這往往也成為一種非常有效而又簡捷明快的做法。

◆ 尋找替代法

有一句俗話:「條條大路通羅馬」，用在談判上也是恰如其分的。談判中一般存在著多種可以滿足雙方利益的方案，而談判人員經常只是簡單地採用某一方案，但當這種方案不能為雙方同時接受時，僵局就會形成。

在埃以和談中，以色列最初宣布要占領西奈半島的某些地方，顯然這種方案是不能為埃及所接受的。當雙方越過對應的立場來尋求堅持這種立場的利益時，往往就會找到既能符合這一方利益，又符合另一方利益的替代性方案，即在西奈半島劃定非軍事區。於是，埃以和約得以簽訂。

在獲取土地使用權的談判中，雙方原來堅持的立場都是合理的，而當雙方越過所堅持的立場，而去尋找潛在的共同性利益時，就能找到許多符合雙方利益的方案，僵局就可以突破。談判不可能總是一帆風順的，雙方磕磕碰碰是很正常的事，這時，誰能創造性地提出可供選擇的方案 —— 當然這種替代方案一定要既能有效地維護自身利益，又能兼顧對方利益 —— 誰就掌握了談判中的主動權。不要試圖在談判開始就明確什麼是唯一的最佳方案，這往往阻止了許多其他可作選擇的方案的產生。相反，在談判準備時期，如果能構思對彼此有利的更多方案，往往會使談判如順水行舟，一旦遇有障礙，只要及時調撥船頭，就能順暢無誤地到達目的地。

◆ 利用矛盾法

一個談判者要善於抓住談判對手陣營中的矛盾，把矛盾作為打破僵局的突破口。有時僵局倒不是雙方協調不夠，恰恰是對方自身內部矛盾的後果。這時「以子之矛，攻子之盾」，就會使對方陷入進退兩難的尷尬境地。利用對方內部的矛盾進行巧妙的談判與鬥爭，使對方不得不付出造成談判僵局的代價。打破僵局的責任要由對方來負，就會促使對方尋找突破口，這樣無形之中，僵局就會被逐步地「消化」掉。

如我方甲國曾從乙國獲得了 2,000 萬美元的政府貸款，合約簽訂後發生了一些國際糾紛，兩國的貿易額開始下降，貸款協議遲遲沒有生效，延誤了時間，這給一個獲得幾百萬美元合約的乙國公司造成了一些損失。於是該公司就要求把合約價格提高 4%，否則他們將會取消合作生產計畫。這個項目對我方來說相當重要，而我方又已經將有限的資金作了各種分配安排。如果答應了這個公司的要求，其他幾家廠商就會趁機要脅，後果將不堪設想。

形勢一下變得非常嚴峻。經過冷靜分析，我方認為只有將矛盾引向 E 國內部才能爭取在談判中的主動權。因此我方明確表示不能接受對方要求，一方面做工作：「對於貴公司的意外損失，我們深感同情，對於貴公司所提出的價格要求我們表示理解。然而整個過程是由於貴國政府對我方形勢產生的錯誤估計，而做出的錯誤決策所造成的，由此使我們在貴國的許多合作夥伴蒙受了一些不必要的損失。看來，這個責任只能由貴國政府承擔。」這家公司認為我方講得有理，於是就聯合了這個項目的其他幾家廠商一起向我方政府施加影響。由於我方成功地轉換了對方的視線，將矛盾焦點引向對方內部，結果乙國政府不得不做出一系列靈活的表示。於是乙國的幾個公司也都繼續如約合作，僵局也就被突破了。

◆ 抓住要害法

打蛇打七寸，方能給蛇以致命一擊；反之，不得要領，亂打一氣，就會被蛇緊緊地纏住，結果會消耗更多的時間、精力與體力，甚至賠上自己的性命。

把這一思想運用到談判中來，就是會善於撥開籠罩在關鍵問題上的迷霧，找出問題癥結所在，抓住要害進行突破；否則，無休止地在表面問題上爭執，既會傷了雙方和氣，又會使問題變得更加複雜，如果不小心，還會被對方抓住破綻，使自己陷入極其被動的境地。

有一次，某人駕駛汽車經過一個停車場，突然從停車場內飛駛出來一輛摩托車，因為避讓不及，那位騎士被撞後彈出很遠。員警趕到時，現場沒有目擊者，責任在誰一下很難辨明。恰巧一位物理老師路經此地，他讓員警測量了撞車位置與那位摩托車摔倒的位置之間的距離，詢問了騎士的體重，然後掏出計算機按了幾下，告訴員警，依據運動物體拋物線軌跡的原理，這輛摩托車當時的時速至少在 45 公里以上，而交通規則規定停車場區域的車速不能高於 20 公里。結果，汽車駕駛者不但不用負責任，反而從保險公司得到了賠償。

這種情況在商務談判中同樣適用，在談判中應善於抓住本質的問題，抓住對方的破綻，這是突破僵局的一種策略。問題是會不會抓住要害，這就要靠深刻的分析與犀利的判斷，以及果斷及時的出擊。當然這些並不是天生俱來的，要靠生活的累積及實踐的磨練。但是，如果注意了這一點，日久天長必有收穫。

◆ 借題發揮法

借題發揮有時被人們看做是一種無事生非、有傷感情的做法。但是對於談判對方某些人的不合作態度，或試圖恃強凌弱的做法，不用借題發揮的方法做出反擊，是很難使他們有所收斂的。相反，可能還會招致對方變本加厲的進攻，從而使我們在談判中進一步陷入被動。事實上，在一些特定的形勢下，抓住對方的漏洞，借題發揮，小題大作，就會給對方一個措手不及，這對於突破談判僵局會達到意想不到的效果。

倘若對方不是故意為難我們，而我方又不便直截了當地提出來，則以此旁敲側擊一下，也可讓對方知錯就改，主動合作。

◆ 臨陣換將法

臨陣換將是在談判中用來打破僵局的一種常用做法。倘若僵局是由談判人員失職或素養欠缺造成的，如隨便許諾、隨意違約、好表現自己、對專業問題缺乏認識等等，此時不調換這些人就不能維護自身利益，不調換他們就不能打破僵局，甚至有可能損害同對方的友好合作。然而有時在談判陷入僵局時，調換談判人員倒並非出於他們的失職，卻可以是一種自我否定的策略，用調換人員來表示以前我方提出的某些條件不能作數，原來談判人員的主張欠妥，因此在這種情況下調換人員也常蘊含了向對方致歉的意思。

臨陣換將，把自己一方對僵局的責任歸咎於原來的談判人員，不管他們是否確實應當擔負這種責任，還是莫名其妙地充當了代罪羔羊的角色，這種策略可為自己主動回到談判桌前找到了一個藉口，緩和了談判場上對峙的氣氛。非但如此，這種策略還含有準備與對手握手言和的暗示，成為我方調整、改變談判條件的一種標誌，同時這也是向對方發出新的邀請訊號，表示我方已做好了妥協、退讓的準備，對方是否也能做出相對的靈活表示呢？

談判雙方透過談判暫停期間的冷靜思考，如果發現雙方合作的潛在利益要遠大於既有的立場差距，那麼調換人員就成為不失體面、重新談判的有效策略，而且在新的談判氛圍中，在經歷了一場暴風雨後的平靜中，雙方都會更積極、更迅速地找到共同點，消除分歧，甚至做出必要的、靈活的妥協，僵局由此而可能得到突破。但是，必須注意兩點：首先，換人要向對方作婉轉的說明，使對方能夠予以理解；其次，不要隨便換人，即使出於迫不得已而換人，事後也要向換下來的談判人員做一番溝通，不可挫傷他們的積極性。

◆ 有效退讓法

達到談判目的的途徑是多種多樣的，談判結果所實現的利益也是多方面的，有時因為談判雙方對某一方面的利益分割僵持不下，就輕易地使談判破裂，這實在是不明智的。他們沒有想到，其實只要在某些問題上稍作讓步，在另一些方面就能爭取更好條件。這種辯證的思維是一個成熟的商務談判者應該具備的。

就拿從國外購買設備的談判來看，有些談判者常常會因價格分歧而不歡而散，至於諸如設備功能、交貨時間、運貨條件、付款方式等方面尚未涉及，就匆匆地退出了談判。事實上，購貨一方有時可以考慮接受稍高的價格，但在供貨條件方面，就更有理由向對方提出更多的要求，比如增加若干功能，或縮短交貨期，或除在規定的年限內提供免費維修以外，還要保證在更長時間內免費提供易耗品，或分期付款等等。

談判猶如一個天平，每當我們找到一個可妥協之處，就好比找到了一個可以加重自己要求的砝碼。在商務談判中，當談判陷入僵局時，如果對國內和國際情況有全面了解，將雙方的利益又掌握得恰當準確，那麼就可以用靈活的方式，在某些方面採取退讓的策略，去換取另外一些方面的利益，以挽回本來看似已經失敗的談判，達成雙方都能接受的協議。

不要忘記坐在談判桌前的目的，畢竟是為了成功而非失敗。所以，當談判陷入僵局時，我們應有退一步海闊天空的認識，即如果促使合作成功所帶來的利益，大於因堅持原有立場使談判破裂所帶來的好處，那麼我們還是應該採取有效退讓的行動去促成談判成功。

◆ 跳出慣性思維

圖書館裡兩個鄰座的讀者，為了一件小事引起了爭執。一個想打開靠近馬路的窗戶讓空氣清新一些，以保持頭腦清醒，有利於提高讀書的效率；一個想關窗不讓外面的噪音進來，保持室內的安靜，以利於看書。二人爭論了半天，卻不能找到雙方滿意的解決方法。這時，管理員走過來，問其中一位讀者為什麼要開窗，回答：「使空氣流通。」她又問另一位為什麼要關窗，回答：「避免噪音。」管理員想了一會兒，隨之打開了另一側面對花園的窗戶，既讓空氣得到流通，又避免了噪音干擾，同時滿足了雙方的要求。

這是個由立場性爭執而導致談判僵局的經典例子，例子中兩位讀者只在開窗或關窗上堅持自己的主張，誰也不肯讓步。在這種爭執中，當對方越堅持，另一方就越會抱住自己的立場不變，真正的利益被這種表面的立場所掩蓋，而且為了維護自己的面子，非但不肯做出讓步，反而會用頑強的意志來迫使對方改變立場。於是，談判變成了一種意志力的較量。

因此談判雙方在立場上關心越多，就越不能注意調和雙方利益，也就越不可能達成協議。或者即使最終達成了協定，那也只是圖書館的窗子「只開一條縫」或「半開」、或「開四分之三」之類的妥協，這種妥協撇開了那位管理員注意到的事實，即雙方達到目的的途徑分別是「空氣流通」和「避免噪音」，因而也就不可能使雙方都得到充分滿意。相反，因為談判者都不想太快做出讓步，或以退出談判作要脅，或步步為營。這些做法增加了達成協議的困難、拖延了時間，甚至使談判一方或雙方喪失了信心與興趣，使談判以破裂告終。

因此，糾纏於立場性爭執是低效率的談判方式，它撇開了雙方各自的潛在利益，不容易達成明智的協定，而且因為久爭不下，它還會直接損害雙方的感情，談判者要為此付出巨大代價。可惜的是，對於談判者來說，立場性爭執是他們在談判中最容易犯的錯誤，由此造成的僵局也為最常見的一種。

有時候，跳出慣常解決爭議的思維方式，試著用第三種解決方式，往往可以使談判結果呈現皆大歡喜的局面。

◆ 退避三合法

對無意識形成的僵局，思想上應樹立非對抗意識，措施上要避免雙方陷入對抗的局面。

先退避三舍，即在事情發生後，犯錯的一方可採取「退避三舍」的態度，而不去糾纏對方。「三舍」是說，讓對方把氣撒盡，把怨言說盡。談判中類似「一石激起千層浪」的時刻很多，立即制止，反會引起更多的浪。再說，對方很難聽進。無奈地任其為之，反而不失為良策。事實上，當你穩住自己，關心地聽對方的數落時，他會有感受的。有時對方談判者在你的沉默面前反而消了氣。但是，此時你的臉部表情應「平和」，不要怒目圓睜，沉臉皺眉地冷視對手。與此相反，應是以委屈、無奈的目光與臉色對視對方，力求得到較好的效果，一般眼睛不要離開對手及其助手。

在對手停住話，輪到己方發言時，要平心靜氣地做解釋，以求能和平結束僵局。求和的發言不展現在話軟，更不能去反駁對方話中的錯誤，而是應當透過自己的真實思想活動（所想、所感）來證明自己無意。至於對方的過火言論由其自己去糾正。此時，表述的語氣要平和，眼神和臉色也應是友好的。靜心求和，不能口是心非，表裡不一。只有靜心，並且言出與所思一致，語句與神采一致，求和效果才會最佳。

由於個人的某些缺點，有些談判對手對本來合理、真誠的表述可能會抱著猜疑、甚至「不買帳」的態度。除了個別用心不良者外，大多談判者屬「猜疑」範疇。此時，己方要「忍耐」。忍耐之意在於不計較對手態度，同時還要耐心再做解釋。

◆ 自緘其口法

談判者在與對手談判時出言務必要謹慎。有道是：「病從口入，禍從口出。」談判中更應嚴防禍口。要做到講有掌握的話，聽說相宜、話有餘地。

首先要求談判者對所言要有根有據，切中話題，並有反駁對方之力。這裡強調了言之有據和言後的應付力效果。講有掌握之言，反映客觀依據，使之接近真理。同時，又反映在效果上，能夠說服和感染人。若一時不能說服人，則應有力量（理由）為自己辯護。

例如：當你批評對手太自信，對別人的意見一點也聽不進時，必然有依據證明他在真理面前的傲慢，並且依據還應是多層次的 —— 真理的證明和傲慢的證明。

聽說相宜，則是指談判時善於運用所說來有效地表達自己的想法。慎言者，善於聽。當你對談判對象提出的事不甚了解時，成功的做法是先傾聽。先聽就是先了解情況，做對了話題以及說者的思想後再說。有多少掌握，就說多少。之後，再聽，聽懂了，再說。聽與說則依談判者的掌握程度，以相對的頻率交替使用，使聽與說的配合效果達到最佳。

例如：談判中，有的人會說：「〇先生，貴方在交易上有什麼習慣，請詳細說明。」這就是聽的運用。當他再說：「貴方〇種習慣與我方在這類交易上運作的辦法相近。」或「按貴方說的那樣，我認為它對雙方義務不太公平，似乎過於保護賣方（或買方）。」這是說的運用，並且是以聽為前提的。

不說滿話和絕話，就是說，說出的話要有改動的餘地，就會有了聽的主動權，也會有說新觀點的主動權。

當你提出：「我認為該問題就是這樣。」「貴方的說法太奇怪了，我從未聽過。」「若果真如此，我就一定那樣。」「不管你找誰來調解，我都絕不改變我的要求。」等等。這些話都是滿話與絕話，毫無轉圜餘地可言。

而類似「我想談談我的初步想法，請貴方考慮有否道理。」「由於對該問題了解不深，從我聽了貴方的講話後，雖印象有所加深，但我仍沒掌握是否完全理解了貴方的意見。」「我剛才講的是我方單方面意見，我希望能聽取貴方全面的見解。」「我從未去過貴國，對貴國的文化了解的很膚淺，我試著講講我方的觀點，若有冒犯之處，懇望指正。」等等。這些話均反映一種機會與主動，萬一「起火」，就可以用來熄火，對對方有「預防針」的作用。

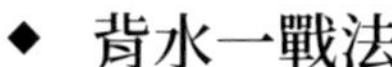

◆ 背水一戰法

背水一戰，如同釜底抽薪一樣，是一種有風險的策略。它是指在談判陷入僵局時，有意將合作條件絕對化，並把它放到談判桌上，明確地表明自己已無退路，希望對方能夠讓步，否則情願接受談判破裂的結局。這樣做的前提是雙方利益要求的差距不超過合理限度，則對方有可能忍痛割捨部分期望利益、委曲求全；反之，倘若雙方利益的差距實在太大，是單方面的努力與讓步所無法彌補的，談判也只能由此收場了。

在一次引進設備的談判中，一家公司選擇了兩家外商 A 公司與 B 公司，作為可能的合作夥伴。根據兩家公司報來的資料與價格，該公司同兩家公司分別作了初步接觸，發現 A 公司名聲較響亮，設備品質也較好，而且報價也較高，達 600 萬美元；B 公司雖名氣不及 A 公司，但設備品質毫不遜色，功能卻比較多，報價稍便宜，為 580 萬美元。根據各方面情況的綜合考慮，該公司決定把 B 公司的設備作為首選對象。然而，這個價格仍然偏高，談判的關鍵是要它把價格降下來。

於是，該公司邀請 B 公司派代表來洽談，透過幾輪談判，B 公司幾次降價，最後報出價格為 520 萬美元，並聲明再降 1 美元，它就不做了。然而事實上據得到的情報，按照這個價格 B 公司仍可獲得可觀的利潤，因此這個價格似乎還是高了些。因此該公司在與 B 公司談判的同時，也保持著與 A 公司的連繫，這顯然對 B 公司造成了一些壓力。

這時，該公司就對 B 公司採取了釜底抽薪的計策，坦率地告訴 B 公司談判代表，雖然貴公司作了很大讓步，但我們在該專案上最高價格是 500 萬美元，超過這一限度，要另向上級申請，能否批准，心裡也沒底。希望貴公司再作一次最後的報價，否則，雖然我們非常希望購買貴公司的設備，但看來也只能另擇夥伴了。對此，將感到遺憾。

B 公司談判代表雖然不太樂意，但眼看就要到手的合約有可能告吹，只得再緊急與公司本部磋商，最後終於以 497 萬美元同該公司達成購買設備協定。

當然，這一策略不是可以輕易隨便採用的。然而當談判陷入僵局，而又無計可施時，這往往是最後一個可供選擇的策略。做出這一選擇時，我們要做好最壞打算的心理準備，否則到頭來萬一談不成時，會顯得茫然失措。特別是如果盲目濫用這一做法，只會嚇退所有的合作者，最後搞得竹籃打水一場空。

如果僵局就此突破，我們就要兌現承諾，與對方簽訂協定，並在以後的執行中，充分合作，保證履約。切忌用 A 來壓 B，因為搞得不好，如果兩家公司聯合起來對付我們，我們就會非常吃虧。在整個過程中，我們應該嚴格遵守商業信用和道德，不能隨意承諾，一旦承諾就要兌現。特別要注意的是貨比三家與輪番殺價絕對不是一回事。

僵局無法突破時的對策

僵局形成後會有兩種結果的，最終解決或未能解決。儘管談判前雙方都抱有很大的期望，但不論你有多麼高明的談判技巧，或一方付出多大努力，僵局仍可能無法突破，協定仍有可能未能達成。正如跳社交舞必須由兩人跳一樣，做成一筆交易也必得雙方，或甚至多方自願才能實現。但現實中，有很大理由，可以使你的談判對手不願意同你共舞，或使你不願意同你的談判對手共舞。

這時，你該說些什麼呢？

垂頭喪氣，不言不語？惱羞成怒，惡語傷人？還是不屑一顧，挖苦對方？這些都不可取。明智的選擇是既保持你的尊嚴和原定方案，又要照顧對方的面子和情感，讓彼此都隨時敞開重新談判的大門。因為在商品、技術競爭異常激烈的今天，誰擁有客戶、擁有市場，誰就擁有一切。最佳的選擇是運用你的口才和智慧來留住這一切，這會使你的路越走越寬。

◆ 生意不成仁義在

當對方在談判中拒絕了你時，請別生氣。應該認識到這可能是對方一時無法決定。一次談判未能簽訂協定，並不意味著一切努力都純屬白費。如果你能使這次談判，在友好、愉快的氣氛中結束，那麼就為下次再與同一對手打交道，奠定了基礎，以後就會有獲得好結果的可能。

這時，你應表現出坦然自若，不惱不怒。當看到這次談判的僵局實在無法挽救時，你下一步要做的便是即使留不住人，也要留住談判者的心。生意不成仁義在。

言語中要表現出一種大度、寬容、熱情。使對方內心產生一種愧疚感，從而重敲談判之門。例如：在許多年前的出口鋼材談判中，儘管甲國我方提出了合理的報價，經過反覆磋商，仍未與乙國達成協議，眼看談判要不歡而散。我方代表並沒有責怪對方，而是用一種委婉謙虛的口氣，向乙國道歉：「你們這次來甲國，我們照顧不周，請多包涵。雖然這次談判沒有取得成功，但在這十幾天裡，我們卻建立了深厚的友誼。協議沒達成，我們不怪你們，你們的許可權畢竟有限。希望你們回去能及時把情況反映給你們總經理，重開談判的大門隨時向你們敞開。」

乙國談判代表原認為一旦談判失敗，甲國一定會給予冷落，沒想到甲國在付出巨大努力、精力未果的情況下，一如既往地給予熱情的招待，非常感動。回國後，他們經過反覆核算、多方了解行情，認為我方提出的報價是合理的。後來主動向我方投來「繡球」，在甲國乙國雙方的共同努力下，第二次談判終於取得了圓滿成功。

我方談判成功的訣竅，便是充分利用對方談判者的感激心理。在第一次談判失敗的情況下，不責怪、冷落對方，而是施以情感投資。因為他們認識到了如果這樣做，重開談判之門也便讓你關死了。

當對方拒絕達成協議的時候，我們可以這樣說：

「應該給您留一段充分考慮的時候，我們尊重您的這一權利。」

「我們充分理解到您所被授予的許可權是有限的。希望您在向上司彙報之後，能跟我們再次坐在談判桌旁。」

「占用您這麼長時間，實在不好意思。希望我們以後長期合作。」

「談判雖然沒談成，但我們會珍惜這段時間所建立的友誼。」

除此之外，你還應當從失敗的談判中，學到一些將來可能有用的經驗和教訓。是不是報價太高，對方無法接受；是不是沒有掌握好語言分寸，得罪了對方。從這次的失敗中汲取一些東西，問問自己如果換個方式、做法，是不是會獲得預期的結果。

◆ 別關了重新談判的大門

談判已經破裂，彼此都無法再做絲毫讓步，這次談判是沒希望了，但並不意味這筆生意徹底失敗了。當協定無法達成的時候，你還可以向對方拋出您的「繡球」，如「我們可以進一步磋商，下一次見面再談。」

談判未能成功，可能有很多原因。可能是時間倉促，其他方案還沒等拿到談判桌上，也可能是當時準備不足，資料不全，無法定奪。這時，你必須留意將來別關再談判的大門——即使再談不大可能。但如果你真的又和你的談判對手見了面，那筆生意仍有可能做成。

對方受你的話啟發，先來找你那當然好，因為這不但告訴你對方對達成協議很感興趣，在策略上你也算是占了上風。從理論上講，由於他們主動連繫，這至少說明他們比你更想做成這筆交易。這樣，重開談判的時間和地點，就多半由你來定。例如：當你接到對方要求再談談的電話時，你就可以這樣說：「當然可以再談談，那麼星期三下午5點到我們這裡，怎麼樣？」因為對方打電話是試探你的態度，並不確定你也急於重開談判，所以，也不可能開始便說出重談的時間、地點，所以，你便可以趁機抓住對方的迫切心理，以爭取主動。

另一種情況，當你說了「我們可以進一步磋商，下一次見面再談」這句話，可是你等了一兩個星期之後，卻仍聽不見對方有什麼動靜，這時，由你打個電話給對方，也未嘗不可。很可能對方會告訴你，他們不想再談了。但這至少使你能夠確知，這筆交易徹底告吹，然後可以集中精力另覓他途。

還有一種可能，對方想聽聽這回你說什麼。所以，到了必須那樣做的時候，也大可不必羞羞答答，應直截了當地告訴他。話可以說得具有誘惑性，使對方不能不想試一試。假如談判重開，會給你帶來很大的好處，可以對你方最後報價做大的修改。告訴他：「我們對最後報價的修改和主動跟你連繫，都說明了我們有達成協議的意向。希望我們都能做出點犧牲。」

這一行為很有希望成為推動交易達成的重要因素，但是，如果對方拒絕從原來的立場退讓，你應該想法使他們向後挪挪。你可以這樣說：

「談判之所以能重新開始，是因為我有這麼一個印象，即我們雙方都向後退讓，老實說，我們已經修改了我們的報價。因此，如果您確有誠意做成這筆交易的話，您也應該給個回盤了。」

這將迫使對方讓步。當然，這得由對方自願，願意從談判破裂的地方後移。從心理學角度分析，對方既然願意再次談判，一般也都做了適當的準備。即使是個強硬派，「堅持原來立場不變，除非依了我們的條件，否則協議將無法達成。」也不能說明重開談判是失敗的。它至少讓你徹底放棄努力，可以放下包袱，尋求其他的談判夥伴了。

例如：上次你們在交易告吹時，並未討論過其他方案，那麼重開談判肯定是個好消息。當然，如果你在重開談判時發現對方立場絲毫沒有改變，也只能是一場空歡喜。如何去改變對方的立場呢？

- **有耐心**：重開談判，由於有了前次談判的經驗和教訓，更不應該急躁冒進。說服必須耐心細心，不厭其煩地動之以情、曉之以理。講清利弊。由於談判曾談破裂過一次，對方基於面子或其他原因，一時還下不了臺。這時你不要太心急，要給對方時間，直到瓜熟蒂落。你可以說：「你可以回去考慮考慮，一個星期內再給我答覆。」
- **借助動機**：談判取得成功的一個重要方面在於掌握時機。時機會給談判者的說服工作增添力量。這包含兩方面的含義：其一，己方要掌握對說服工作有利的時機，打鐵趁熱、重點突破；其二，是向對方說明，這正是接受意見的最佳時機。比如你可以跟對方說：「很多人往往由於未能很好地聽取別人的意見，掌握住時機，而永遠失去了成功的機會。現在我們主動提出再次談判，而且重新調整了我們的最低報價，是因為我們想與貴方建立良好合作關係。機不可失，時不再來呀！」聽到這些，對方不會無動於衷的。
- **給對方開一張「保票」**：人都有趨吉避凶的心理。在談判中，談判者最關心的問題是如果接受對方的條件，能否為己方帶來利益？究竟能帶來多大利益？前次談判之所以破裂，就是對方認為接受你的條件對自己不划算。如果你這次談判不能為對方解開這個心中的疑團，那麼，這次談判注定也是要失敗的。談判不是宗教信仰，只講奉獻，不講索取。因此，要使對方改變立場，必須給對方開出一張光明的「保票」，使對方對改變其立場，一定會獲利的光明前景深信不疑。例如：你可以說：「按這個條件達成協議，你會成為協議的最大獲利者。」

- **由淺入深，從易到難**：要讓對方改變立場，是一種很難做的溝通，因此要遵循循序漸進的方針。如果前次談判曾經失敗過，說明雙方存在著重大分歧。開始時，要避重就輕，從容易讓步的環節打開缺口，逐步擴展，對一時難以解決的問題可以暫時拋開，等待適當時機。
- **變換說服的角度**：談判中的說服工作要有耐心，不等於要談判者反反覆覆嘮叨已經陳舊不堪、令人厭煩的話題，這只能增加對方的排斥感，而不會獲得什麼良好的效果。當說服的角度不對時，談判者要及時更換新的角度，尋找新的方法，再把說服工作進行下去。
- 在重開談判中說服對方改變立場，肯定會難於初次談判。初次談判之所以失敗，就是因為雙方都感覺沒有讓步的餘地了。所以，在重開談判中，應基於談判的需求原理，透過聽、問、敘、答、辯等要領，以及技巧綜合運用、統籌兼顧，促使對方改變立場。比如：當別人意圖陳述自己的觀點時，我方就不能不顧「聽」的要領而急於反駁，這只能使人產生排斥感，不可能達到使人改變立場的目的。在重開談判中，很重要的一點就是要說出新意來，抓住對方的心。美國總統林肯（Abraham Lincoln）說過「這是一句古老而顛撲不破的處世真理，『一滴蜂蜜比一加侖的膽汁能招引更多蜜蜂。』人也是如此，如果你想贏得別人的心，首先要讓他相信你是真正的朋友，那樣，就像用一滴香甜的蜂蜜吸引住他的心。」
- **引入競爭機制**：你可以另外再找一個對方的競爭對手，讓這兩個談判同時分別進行。最好辦法是加快同第二個談判對手的談判，使他們盡快提出最後報價，與此同時，你盡可能地拖延與第一個對手的談判，適當時候，再以第二談判對手要脅第一對手，即將對方引入競爭機制。

例如：某玻璃廠在引進一條玻璃生產流水線談判中，乙方提出的報價偏高，報價高出我方所掌握的200多萬美元，而且口氣強硬，自恃技術先進，拒不讓步，談判不得不終止。

我方主談人富有談判經驗。她深知要想讓乙方讓步，關鍵的是粉碎乙方捨此莫屬的信念。她一方面穩住乙方談判代表，一方面派人去丙方考察。發現儘管丙方產品不如乙方，而且價格也不低，儘管如此，我方還是向丙方公司發出了談判邀請，並故意將丙方談判代表安排在乙方所住的飯店。結果乙方談判代表忍受不了，立即向乙方公司通報了我方正在選擇新的交易夥伴的情況。乙方人是很有商業頭腦的，他們無論如何不能讓到嘴的肥肉溜走。乙方公司當機立斷，增派談判代表過來，要求進行第二次談判。這樣，乙方試圖以「捨此莫屬」的優勢，來壟斷價格的念頭破滅了。我方由被動談判扭轉為主動，乙方卻轉為求助我方選擇乙方產品的不利境地。乙方在談判桌上放棄了以前那種盛氣凌人的架子，大講雙方友好、合作，並聲稱願意「給予優惠」。這時，我方主談人才在談判桌上說：「我為您（乙方主談人）的友好講話感到高興，我們已經注意到貴公司在生產線價格問題上的鬆動和轉變。您說我們是真誠合作的朋友，我也贊同。是朋友就要遵循平等互利的原則，不能一方占大便宜，另一方吃大虧，這不是朋友所為，我想您不會對我的話有異議吧！」乙方主談人連聲說：「說得好！說得好！」我方主談人接著說：「關於玻璃生產線，我們專程考察了丙方的同類產品。他們產品品質、性能都很好，但報價卻比貴公司低得多。我們已與丙方代表有過接觸，不過，如果貴公司的價格合適，我們也會首先考慮友好鄰邦的。」此番分寸得當的話，作為此輪談判的結束語，使乙方回味無窮。這話至少給乙方傳遞了兩層意思、一個結論：其一，與丙方有過談判，其產品物美價廉，富有吸引力；其二，可優先考慮與乙方成交；結論是價格必須「合適」，真可謂進退有度，左右逢源。

接著，我方主談人又來到與丙方人的談判桌前，說：「諸位先生想必已經聽說了，在你們來之後，又來一個乙方推銷該產品的代表團。他們的品質技術不僅高於貴公司，而且報價低於貴公司 30%。我想貴公司應考慮這個現實問題。」丙方一聽，乙方已經來了，馬上意識到自己的處境。他們滿懷信心遠道而來，怎能輕易讓乙方人搶走生意？於是立即答覆「願考慮一個適中的價格」。用乙方壓丙方，再用丙方壓乙方，價格一低再低。我方轉移了焦點，從中漁利，這樣迫使乙丙兩方競相角逐，相互殺價。這正是我方引入競爭機制之妙道。經過幾番較量，終於和乙方以較低的價格達成了協定。

第二次談判中，我方之所以能取得成功，關鍵是吸取第一次談判失敗的教訓，抓住關鍵，對症下藥，引入競爭機制，促使對方不得不讓步。整個談判中，我方主談人綿裡藏針、不卑不亢的語言藝術在也達到了至關重要的作用。

第六章　把「死馬」醫「活」的狠招

第七章　價格談判的絕招

從某種意義上講，商務談判實際上是一種討價還價的藝術。甚至還可以認為，所有的談判不外乎都是「你報價，我討價」的過程。價格談好了，談判也就成功了；價格沒談好，談判也就破裂了。

報價的技巧

報價是價格談判的第一環節，也就雙方討價還價的基點。如何報出一個對己方有利的價格，其中有許多學問值得談判人員認真摸索與領會。

◆ 準確定價

報價的基礎是商品的定價。商品的價格是極複雜的一個經濟問題。價格是由商品成本、供求關係、平均利潤率等各種因素決定的。市場上的價格，尤其是國際市場上的商品價格，主要受供求規律的影響，而供求關係的變化，又是由多方面的因素所決定的。因此，必須透過周密細緻的市場調查，詳細掌握市場訊息，摸清影響供求關係的各種因素，才能較為準確地為商品定價和要價。

影響供求關係的因素有很多，主要是政治的、經濟的、社會的、心理的等等。

從政治方面來看，國際市場上，影響供求關係的首要因素是政治和軍事的因素。一個國家內部的政權更迭、政治大選，都會對某種商品的需求產生影響。一些國家出於政治上的需要，往往會採取禁運、停運、斷絕貿易往來等經濟措施，進行制裁，中斷原有的經濟貿易往來，從而嚴重影響正常的供求關係。各國政府的方針、政策、法令法規，關稅或非關稅壁壘等，也在不同程度上影響正常的供求關係。戰爭因素對供求關係的影響也很大。交戰雙方中斷經濟貿易往來、停止運輸等都會隨之發生，商品輸出、輸入嚴重受阻。當然也有人趁機大發戰爭橫財，囤積商品，形成虛假需求。

從經濟方面看，商品品質的高低，花色品種的多少，使用價值的大小，都會直接影響供求關係。賣方會千方百計使買方確信其產品具有較大的使用價值。另外一些國家經濟發生變化情況，如處在經濟危機或停滯性通貨膨脹階段時，對消費品或原料、工業產品需求的影響也都很大。

從社會方面看，影響價格高低的因素更是複雜。例如：有些商品的消費收費較高；還有些商品的價格要依據習慣或時尚而定，如現在歐洲人在消費方面美國化了，對穿著不再像過去那樣講究；德國人對購買體育用品、電氣玩具，特別是對先進技術的玩具等，極捨得花錢，但對華麗的時裝、窗簾等則很注意節約；有些商品帶有較高的風險價格，如商業通訊衛星、股票；而有些商品的價格要根據消費者的支付能力、消費水準而定。如一些中下層的消費者更注重商品的實惠和價格，對一些小日用品，特別是一次性使用的消費品，並不太注重品質，只要漂亮，價格合適就行。有些商品採取限量銷售，從而影響價格。如在傳統商品市場上，一方處於絕對主宰地位，常常採取有意限量出售的方法。但若供應太少，即「餓死」消費者，又會迫使消費者另尋其他代用品或其他供應者。只要銷售量控制得當，可保住適度的價格。

從氣候因素和自然保護等方面看，氣候因素是影響商品價格的經常性因素，尤其是對農產品的供應，和以農產品為原料的製成品的供應，有著直接的影響。在自然保護方面，由於人為的濫捕亂殺，過量的砍伐，已經致使一些動植物大量減少或面臨絕種，從而使有些商品的貨源枯竭，價格扶搖直上。

從心理因素看，在發達的市場經濟條件下，某些人的消費心理發生畸形變態，一些商品的價格越高，銷路反而越大。這種反常的消費現象，在西方經濟學裡稱為凡勃倫效應（Veblen effect）。凱因斯主義者（Keynesian）認為，人們都具有對貨幣（或財富）的靈活偏好心理，如果人們對貨幣的靈活偏好心理過強，而貨幣的供應量不足，就會造成利息、物價上漲；相反，則會造成利息、物價下降。在市場上，買賣雙方的靈活偏好心理不平衡，就會造成商品價格的波動。這種不平衡，表現在各個方面，例如：對一種商品，甲買主可能覺得對他十分適用，由於具有對貨幣有較弱的偏好心理，甲會感到這種商品價格便宜。而乙買主可能會覺得對他不十分適用，又因為對貨幣具有較強的靈活偏好心理，就會感到這種商品價格昂貴。對於前者，賣主可以要價高些，對於後者，賣主可以要價低些。

對於賣主來說，要認真分析商品成本、平均利潤率以及影響供求關係諸因素的變動情況，對自己的商品要有一個正確的估量，為談判中的商品要價做好準備。

報價，是指擬訂好商品的價格和價格上、下可調幅度，進而運用價格的技巧，成功地促使生意成交。要具體考慮以怎樣的商品價格才能使談判者獲得主動，並能實現自己的經濟利益。

在商務談判中，任何一方的要價都不是信口開河，而是經過仔細地分析、梳理而精心制定的。對要價依據的整理工作做得越是全面、準確、詳細、及時，制定出的要價幅度就會越合理、科學，減少盲目性，不給對方造成可乘之機。所以必須做到：

第一，要全面、詳細地掌握資訊。要價的內涵就是準確掌握商品價格和制定要價策略。要滿足這兩方面的要求，必須全面、詳細地掌握商品的資訊。要進行反覆核實、驗證、確定我方訂立商品價格所依據的資訊資料的可靠性，所定價格數額及備調幅度的合理性。如我方產品品質的優劣，品種規格的種類，各類產品的成本、利潤、市場行情、地區或季節的差價、供求因素等；對方的需求數額、經營狀況與能力，對產品品質、價格、規格的要求，政治與經濟背景等等。沒有對商品資訊的全面掌握，沒有來自各方力量的全力配合，談判人員就很難全面掌握要價依據。如果虛假要價依據，要價過高或可調幅度不符合實際，在隨後的洽談中，對方一旦提出異議，而自己又講不出道理，就會使自己喪失信譽，進而影響談判的順利進行，嚴重的將導致談判的失敗。因此，商務談判人員，都應有自己的經濟情報網路系統。

第二，要不斷地向談判人員提供最新、最準確的要價依據。商務談判人員除了要全面並詳細掌握資訊資料之外，還必須做到準確、及時。「準確」，就是資訊的內容要真實。「及時」，就是要求各種資訊資料來得快。尤其是當對談判雙方都極為重要的資訊資料發生變化時，哪一方的情報來得快，哪一方就能置晚獲資訊的對方於不利地位。因此，必須把資訊管理納入日常工作，及時整理所獲資訊，由專門的工作人員不間斷地整理，並及時向談判人員通報。這樣才能使談判人員掌握好價格變動的幅度。

喊價要狠

有句名言：「如果你的目標定得高，你的成就也就會更大。」有兩位教授曾做了一個很有趣的實驗。他們在作為買方和賣方的兩組學生中間設了一道屏障，使雙方無法對視，交易就在桌子底下用字條進行。實驗者對兩組的指示是一樣的，只有一點不同，其中一組所接到的是「以7.5元成交」的指示，而另一組所接到的是「以2.5元成交」的指示。實驗的結果是，被指示以7.5元成交的那組以接近7.5元的價格成交，而被指示以2.5元價格成交的那組以接近2.5元的價格成交。這個結果表明，期望較高的人總是能得到較好的結果，期望較低的人則往往願意以較低的價格成交。

賣主喊價較高或買主出價較低的時候，都會造成對自己較為有利的結果。一個良好的談判者必須知道三個訣竅：

1. 倘若買主出價較低，則往往能以較低的價格成交。
2. 倘若賣主喊價較高，則往往能以較高的價格成交。
3. 喊價高得出人意料的賣主，倘若能夠堅持到底，則在談判不致破裂的情況下，往往會有很好的收穫。

本來買主在交易前和合夥人已商量好，準備花100塊錢買一座鐘，可是當他們聽到賣主喊價1,000元時，他們便會感到原先擬定的價錢實在是太愚蠢了，便會將出價調整為 200 元或者 250 元，再和賣主討價還價。

運用這種策略時，喊價要狠，讓步要慢。借著這種方法，談判者一開始便可削弱對方的信心，同時還能趁機試探對方的實力，並確定對方的立場。

商務談判不是街頭的小商小販買青菜，青菜價格高了會嚇跑顧客。商務談判中的價格是由許多因素構成的，一般難以找到具有明顯的可比性的同類產品或服務。

因此，假如你是買主，出價要低；假如你是賣主，喊價要高。不過，請千萬注意，出價或喊價務必合理，不要過於輕率，而破壞了整個交易。若能在談判時善用這個策略，爭取到再商量的機會時，你將會有意想不到的收穫。

◆ 賣個「便宜」給買方

賣方喊價後，緊接著要說明為什麼要這種價格，並努力使買方覺得價格便宜。

1. 賣方對客戶，要有針對性地強調產品品質、性能等方面的使用價值，並且還要強調產品將給買方帶來的好處和經濟上的效益

   在介紹產品性能時，要針對不同的買方分別強調產品不同方面的性能，切忌不看對象，濫用大量專業性技術詞彙進行面面俱到的介紹。介紹品質時，要針對買主的具體情況和要求，盡量強調那些買方感興趣的品質特點。例如：農夫在購買曳引機時，他最關心的是曳引機的品質與耗油量，賣方介紹時可著重於這兩個方面。總之，賣方如能使買方相信該商品能給他帶來好處，使其認識到你的產品正是他所需要的，從而產生強烈的購買欲望，這時，價格的高低就會退居到次要地位。

2. 針對不同的客戶，不同的購買批量，不同的購買時間，不同付款方式，要採取不同的價格

賣方可以分別從不同的角度，把客戶細分為大客戶、老客戶、普通客戶、不理想客戶和潛在客戶。對老客戶、大客戶，價格可適當打折，以溝通感情、加強連繫。為了挖掘潛在客戶，則可以給予適當優惠。對於大批量購買，以及賣方商品庫存積壓時，都應優惠出售或給以傭金、折扣等。

3. 靈活處理買方的支付方式：賣方如能靈活地處理買方的支付方式，就可在一定程度上改變買方對價格的看法，從而促進生意的成交。例如：分期付款，貨到付款，非現金付款，在資金充裕時再付款等，這些都會激起買方的購買欲望。
4. 提供各種附加服務：賣方在喊價的同時，就說明各種事先和事後的服務。例如：零配件服務，送貨上門，一定期限內的保修等。買方如滿意稱心，多付錢也會高興。
5. 適當說明高價的原因：賣方喊出的價格若高於市場價格時，一定要說明原因。一般來說高價的原因大體上有：原材料價格高；技術水準高；需要高品質、高水準的勞動力；使用期限長，耐用性強；其他品質指標高等。
6. 價格比較：賣方如能進行成功的價格比較，則具有較強的說服力，能使買方覺得便宜。價格比較的方法有，和同類產品及技術更新前的同類產品的價格比；使用期限和品質功能的比較；該產品所能帶來的經濟效益等；非同類產品相比，比品質功能，比使用年限等；和同類企業比提供的各種附加服務等；和價格上漲後的同類產品比；和已經賣出的產品比等等。
7. 價格分割：價格分割，實際上是一種心理策略。賣方喊價時，採用這種技巧，可以造成買方心理上的價格便宜感。

價格分割，有下面兩種形式：

A. 用較小的單位報價。例如：茶葉每斤100元，就報成每兩5元。大米每噸 5,000 元報成每斤 5 元等等。

B. 用較小單位商品的價格進行比較。例如：「每天少抽一根菸，每日就可訂一份報紙。」

8. 採用心理價格：人們在心理上，一般認為 99 元比 100 元要小得多。像這種十進位以下的，在心理上被人們認為較小的價格，叫做心理價格。許多店家都普遍採用心理價格。

◆ 提防對方假報價

假報價是一種不道德的購買策略。買主利用出高價的手段消除了同行的競爭，取得購買的權利。可是一旦賣主要賣給他時，他便開始削價了。討價還價自此才正式開始！舉例而言，有一個人想以 150 萬元的價格賣掉一艘船。於是他在報紙上登了分類廣告，然後有幾個有興趣的買主來看貨，其中一位願意出價 145 萬元，並且預先付了 10 萬元定金，賣主也接受了。他不再考慮其他的買主，只等對方開出支票，交易正式完成。可是一連等了幾天，卻絲毫不見動靜。然後，電話鈴響了，對方很遺憾地說明，由於合夥人不同意，實在無法繼續完成交易。同時，他還會提到他已經調查並比較過一般的船價，這艘船的實際價格只有 100 萬元，何況……賣主當然會非常地生氣，因為他已經拒絕了其他的買主。可是接著他會開始懷疑，也許市面上的價格正如對方所說的，同時他又不願意一切從頭開始 —— 再去登廣告，再和買主接洽以及再做那些瑣碎的事情。結果最後一定會以少於 145 萬元的價格成交。

假出價的目的在於消除競價，排除其他對手，使自己成為賣主的唯一交易對象。它的功效是使一切都出乎賣主的意料，並且使賣主在貨物脫手以後還會以一聲解脫似的嘆息表示感謝，他的東西終於能以這麼好的價錢賣出去。

要如何防備買方施詐呢？首先，我們須認識這一點 —— 有的人是故意假報價的。以下的方法可以幫助你減低對方的聲勢：

1. 要求對方預付大筆的定金，使他不敢輕易反悔。
2. 你自己先提出截止的日期，逾期不候。
3. 查查買主過去的訴訟記錄，假如他曾與這類的訴訟牽涉，你就要提高警覺了。
4. 對於條件過於優厚的交易，要保持懷疑的態度。
5. 在交易正式完成之前，不要丟掉其他買主的名字和住址。
6. 只要辦得到，請第三者在已答的合約上簽名擔保。

這些措施的確能有效地阻止假報價的詭計。假出價的買主根本沒打算要付出那個價格，假如他的詭計被人識破了，就會馬上託辭不談了。

議價的手段

議價，也就是討價還價。談判人員要想在你來我往的議價談判中穩占上風，除了要具備一定的談判資本外，還需要具備相當的談判能力。

買方的談判資本

面對一個沒有競爭者的賣方，買方好像面對一個敞開的帳篷，讓人一覽無遺。形勢顯然對他有利，不過他的議價地位還是有某些限制的。賣方們的競爭只不過是各種競爭形態中的一種而已。沒有競爭者的賣方，仍然會被其他競爭形態所限制。個買方可以創造競爭，例如：他可以向賣方指出長期合作關係要比暫時的利益更加重要。賣方也可能和自己競爭，例如：急於賣出去年的大批存貨，急需現金周轉以挽留員工等待生意好轉，或是趕上截止日期以前繳稅。

因此，假如買方善於利用時機，則可以發揮下列幾種有力的競爭力量來對付賣方：

1. 承諾的力量：承諾，忠實和友誼乃是力量的堡壘。人們的承諾都含有隱藏的力量。所以凡是對於自己和自己的觀點有充分信心的人，就會有自己堅定些的立場。
2. 法律的力量：沒有其他的力量能像法律一般來說服人。人們已經習慣於接受權威，例如：規定的程序、法律、標準格式和統一定價等；甚至當它們必須改變時，我們也不會懷疑它們的適用性。
3. 知識的力量：培根說過「知識就是力量」。買方若對賣方的成本、公司組織、商業立場和產品了解得越多，就越能在談判中占上風，也就是說，假如他越了解對方，情勢對他就越有利。
4. 冒險和勇氣的力量：人們多半都以「安全」為重，只要做得到，我們就會盡量避免去冒險;所以一個敢冒險，敢面對重酬或重大損失的談判者，就會越有力量。
5. 時間和努力的力量:時間和耐心就是力量。倘若其中一方被時間限制住，另一方的力量也就相對地增強。這也是為什麼購買方管會常常強調預先訂貨和不時檢查存貨是否用罄等制度，免得到時急於進貨，而被賣方趁機抬價。

◆ 賣方的談判資本

賣方常會因所面臨的競爭而困擾。在每個買方的桌子前面，似乎到處都是競爭者；因此賣方常常會忘掉買方所能運用的力量也受了限制。例如：

1. 買方因個人的偏見，而會反對某些賣方。
2. 有的賣方實是離得太遠了。

3. 有的賣方曾給買方增添了許多的麻煩，買方對他們不再有信心了。
4. 買方的個人能力和力量有所限制。
5. 買方的生產或工程人員有所偏好。
6. 已經設計好的規格，排除了某些競爭的賣方。
7. 有的賣方曾經有過不良的記錄。
8. 某些標價單需要花費買方許多錢才能取得。
9. 有的賣方的標價單無法及時送到。
10. 有的賣方可以提供一系列的服務，可是有的賣方卻不行。
11. 有的賣方可以答應九十天的賒帳，可是其他的賣方卻不能。
12. 有的買方習慣和某個賣方做生意，而且不願意改變。
13. 有的買方不曉得尚有其他的賣方。
14. 有的談判需要花費太多的時間，而買方尚有很多事情待做。

總之，買方的限制就是賣方的力量。

◆ 吹毛求疵

很久以前，俄國的某個鄉村裡，住著一位聰明的人。有一天，一個憂心忡忡的女人來向他訴苦。因為她的公婆要來和他們同住，而她和丈夫以及兩個小孩所住的小屋裡卻沒有多餘的空間，但又不能讓他們露天而宿，所以只好請他們勉強住進那本已十分擁擠的小屋。可是沒多過多久，她就感到非常地難過和局促不安。她哭著問這個聰明人：「我該怎麼辦呢？」

聰明人摸著鬍子，沉思了一會，然後問她：「你有沒有一頭母牛呢？」她回答說：「有的，但這和我的困境有什麼關係呢？」他接著說：「把這頭母牛牽到你的小屋裡住一個星期，然後，再來找我。」她半信半疑地聽從了他的吩咐，因為他一向是以聰明聞名的。

一個星期後，這個婦人又來見這個聰明人。「事情越來越糟了，」她哭著說：「我的處境比以前更悲慘了。每當這頭母牛稍微轉動一下，屋裡的六個人就得跟著移動位置，更不用說想睡覺了。」

這個聰明人摸著鬍子，又沉思了一會，向她說：「你有沒有沒養雞呢？」她回答說：「有的，但這和我的困境又有什麼關係呢？」，聰明人接著說：「把你養的雞也帶到你的小屋裡住一個星期，然後再來找我。」這個婦人比上回更遲疑了，不過她還是聽從了這個聰明人的吩咐。

一個星期後，她歇斯底里地回來說：「你的建議越來越糟糕，我的小屋根本就住不下去了！雞飛牛跳的，兩個老人咳嗽個不停，兩個小的在湯裡發現了雞毛，我和老公也打起架來，這一切都是你搞出來的！」

這個聰明人仍舊摸著鬍子，想了一會，說：「你回家後，把那頭母牛牽出屋外，一個星期後再來找我。」她心裡想：這個人實在是有點傻。但是，還是決定聽從他的吩咐。

一個星期後，她又回來找他，這個聰明人問她說：「你這回覺得怎麼樣呢？」她回答說：「說起來實在奇怪，自從把牛牽出屋後，我覺得稍微好過點了。」

這個聰明人又摸著鬍子想了一會兒，說：「關於你的困境，我想到一個解決的辦法了，把你養的雞也趕出屋外。」

這個婦人趕出這些雞後，就和她的丈夫、兩個小孩以及她的公婆非常安樂地生活在一起了。

買方通常會利用這種吹毛求疵的戰術來和賣方討價還價。買方先是再三挑剔，接著提出一大堆問題和要求。這些問題有的是真實的，有的卻只是虛張聲勢。他們之所以要這樣做，乃是想要達到下面四個目的：

1. 使賣方把賣價的標準降低。
2. 買方能有討價還價的餘地。
3. 讓對方知道，買方是很精明的，不會輕易地被人欺矇。
4. 使銷售員在以低價賣出貨物時，仍有藉口向上級交代。當他們向老闆報告時，他可以說，買方在「趕走母牛和雞」之後，已經非常滿意了！也就是說，買方已不再挑剔我們貨物的許多缺點了，現在我們大家可以鬆口氣了！不然事情可能會比現在還要糟糕，即使以這個價格，貨還不見得賣得出去呢？

這種吹毛求疵戰術在商場中已被證明是行得通的。我和許多人曾做過許多次的試驗，證明雙方在交易開始時，倘若要求得越高，則談判的結果越好。工會的談判者也同樣地由實際經驗裡學到了倘若要求得越多，則所得到的也就越多。因此他們總是一而再地運用這種戰術。

但是，若從相反的立場來說，則身為賣方或者資方代表的人，又該如何對抗這種吹毛求疵戰術呢？

必須很有耐心。那些虛張聲勢的問題及要求自然會漸漸地露出馬腳來，並且失去了影響力。

遇到了實際的問題，要能直攻腹地、開門見山地和買方私下商談。對於某些問題和要求，要能避重就輕或視若不見地一筆帶過。

當對方在浪費時間、節外生枝，或作無謂的挑剔或無理的要求時，必須及時提出抗議。

向買方建議一個具體且徹底的解決方法，而不去討論那些沒有關係的問題。

不過，千萬不要輕易讓步，以免對方不勞而獲。對方的某些要求很可能只是虛張聲勢而已，因此賣方應該盡量地削弱買方的聲勢，不要讓他輕易得逞。同時，賣方也可以提出某些虛張聲勢的問題來加強自己的議價力量。

吹毛求疵戰術能使你在交易時充分地爭取到討價還價的餘地；如果你能夠善於運用它，則它必然會給你帶來無窮的好處。

◆ 抬價策略的運用及破解

買賣雙方初步商定價格後，賣方在買方未付清貨款及運走全部商品之前反悔，目的是想進一步抬高價格，這就是所謂的「抬價」。買方遇到這種情況，雖然非常不滿，但往往也只好重新和賣方討價還價，最後只得以較高的價格成交。

賣方若想使用抬價策略，往往要尋找抬價的藉口。例如：藉口議價過程有錯誤；藉口產品價格誤報；藉口對成本重新核算後，發現原定價的成本核算有誤；藉口其他買方要出高價；藉口天災人禍；藉口物價上漲等等。

抬價戰術要以「抬」得合理，買方能接受為原則，或者用於遇到買方的進一步要求為前提。例如：談判房屋買賣，賣方賣出房屋後，根據協定將出1,000 元作房屋的修理費用。但在簽合約的那一天，買方又進一步要求賣方把房屋裡的電冰箱給自己使用一段時間。這時賣方便可推翻前議，表示不願意出 1,000 元修理費，從而迫使買方重新談判修理費用問題。當買方費盡口舌，使賣方維持原議的時候，心理上已十分滿足，關於電冰箱的問題當然無法開口再提。

在對外貿易談判中，外商往往會採用抬價策略，我們必須對這種策略有所認識，並找出相對的破解方法。

假如賣方在合約簽訂之前採用抬價策略，買方可用下列方法要求對方作某種保證：

- 在合約簽訂前不放棄與其他賣方的談判，並使賣方知道這一消息；

· 反用「抬價」策略，也推翻自己已做出的承諾；
· 當對方推翻原協定時，不要輕易做出讓步，可採用拖延戰術或召集有關會議商談對策；
· 堅持不讓步或考慮退出交易。假如賣方在簽訂合約後推翻協定，採取抬價策略，買方可採取如下策略破解：
· 盡量使對方較多的人，較多的部門，在合約上簽字，使賣方的某一個人，某一個部門難以輕易違約；
· 訴諸經濟法庭；
· 拒不讓步，退出交易。

如果買方急需要達到交易，不能或不願採用上述強硬措施，可考慮直接指出對方的詭計。當然也可以在不超過己方購買價最高限的條件下，作適當讓步。

◆「再多就沒有了！」——買方

這個策略非常有效，實行起來既簡單，又符合道德標準。一個有技巧的買方倘若利用這個策略，往往能使得買賣雙方皆大歡喜；同樣地，一個有技巧的賣方也能夠利用這個策略來爭取增加利潤的好機會。

舉例來說：某人想要略微修飾一下他的院子，同時也想在院子的四周圍上籬笆。但是由於設計的關係，這個工作竟然變得相當地複雜。有一個商人願意以 15,000 元承包，這個價錢既不是最高的，也不是最低的，可是屋主卻只想花 1,200 元，而不是 15,000 元。

因此房主就對這個承包商說：「我很同意你的建議，但是我所有的預算加起來不過 1,200 元，再多就沒有了！」接著他便試著使這個承包商相信，1,2000 元是一個合理的價格。就一般情形來說，承包商根據這個價格將會改變對籬笆、燈光、磚塊、植物、水道等的預算，以便配合，一旦如此，買方便能處在一個有利的地位了。

這個策略應該在購買較複雜的產品，或者在爭取較佳的服務時才予使用。當市政府的市政工程預算只有 500 萬元，而承包商所出的標價卻為 750 萬元時，這個策略便往往能夠派上用場。此外，學校或者一些略具規模的機關行號也常用到這個策略；例如：學校必須以有限的公款來建造學生大樓，或者公司必須按照會計部門的預算來進貨的時候，唯有運用這個策略才能使賣方讓步，並使自己處於有利的地位。

為什麼這個策略會有效呢？因為，每當買方說：「我非常喜歡你的產品；問題是我只有這麼多錢」的時候，賣方就被捲入買方本身的問題。而且在這個時候，他和買方之間也就只剩下這麼一點小問題需要解決了。

所謂的「協議」就是雙方因了解同情而由互相對立的局面改變為同心協力的一體。賣方知道買方都是有購買預算的，當他看到買方被這種預算纏繞著，多會不由自主地予以同情，甚至會用另一種新的眼光來看買方的真正需要，漸漸地便會發現到原來的價格還是有調整的餘地；至於買方，雖然在預算的限制下，還是會稍作調整以求達成協議的。雙方互相合作來達成一個共同的目標 —— 預算。

購買小組應是最善於使用這個策略的人了。由於上司總是要求他們以估計成本的 50% ～ 80% 的價格，購進某些繁雜的貨物，使得工程、生產各部門的購買小組，不得不聚集起來討論這個看來似乎行不通的策略。

但是，令人驚異的是購買小組卻往往都能如期地達成任務。一般而言，要使不同部門的許多人在一起工作是很困難的。但是購買小組卻不然，他們的士氣總是十分高昂 —— 他們所要做的乃是使一個一個的賣方捲入他們的問題，然後只要答應稍微改變一下規格，降低一點品質，再消除一些無謂的爭執，便能取得賣方的合作，而終於得以低價買入還不錯的產品。

這個策略之所以如此有效，是因為牽涉到了賣方的「自我」。人類天生就喜歡幫助別人達成願望。而這個策略卻恰好給了賣方一個最佳的表現機會，使他既能表現得十分精明內行，又能充分地發揮那份犧牲奉獻的精神。

當買方使用上述策略的時候，賣方能夠對抗嗎？能夠反過來使得整個情況對他有利嗎？答案是肯定的。以下就是賣方所必須注意的：

1. 要大膽地試驗對方的策略；大部分的買方雖然採用了這個策略，但他的實際價格還是有彈性的。
2. 必須在和他商議之前，預先準備好另一份不同的底價。
3. 假如買方在你沒有事先準備的情形下，突然地使用了這個策略，你可以要求他給你足夠的時間，好好研究一下。
4. 找出真正的決策人，看他是否曾經作過買方所說的預算。也許你會發現他所做的決定和你的建議剛好一樣，因而你的計畫根本不需要修改。
5. 建議改變付款的方式。如果買方錢不夠，也許可以分期付款。
6. 找出付錢的人。
7. 讓買方修正他自己的計畫，以適應他自己的策略。以其人之道，還治其人之身。

只要賣方事先有了應付這種策略的準備，則這種策略不僅無效，甚至還會成為對賣方有利的機會。借著這個機會，賣方仍然可以供給買方所需要的產品，以獲取更多的利潤。在與對方談判之前，賣方應先反問自己：「假如買方使用了這個策略，我要如何應付呢？」如果他處理得當，非但可以作成一筆很好的交易，而且還很可能使對方覺得價格非常滿意。

◆「再多就沒有了！」——賣方

買方使用這個策略的時候，總是對賣方說：「我喜歡你所出售的東西，但是我一共只有這麼多錢，請你幫我想個法子。」而賣方在使用這個策略的時候，則應該對買方說：「我很願意和你交易；但是，除非你能和我共同解決一些簡單的問題，否則這筆生意就做不成了。」

舉例來說，賣方可以採取下列的戰術：

1. 我們的最低價是 1,000 元。
2. 雖然你想要買的是一級品，可是以你所出的這個價錢，你必須改買二級品。
3. 這個機器賣出後，可以保固兩年並且免費為修。
4. 假如你想要以這個價格購買，則交貨期必須為 3 個月。
5. 我們可以接受你的要求，可是你得給我未經打折扣的發票。
6. 假如你能夠訂購與我們樣品的同規格的貨物，在價錢上還可以再商量。
7. 我們可以接受這個訂單，但是你必須修改你的設計，使之適應我們的生產線。
8. 如果你先付給我們 10 萬元的訂金，我們就可以接受這個訂單。

因此，不論是買方或者賣方都可以有效地使用這個策略。而賣方尤其可以運用這個策略來加速交易的完成、增加訂單、提供更好的產品，或者迫使買方把價格提高到「真正」的預算點了。

讓步的藝術

我們前面說過，價格談判需做到：喊價要狠，讓步要慢。那麼，在實際操作中如何實施與貫徹「讓步要慢」的策略思想呢？

◆ 合適的讓步

經過一番討價還價，雙方的實力已經達到了不分上下時，這時就要考慮讓步問題了。不論是只需要一分鐘就可完成的交易，還是延續很長時間的鬥爭，為了促成交易，這種發展過程是相同的。在談判剛開始，雙方互相比量對方，共同建立了彼此的實力關係。在開局時無論是報價還是還價，都是這種實力鬥爭的組成部分。當雙方都堅持己方的要求，而彼此間的實力又相差無幾的時候，要使談判有進一步的發展，雙方就都應當考慮該如何適當讓步了。

在談判中，我們向對方做出的每一種讓步，對方對此做出的反應是不大相同的，而對方對讓步的不同反應，又對我方讓步的作用和效應有著直接的影響，我們在準備做出讓步的時候，要充分地考慮到這些情況。具體地說，我方的讓步給對方造成的影響和反應有三種：

其一，對方重視的讓步。在談判中，一項讓步的效果如何，能否讓對方感到滿足，很大程度上，取決於這一讓步的難易程度，而不完全取決於這項讓步絕對值的大小。如果對方一開始就發現你在某一立場上態度十分堅決，難以做出讓步，那麼，當他們在經過艱苦的談判之後獲得讓步時，會倍加珍惜這一成果，感到心滿意足，甚至在其他某些方面也會有所鬆動，並以一定的讓步來回報你。

其二，對方不以為然的讓步。假如在對方的要求和堅持下，你很輕易地就許諾了對方並做出讓步，那你就犯了一個錯誤。對方對你的讓步會很不在意，認為它不值什麼，因為他們得到它太容易了。甚至還會認為，這是你的義務，是理所當然的。對方不會感到滿意，他們的態度及立場，也不會有任何改變和鬆動。

其三，對方認為幅度不夠大的讓步。某些時候，當我方的讓步處理不當時，會令對方感到我方的報價中存在很多水分，認為這一讓步是必須的，但是還不夠，只要再努力一下，態度和立場再強硬一點，我方還會做出更大的讓步。也就是說，我方的讓步激起對方繼續鬥爭的念頭，欲向我方爭取更多的讓步。這種結果是最可悲的，和我們做出讓步的初衷恰恰完全相反。

顯然，我們都不願意看到對方對我方的讓步產生這種反應，使我方的讓步毫無功效。所以，如果做出讓步是需要技術策略和經驗的，讓不同的談判者來操作，相同的讓步常常會產生不同或截然相反的效果。我們不得不承認，讓步的策略和方式是多麼的重要。那麼，我們該如何巧妙地做出合適的讓步呢？

不輕易讓步

正如前文所說，人們總是比較珍惜難於得到的東西，在商戰中也同樣如此。對方不會欣賞很容易就得到的成功，太容易得到的東西他們就不會太珍惜。因此，假如你真想讓對方快樂、滿足，就讓他們去努力爭取能得到的東西，我方不要輕易讓步。除了不要輕易讓步之外，我方不要急於給對方提供額外服務，允諾快速的送貨；由己方負責運費；照對方的規格要求，提供有利的條件或價格等條件。

在任何一場談判中，雙方都做出讓步，從某種意義說，已成為談判雙方為達成協議而必須承擔的義務。但是，談判者必須認識到，你的讓步應該是循序漸進，步步為營的。要堅守每一個陣地，不輕易地讓步，不作無謂的讓步。不論是怎樣的讓步，是哪種形式的讓步，都不要輕率做決定，你要努力讓你每一次的讓步都是有效的，並且是有回報的。

互利互惠的適當讓步

實際上，談判雙方討價還價的目的，是希望達成一個於雙方均有利的協議。我們不可能使談判的最終結果僅僅有利於我方，在談判中只讓對方向我方做出讓步也不太可能，即使對方做出了讓步，他們也希望我方能對此有所補償，或因此而獲得我方做出更大的讓步，但是對他們做出的讓步，我們即使不想讓對方獲得更大的好處，也要做出相對的表示。這種互利互惠的讓步，實際上也是最容易辦到的。

能否爭取到這種互利互惠的讓步方式，很大程度上取決於我們進行商談的形式。我們可以選擇兩種不同的談判方式:第一種先集中談判重要的原則，再解決其他問題的縱向深入談判方式；第二種橫向鋪開，幾個議題同時展開討論，同時取得進展，並向前推進的談判方式。顯然，採用縱向商談，我們會很容易地與對方糾纏於某個問題上，爭執不休，經一番努力後，在這一問題上可能只會有一方做出讓步。而當我們進行橫向商談時，由於我們把整個談判的內容、議題都集中在一起同時展開商談，所以很容易在各方面都進行利益交換，達成互利互惠的讓步。

適當的讓步，有時不但會產生互利互惠的結果，而且常常還會讓我們有意外的收穫，有時它會使對方的人無法團結，因為分化對方對我們來說是很重要的。但是，我們要滿足對方哪方面的需要呢？在哪些方面容易使對方內部產生意見分歧，或者容易對我方的讓步做出合適的反應呢？我們可以在讓步時從以下幾個方面做出選擇：

1. 時間的選擇。讓步的時間，可以提前也可以推後，關鍵在於能否更有效地滿足對方的要求。其要訣在於，讓對方在迫不及待的時候，馬上就接受我方讓步，絲毫沒有思考我方動機的餘地。
2. 好處的選擇。談判者所代表的利益和由此而受到的壓力是多方面的，他的利益抉擇，常常在於公司中的某些組織部門，或某個關鍵的第三者以及他自己。我方所做出的讓步，不應該只針對其代表的公司，假如對各方面的利益都能兼顧到，對方會更樂意接受，並且很願意做出相對的讓步，那怕幅度大一些，他向各方面也能有所交待。

3. 人的選擇。我方只對對方某個人或某個部門的要求讓步，以此來分裂對方。

做出正確的讓步抉擇後，更重要的是如何爭取互利互惠的讓步。這就需要談判者有開闊的思想和視野，除了本方某些必須得到的利益一定要堅持外，不要太固執於某一個問題的讓步。整個合約比合約中某個有關問題更重要，要善於分清利害關係，避重就輕。有些人常常會不適當地執著於承諾過的讓步，他們害怕被對方指責。這種執著的代價是昂貴的，特別是在對方對此毫不在意的時候更是如此。總而言之，要靈活地使本方的整體利益能在其他各方面得到補償。

遠利謀近惠

談判者就如同證券市場中的投資者，他們都是為了利潤而投資，只不過在談判桌上，這種利潤是指欲望的滿足，而不僅僅是金錢的獲得。談判者的讓步，實際上也是給對方一種滿足，滿足者有兩種感受，包括現實的滿足和期望的滿足。

談判中，我們直接給對方某種讓步，這是一種現實的滿足。但是，理論和事實證明，也可以透過給予對方期待的滿足或未來的滿足來避免現實的讓步。其實，銀行很早就注意到了這一點。在辦理抵押貸款的時候，人們往往比較關心能夠借到的貸款數目，而不太關心利率。這是因為利息是要經過很長一段時間，一個月一個月地累積計算。他們很少考慮到以後他若還不上債要賣房子時，將會發生什麼事情。

當對方在談判中，堅持要求我方在某一問題上做出讓步時，我方可以透過強調保持與我方的業務關係，能給對方帶來長期利益，而本次交易，對能否成功地建立和發展與對方之間的這種長期業務關係，是至關重要的。如此這般地向對方言明遠利和近惠之間的利害關係，如果對方是個精明的人，就會取遠利而捨近惠。每個談判者都要扮演一個相同的角色，即能提高對方對未來滿足的期待，以遠利來誘使對方做出決定。

迫使對方讓步

對於談判人員而言，談判的利益可以分三個部分：一是可以放棄的利益；二是要維護的利益；三是必須堅持的利益。對於第二、三部分，特別是第三部分利益，在談判中並非可以輕易解決，常常要經徧激烈的討價還價，才能迫使對方讓步。那麼如何迫使對方讓步呢？

1. 分化對手，重點突破。在進行了一定階段的談判後，談判雙方都逐漸了解了彼此的交易條件和立場。此時，每個談判人員都會自覺或不自覺地就雙方討價還價的問題時行反思。比如說，某個談判人員認為，對方對己方提出的條件極力反對，只不過是一種「訛詐」，因此可不理睬它，要堅持原則;而該方的另一位談判人員卻可能認為，從對方的立場來看，他們的反對不是沒有道理的，甚至可以說是正確的，所以，本方應該修改原先提出的交易條件，做出適當的讓步，以達成協議。這種情況一旦出現，在一方內部就存在了分歧，如果這一方主管不能有效地控制和制約這種分歧，防止其分歧表面化、外在化的話，談判另一方就可以積極地開展「分化」工作，重點突破。

   而我方的工作應該是把對方談判組中持有利於本方意見的人員作為重

點，以各種方式給予各種支援和鼓勵，並與之結成一種暫時的無形同盟。比方說，對他態度特別友善，對其意見持肯定態度，有些意見假如不能接受，則以溫和、委婉的方式加以說明和拒絕。而對持有不利於本方意見的對方談判人員，可以採取強硬態度。但這一策略要巧妙施用，要令其本人毫無察覺。只要對方談判小組中某一成員鬆了口，對方內部必然亂了陣腳，此時再乘勝追擊，爭取對方讓步也就有了更大的希望。另外，這種做法也可導致對方談判小組內部成員之間相互猜疑，從而瓦解對方戰鬥力。

2. 爭取進一步優惠。大部分人耐性都不強，他們不願把太多的時間和精力花在同一件事情上。對於討價還價者而言也是一樣的，他們總是急於達成交易，尤其在雙方對主要問題已取得一致，根本利益已獲滿足時更是如此。這時如果你再向對方提一個不太大的、不涉及根本利益的要求，他會由於急於結束這筆交易，去做別的事情，不願浪費太多的時間和你討論這個小問題，而很快地向你讓步。而且，人們通常想給人留下好印象，得到他人的喜愛，表現自己是如何大方、公正，能和對方建立長期關係，出於這種原因，他也會滿足你不侵犯他根本利益的小要求。實際上，最根本的原因在於，他的這點讓步和整個交易比起來，實在是太微不足道了。而且，假如你一再堅持的話，他會擔心如果不答應你的要求，已達成的交易會因此產生障礙，甚至有可能破裂。

對於賣主來說，他們常常會給買主送去超過訂單的貨物、供給品質稍差的商品、延遲送貨、或不履行許諾的部分服務，這樣來得到他們爭取的進一步優惠；而買主們則利用延遲付款、未經賣主同意擅自折扣、要求特別的送貨或倉庫服務、要求供給品質稍佳的商品、或者要求額外的顧問和免費培訓等方法來進一步爭取優惠。

3. 時間的力量。在談判過程中，巧妙地選擇時間，可以促使猶豫不決的對手接受協議。

人的一生中，總會有一些非常特別的時間。例如：過春節，過耶誕節，大學註冊，或者一對情侶打算結婚等，商人們都知道此時可以大賺一筆。對於談判者來說，無論商談任何一件事情，都會有合適和不合適的時間。時刻表的更改，可以適時地增強或減弱自己的議價力量。因此人們在談判中才會如此多地動用最後期限這一策略，迫使對方讓步。

4. 競爭。再沒有什麼武器比製造和利用競爭來迫使對方做出讓步更有效了。談判一方在存在競爭對手的時候，他的談判實力就會大為削弱，處於劣勢。對於大多數賣主而言，他們總是存在或多或少的同行。他們出售同類產品，為達成交易不斷地、激烈地競爭，誰都擔心自己的競爭對手將超過自己，即使知道自己比對手強也是一樣。此時，如果談判對手聰明地讓他注意到競爭者的存在，就會較容易地令對方讓步。

5. 示弱以求憐憫。一般情況下，人們總是傾向於同情和憐憫弱者，不願落井下石，置之於死地，比較容易地答應弱者的要求。

當對方就某一問題要求我方做出讓步時，如果我方無正當理由加以拒絕，但又不願意在這方面做出讓步，就可以裝出一副可憐的樣子，向對方懇求。比如可以說，假如按照他們的要求去做，我們的合約就有可能破產；或者說，這個要求不符合公司規定，如果我答應了，很可能會被公司解僱，我家中上有老下有小，都要靠我來養活等等，說出諸如此類的話來要求對方採取讓步。如果你的陳述讓對方覺得真實可信，他們很可能會被你迷惑而手軟讓步。

6. 以攻制攻。在對方就某個問題要求我們讓步時，我們可以把這個問題與另外一個問題連繫起來，也要求對方在另一個問題上讓步。這是以讓步易讓步。假如對方要求你降低價格，你就可以要求對方增加訂購數量，延長己方交貨期，或者改變支付方式等等。這樣做，或是雙方都讓步，或者是都不讓步，從而阻止了對方的進攻。

假如對方提出的要求損害了你的根本利益，或者他們的要求在你看來根本是無理的，你也可以提出一個對方根本無法答應或者荒謬的要求回敬他們，讓對方明白對於他們的進攻，你是有所準備的，沒有絲毫讓步的餘地。面對你同樣激烈的反攻，對方很快會偃旗息鼓，進而放棄他們的要求。

◆ 欲速則不達

人們在接受嶄新的事物或觀念時，都需要一段適應的時間。商貿往來中，雙方在開始交易時，往往都會懷著一些不太實際的想法，抱著各種假定以及錯誤的觀念，同時也希望能夠順利地達成自己的目標。可是磋商過程卻常常令雙方突然地醒悟過來，買方所希望的低價格竟然成了不可能的事，賣方所希望的迅速成交竟然也成了泡影。

期望買方或者賣方馬上適應這些新情況是不可能的。人們的認知是由淺入深、由表入裡，過去根深蒂固的觀念想要驟然改變確實很困難。而要適應那些外來的，或不太為自己所接受的觀念總是需要一些時間，適應的時間在磋商的過程中極具重要性。

我們都知道買賣雙方在進行交易的時候，買方總是需要充分的時間來考慮是否接受這出乎意料的高價格，而賣方在交易剛開始的時候也是不準備降低預定價格的；唯有足夠的適應時間才能促使雙方達成協議。而這也正是為什麼一個具有遠見的業務員會在提高價格之前先告訴顧客，價格可能會上漲一他聰明地給了買方一段緩衝的時間來適應這個變化。

當你要求一個人接受某種觀念的時候，實際上也就是在要求他拋棄某些根深蒂固的觀念。我們知道要一個人改變他過去的觀念是很困難的，不管是對或是錯，他已經很習慣原有的觀念了。因此，你應當設身處地的為他著想，給他一段適應的時間去接受你的觀念，堅信「時間會慢慢地改變一切」的道理。因此，當你要求別人讓步的時候，你必須預先給對方留下一段適應的時間。

◆ 以退求進

以退求進是貿易談判中經常使用的策略及戰術。為了巧妙靈活的運用，在談判中首先要替自己留下討價還價的空間。如果你是賣主，喊價要高些；如果你是買主，出價要低些。不過不要亂要價，務必控制在合理的範圍內。

其次，盡量讓對方先開口說話，讓他先表明所有的要求，而設法隱藏住你自己的要求。第三，盡量讓對方在重要問題上先讓步。如果你願意的話，在較小的問題上，你也可以先讓步，不過要非常謹慎。

第四，不要讓步得太快，或者做出過多的讓步。晚點讓步比較好些，因為他等得越久，就越會珍惜它。同時應避免對方過於堅持原來的價格。

第五，要意識到同等級的讓步是不必要的。例如：他讓你 60%，你可以讓他 40%。如果他說：「你應該也讓 60%。」時，你可以說：「我無法負擔那剩下來的 40%」來拒絕他。

第六，不要做無謂的讓步。每次讓步都要從對方那裡獲得某些益處。當然在必要時，也可做些對你沒有任何損失的讓步，以換取對方更大的讓步。

第七，記住：「這件事我會考慮一下。」也是一種讓步。

第八，不要掉以輕心，記住每個讓步都包含著你的利益，也關係著你的目標。另外在談判中，不要不好意思說「不」，大部分的人都怕說「不」。

其實，如果你反覆強調「不」字的話，他便會相信你真的是在說「不」。所以要有耐心，而且要前後一致。

第九，談判不要出軌。儘管在讓步的情形下，也要永遠保持全面的有利形勢。方法可以靈活運用，但要不超出原則。假如你在做了讓步後想要反悔，也不要不好意思，因為那不算是協定，一切還可以重新來過。

第十，在談判的過程中，要隨時注意雙方讓步的情況，尤其更應注意己方讓步的次數和程度。

第八章　國際談判的新招

隨著全球經濟化的越演越烈，許多企業紛紛將眼光投向了海外，國際貿易也因此越來越頻繁。

學會與具有不同文化背景與特性的外國人進行談判，是擺在每個談判人員面前的一道必修功課。

各國談判風格透視

不同的國家、不同的民族因有其獨特的文化背景與文化特性，在為人處事上便會形成一種風格。談判也是如此。

透過對各國談判風格的學習，可以使談判人員避其鋒芒，攻其弱點，屹立於不敗的境地。

◆ 美國人的談判風格

由於美國在國際貿易中具有舉足輕重的地位，美國文化給談判帶來的特性特別引人注目。很多研究美國人談判方式的人都認為美國人性格特點，如外露、坦率、真摯、自信、熱情、滔滔不絕、追求物質上的實際利益。他們由於自信而善於施展策略，但當對手同樣自信和多謀時，他們會油然生敬，更易於洽談。

由於身處大國地位，美國人在談判方式上總有一種「全盤平衡」、「一攬子交易」的氣概，使對手感到相形見絀，地位不平等，在心理上氣勢逼人。由於其民族的年輕，文化的雜亂，語言表達也直率、愛開玩笑，有時甚至到不尊敬對方的地步，使談判混亂，討價還價難以進行。

根據這些特點和習俗，與美國人談判時如果因勢利導，採取適當的對策，就能獲得良好的效果。

美國人坦率、真摯、熱情的態度十分有利於創造洽談氣氛，應充分予以利用和回應，可加速談判進程、創造成功機會。反之，則增加誤會，甚至導致失敗。但並非所有的稱之為「美國人」的人均具此性格特徵，由於美國移民的混雜，有些東方或阿拉伯血統的人就不盡然，如美籍華人、越南人等。有些美國人受家庭影響也會改變性格，如某美國人娶了東方人做妻子，文化影響就很大，談判作風迥然不同，他也會用馬拉松式的談判——挑燈夜戰，寸土必爭地討價還價等。故應先了解後再下定論，不能一概而論。

可先從他自信的滔滔不絕中，先了解情況，在其陳詞中找出有價值的資訊，了解對方虛實、謀求對策。另借自信可採取本書第五章介紹的「激將法」，使其向自己靠攏，但要注意不要傷及對方自尊心。

美國人認為憑智慧換取物質利益是天經地義的。但美國人更希望自己能勝「高手」——與自己同樣精明的談判者，而獲得追求中的利益與成就感。這種特性使人們放手討價還價，關鍵在策略得體。

與美國人談判，「是」與「否」必須保持清楚，這是一條基本的原則。當無法接受對方提出的條款時，要明白地告訴對方不能接受，而不要含糊其辭，使對方有希望。有些人為不致失去繼續洽談的機會，但裝作有意接受的樣子而含糊作答，或者答應以後作答而遲遲不作回答，都會導致產生糾紛。

萬一發生了糾紛，就更要注意談判的態度，必須誠懇、認真，絕不要發笑。因為在美國人看來，出現了糾紛爭論時，雙方的心情都很惡劣，笑容必定是裝出來的，這就會使對方更為生氣，甚至認為你已經自覺理虧了。

美國人在日常生活中非常注意運用法律，法的意識是根深蒂固的，一切訴諸法律對美國人來說是非常習慣、自然的。從文明形態來說，美國屬於商業式文明，其特點是人口不斷流動，無法建立穩固持久的關係。因此，人們只能用不以人際關係為轉移的契約，作為保障生存和利益的有效手段。正因為如此，他們在商務談判中非常注重法律、合約。

與美國人談判，絕對不要指名批評某人。指責客戶公司中某人的缺點，或把以前與某人有過摩擦的事作為話題，或把處於競爭關係的公司的缺點抖露出來進行貶抑等，都是絕對不可以的。這是因為美國人談到第三者時，都會顧及避免損傷別人的人格。這點，務必牢記於心，否則是會被對方蔑視的。

美國人對商品的包裝和裝潢比較講究。這是因為在美國，包裝與裝潢對於商品的銷路有重要的影響，只有新奇的符合國際潮流的包裝與裝潢，才能激起美國消費者的購買欲，擴大銷售。在美國，一些日用品花費在包裝裝潢上的費用占到商品成本的很大比例。

◆ 日本人的談判風格

日本人是東方民族經商的代表，其談判風格具有典型的東方特色，日本是個島國，人口密集，活動的市場有限，外向型發展經濟是其國策，受中華文化影響深刻。儒家學說是其精神支柱之一，所以日本人的特性有進取性強，工作態度認真，等級觀念重，不輕易信任他人，注意做人的工作，注重交易的長遠影響，而不過度爭眼前利益，善於開拓新的交易市場。這些特性形成了日本人的談判風格:「笑臉討價還價」、「任勞任怨做詳細的準備」、「吃小虧占大便宜」、「卡關鍵放長線，創造新的貿易機會」、「抓關鍵人物，促成交易」。

看清了日本人的特點，可以減少一些不信任感。有的人談到日本人的貿易風格就會皺眉頭，持否定態度，或厭煩的態度認為日本人不好談判。其實，就日本人的整體風格來講，有利有弊，可以因材而用。

說說笑笑地討價還價，反映了一種「禮貌在先」，「慢慢協商」的態度。這點符合東方人的特點。可以在較好的氣氛中交換看法。尤其是有地位的日本商人，如部長、會長、社長之類的人員，就十分注意這種談話方式以表現其學識修養。如某商社社長（七旬老人），在談判某個契約條件時，便大講古典哲學，還要求我方談判人員具有較高的文化修養和個人涵養，與日本人談判主要難在其雙重性。「笑臉」會使人放鬆戒備，而「討價還價」又會使人失去利益。如果自己熟諳其內在關聯，自可應付。

日本人刻苦耐勞的作風則是歐美各地談判人士少有的。這對於我們來講是值得敬佩的優點，應該學習而不是厭煩。針對談判內容中的變化，日本人可以日以繼夜地迅速形成文字，使對方能充分理解，為其成功創造機會。問題是我們的談判人員往往只看到其「辛苦」的一面，對其展現的「策略」認識性不足。譬如，對某個認識達成了諒解，對方主動承擔整理的任務。在分別之後的整理過程中，某些文字、用詞的細微變化就會使原意差之千里。面對日本人的勤勉，我們既應對其讚揚，又要保持對其的審慎態度。否則就可能產生誤會、甚至吃虧。原則上，可以利用日本人的勤勉，而我方務必毫不懈怠地審閱他們修改整理過的資料。

「打折扣吃小虧，抬高價占大便宜」是日本人談判典型特徵之一。為了討好買方心理，日本出口商善於利用「折扣」吸引對方。而為了使用這個策略，早已抬高了價格，留足了餘地。我方談判人員絕不可僅以「折扣率」來判定標準，應堅持「看貨論價」。不會看，應該請行家協助，或善於比價。不好比價時，則要善於分析成本。總之，絕不可形成「習慣性的折扣率」。跟老的客戶談判更要小心。重點工作放在日本的生產、產品、市場的推陳出新、需求比例的變化研究上。不可草率行事，以為一定下某個「折扣率」便可一勞永逸。

對埋下的伏筆要小心、敏銳。如某產品前景不佳，在日本不久即將淘汰。像配件供應，依靠整機的「特殊設計」就創造了必須用日本產品「專用配件」市場。唯一有效的辦法是談判前的準備要細，分析透視日本人的企圖。談判時要求全盤保證，或者盡力將專用配件，改為統一規格配件減少依賴性。對產品的更新應事先估計到其時間差有多少。估計自己未來產品的壽命。這完全取決於談判人員敏銳的判斷和嫻熟的業務。

日本人搞人際關係可謂「專家」，要提防被日本人「吃吃喝喝」，「小恩小惠」的所迷惑。上至達官下至業務人員，日本談判人員可以利用不同層級的人出場，與不同層級的談判對手交際，從而探悉情報，分析交易的成敗、研究對策、施加影響、爭取支持。諸如「有禮走遍天下」，他會找到讓你能接受，又無顧慮的方式，表達他對你的友善，贏得你的好感與支持，同時也解除你的戒備。所以在與日本談判人員的交往過程中，無論在什麼場合最好堅持二人以上活動，以有個互相照應。而且相互應保持密切的連繫。

◆ 俄羅斯人的談判風格

俄羅斯商人喜歡喝酒、抽菸、喜歡跳舞。跳舞是俄羅斯民族的傳統，一般每個週末都舉行舞會。以前主要跳民族舞和交際舞，但現在的年輕人對民族舞已經不感興趣，大多學跳西方舞，經常在花園中的空地或馬路邊的小廣場上，在吉他或手風琴等簡單樂器的伴奏下跳起來。

俄羅斯人注重儀表，愛好打扮。有的女子平日也要化妝。近年來又盛行起男人留長髮，女人戴假髮、耳環、手鐲。每逢有較大的節日慶典或談判活動等，衣服一定熨平，鬍子要刮乾淨。在公共場所比較注意舉止，從不將手插在口袋裡或袖子裡。天熱時也不輕易脫下外衣。

俄羅斯人受到官僚主義做事拖拉作風的影響，做事斷斷續續，大大增加了談判的困難。他們絕不會讓自己的工作節奏適應外商的時間表。外商遇見的辦事人員，絕不會急急忙忙奔回自己的辦公室，向上級呈送一份有關談判的詳細報告，除非外商供應的商品正好是俄羅斯人極想要的商品。在談判期間，如果外商向他們發 E-MAIL 或傳真，徵求他們的意見或反應，往往得不到及時回應。

俄羅斯商人非常精通傳統的以少換多的交易之道。在價格談判階段，無論外商的開盤報價多麼低，他們也絕對不會相信，更不會接受外商的第一次所報價格。他們千方百計迫使外商降低價格。為了達到這一目的，他們會用力玩弄「降價求名」的把戲。他們會告訴外商：「我們第一次向你訂貨，你的開價低一些，以後你就會源源不斷地接到訂單。」而事實上並非如此。無論如何不要為未來的交易而降低你現在的價格。一旦他們得到了低的價格，他們就會盼望、要求價格永遠保持在低水準上。有時，他們會也使用「欲擒故縱」等最古老的計謀：「我們沒有辦法同你做生意，因為你的價格和你的競爭者們相比實在太高了，跟他們做生意，我們現在都快達成協議了。」還有其他慣用的招數，像大聲喊叫，敲桌子，甚至拂袖而去等等，對此，你最好的辦法就是不為所動，牢牢把住自己的價格防線。

◆ 德國人的談判風格

德國人性格倔強，缺乏靈活性，思考問題有系統性，準備周到，很自負。他們談判時，會明確表示做成交易的希望，準確安排談判議題和日程。陳述方案清楚、果斷。還價幅度不大。一般都覺得與德國人不好談判，但執行合約態度較好。應該說這只是很普通的參考性說法，而實際情況比這要豐富得多。

來到市場的德國人，分初次來與多次來，或以有經驗與無經驗之分。初次來的德國人在法律條文談判上，呈現了倔強和不妥協性，而在價格條件上則可以靈活。他們因為不知底線，非常注重保護措施。為了進入新市場，價格條件具有一定的靈活性。因此談判的強攻點要準，不能硬碰硬。但在法律方面的談判是以介紹情況入手，以互相制約的方式確定條件，以態度溫和的方式進行針鋒相對的談判。有的談判新手常被對方堅持的條件所左右，而失去自己的立場。原則上，作為賣方的談判人員應多考慮買方的條件以利履約。而買方則應敢堅持自己採購條件，以確保得到合理購買價格。

德國人思維的系統性、條理性強，談判目標明確，如能明確指出他們的缺陷並加以改善，則會使談判增加幾分成功機會。不可在思考不夠嚴謹的形勢下，過度堅持自己沒有條理性的表達方式。這樣做，德國的談判對手會失望。即使對手出於禮貌屈從附和，但不會得到有效的回應。

如某個合資專案的談判，德方按我方提出的問題（該問題性質分類複雜，邏輯不清楚）。一次、二次地回答，而雙方的觀點仍未能條理化，德國人就開始抱怨我方：「意思不明，組織無效率。」他們當面不悅、背後發牢騷，使談判進展緩慢。但有時由於迫於要做成生意，老練的德國談判對手也會放棄先天的習慣，改變自己適應新的環境，耐心、隨和，只求簽訂契約。

◆ 法國人的談判風格

法蘭西民族在近代史上其社會科學、文學、科學技術取得了卓越成就，民族優越感很強。他們性格開朗，或固執己見，或持無所謂的浪漫態度。對有特別的友好感情，樂於發展貿易，談判時表現出友好、急於取得成果，無論在談判的什麼階段，喜歡搞個「紀要」、「備忘錄」或「協議書」等，來記載已談過的內容藉此拉緊對手，以促成交易。他們對價格要求嚴格，條件比較苛刻，談判風格鬆散但頑強韌性。法國人的談判常常因政府的介入，而使貿易與外交關係相連，從而使談判複雜化。

法國人的友好適於創造良好的談判氣氛，有利於交換看法。但對於各種書面的「紀要」或「備忘錄」應十分注意「技術和經濟」方面的條件，如「×× 指標應為多少」，「×× 價在 × 範圍」。在初期的會談中應堅持你自己要求，不能因為法國人堅持不讓步，而過早放棄自己的立場。在法國人習慣中，這些資料實際是「準談判」的結果。所以為了捍衛正式談判中有利的立場，不要怕雙方立場分歧。法國人雖然有頑強的習慣，但對談判亦有靈活性。對於貿易與外交相關連的作法，一方面使問題複雜化，另一方面又會促使問題解決。如許可證控制的產品，為了貿易合約能執行，政府出面解決許可證問題，甚至會與控制許可證的第三國交涉。法國外交部設有經濟技術關係機構，專門為國際貿易中產生的問題尋求外交途徑解決的辦法。在平常的貿易談判中，法國駐華官員也常參加談判，關心進展情況。可以充分利用這種「連繫」，解決一些利益相關卻又棘手的談判分歧。如貿易雙方的利害衝突使談判陷於僵局時，外交官的介入會使法國商人能找個臺階下，重新思考問題，分歧的解決就會有轉機。但作為我方談判人員要注意改變談判風格，如從「針鋒相對」轉入「禮貌友善」、「通情達理」，讓外交官們有信心干預。甚至提高談判人員層次，如請 _ 高級官員出面。對法國人的自尊心，對外交官員的影響均會有備受重視的感覺。隨之也可使對方更通情達理逐步轉變原來立場，向我方靠攏。

◆ 英國人的談判風格

英國人的紳士風度為世人所知。由於民族工業的發展、航海技術發達，強權加外交形成了帝國聯邦，多少年來形成嚴格的等級觀念及不同禮儀。英國人善於交往、對人和善、容易相處，談判較靈活，對建設性意見反應積極，在商務談判中富有「外交色彩」。但有時也會由於「外交色彩」，使談判拖延時間，而放慢了節奏。

對英國談判者應禮儀相待，否則不夠「修養與風度」，兩者交往會有距離。英國人喜歡對手與自己「同級」，亦具「紳士風度」，談話會更容易。否則，「紳士風度」的另一面 —— 高傲，也會在「外交色彩」掩蓋下悄然而出，戲耍你一番而不解決問題，使對方窘迫而放棄所持立場向自己靠攏。我們利用靈活性，在多方案的「差異」中求統一。即不同方案有時會使兩個分歧的立場靠攏。只要保持禮貌相待，適當直率從事，也可以使英方的消極態度得以改善。

英國是一個多民族國家。由於歷史原因有時在民族感情、民族關係上有微妙之處。英國又是一個君主制國家，還保留著女王制度。因此，在和英國人交談時，應注意不要涉及愛爾蘭的前途，共和制優於君主制的理由、治理英國經濟的方法、北大西洋公約組織中承擔義務最多的國家以及大英帝國的崩潰原因等等敏感問題。

在與英國人交談時比較安全保險的話題，包括天氣、旅遊、英國的繼承制度和皇家家族。在涉及女王時不要說「英格蘭的女王」，而要說「女王」或正規地說：「大不列顛及北愛爾蘭聯合王國女王」。與英國人交易時只要保持禮貌相待，適當直率從事，也可以使其鬆垮的態度得到改善。

◆ 韓國人的談判風格

韓國商人在長期的對外貿易實踐中，累積了豐富的經驗，常在不利的貿易談判中占上風，被西方已開發國家稱為「談判的強手」。

韓國商人十分重視商務談判的準備工作。在談判前，通常要對對方進行諮詢了解。一般是透過海內外的有關諮詢機構了解對方情況，如經營專案、規模、資金、經營作風以及有關商品行情等。如果不是對對方有了一定的了解，他們是不會與對方一起坐在談判桌前的。而一旦同對方坐到談判桌前，韓國商人一定已經對這場談判進行了周密的準備、胸有成竹了。

韓國商人十分注意選擇談判地點。一般喜歡選擇有名氣的酒店、飯店會晤。會晤地點如果是韓國方面選擇的，他們一定會準時到達。如果是對方選擇的，韓國商人則不會提前到達，往往會推遲一點到達。在進入談判地點時，一般是地位最高的人或主談人走在最前面，因為他也是談判的拍板者。

韓國商人十分重視會談初始階段的氣氛。一見面就會全力創造友好的談判氣氛。見面時總是熱情打招呼，向對方介紹自己的姓名、職務等。落座後，當被問及喜歡用哪種飲料時，他們一般選擇對方喜歡的飲料，以示對對方的尊重和了解。然後，再寒暄幾句與談判無關的話題如天氣、旅遊等等，以此創造一個和諧的氣氛。爾後才開始正式談判。

韓國商人邏輯性強，做事喜歡條理化。談判也不例外。所以，在談判開始後，他們往往是與對方商談主要議題。而談判的主要議題雖然每次各有不同，但一般包括下列五個方面的內容，即闡明各自意圖、叫價、討價還價、協商、簽訂合約。尤其是較大型的談判，往往是直陳主題，開門見山。常用的談判方法有兩種，即橫向談判與縱向談判。前者是進入實質性談判後，先列出重要的特別條款，然後逐條進行磋商。後者即對共同提出的條款，逐條協商，取得一致後，再轉向下一條的討論。有時也會兩種方法兼而用之。在談判過程中，他們遠比日本人爽快。但善於討價還價。有些韓國人直到最後一刻，仍會提出「價格再降一點」的要求。他們也有讓步的時候，但目的是在不利形勢下，以退為進來戰勝對手。這充分反映了韓國商人在談判中的頑強精神。

此外，韓國商人還會針對不同的談判對象，使用「聲東擊西」、「先苦後甜」、「疲勞戰術」等策略。在完成談判簽約時，喜歡使用合作對象國家的語言、英語、韓語三種文字簽訂合約。三種文字具有同等效力。

◆ 阿拉伯人的談判風格

阿拉伯人涉及國家較廣，也不好一一列舉，只能從與我們交易密切的地中海、中東地區來探索。雖然這些地區和民族受歐美文化影響很深，但仍強烈地保持了穆斯林 —— 回教的特徵，沙漠人和非洲人的特性，以宗教劃派、以部落為群，富有地區的人較好客（也具一定文化水準），喜歡用手勢和其他動作表達思考，缺乏時間觀念，極好討價還價，追求小團體或個人利益。

如能以懂伊斯蘭教教義又會說阿拉伯語的人和他們做生意，必然比一般人要方便，特別是阿拉伯人注重信譽。同宗同族自然在信任上占便宜。與阿拉伯人的談判，要努力創造談判氣氛，了解談判意圖，情報資訊均可起重要作用。反過來說，要取得好感和信任，必須尊重對方的教義和風俗，否則要維持談判將很困難。

對其散漫的時間觀念應予以理解。一方面要防止隨意中斷談判，另一方面要善於恢復中斷的談判氣氛和掌握成功的機會。不必注重某個中斷前幾乎成功的機會，因為你注意也沒用，反而會造成對方的優勢，把自己的內心弱點暴露無餘。猶如做一場長時間的遊戲，耐心捕捉一個又一個機會去走向成功。要想早點成功，可以在談判前準備，盡早建立人際關係、營造談判氣氛和情報搜集做得盡可能充分些，使正式會談直指要害。

阿拉伯人有個習慣就是做生意要討價還價。沒有討價還價就不是「嚴肅的談判」。無論地攤、小店、大店均可以討價還價。標準牌僅是賣主的「報價」。更有甚者，不還價卻買走東西的人，還不如討價還價後什麼也未買的人受賣主的尊重。其邏輯是：前者小看他，後者尊重他。如擺地攤賣皮革品的商人面對與他討價還價的買主，他會將價格與說明像連珠炮地托出，即使未成交也僅一聳肩，雙手一攤表示無力做到。而對只看商品而不睬他的顧客，他會在對方轉身後，做個怪相以示不屑一顧的態度。對一遞錢就走的顧客，會以若有所失的眼光送走對方。不過，對待阿拉伯人的討價還價要注意兩類不同做法的人，「漫天要價者與追求利潤者」。前者喜歡亂叫價，你可以大刀闊斧就地還價，後者雖有餘地，但其態度主要在追求適當利潤。應適度還價，僅在還價立場上做文章。

追求小團體和個人利益，有人喜歡用「行賄受賄」的說法。其實不盡然。有的地區流行「受賄」，但也絕不是簡單從事的。有的名以「回扣」、「傭金」，記帳，到某行政部門、軍方或王室，但均有個會計問題、稅務問題。在西方商人的會計帳目中，有的受國家政府某些「預付金」、「傭金」的法律限制，有對於「回扣」、「傭金」的最高額限制。索取「傭金」的個人，則也要透過當地中間代理去做，而對自己的帳目仍維持合法性。有的地區則很鄙視「行賄」。所以，談判人員不可在阿拉伯人面前簡單使用這種手法。在大宗交易中，適當選用當地代理人是有益的做法。可饋贈有特色的紀念品或禮品，只要適合饋贈對象的習俗和愛好也可獲同樣良好效果。

談判語言的選擇與運用

若想完成談判，不用說，語言能力是談判人員必備條件之一，談判者必須能夠明確地表達出自己的想法，以及理解對方的意見，唯有雙向明瞭，才可謂真正的溝通。說話者以語言或手勢表達他的意見，聽者則是以臉部表情、手勢或「幫腔附和」，向說話者傳達他是否已經理解。

傳達情報也是談判不可或缺的要素之一，越是能掌握談判對手，以及包括對方產品和服務等市場動向，越是對我方有利。達成談判的祕訣是，盡量多提出疑問，卻給予最少量的情報。就是那些「看起來對彼方有利的情報」。例如：身為賣方，無論如何不能洩露自己的生產成本，否則只會使對方有可乘之機。

依據傳達情報的觀點來看，語言有兩種作用，一種是向對方傳達「什麼」的語言表現，另一種是從對方探出「什麼」的語言機能。在談判場合中，向對方傳達自己的提議、意見和情報等等。但是從對方口中套出他們的提議，意見和情報等等，其重要性同等重要。一名經驗豐富的談判者對於觀察對方的理解度，多半獨具心得。

如果無法將自己的意見進行簡單而條理性歸納的話，不能稱為優秀的談判者。而歸納的行動也包括了檢討自己對談判對手理解到何種程度。此外，若能使自己的論點顯得簡潔有力，不但能夠鞏固我方的立場，也可增進不少說服力。

◆ 採用何種語言

當然，若能使用對方的母語，必可增進雙方的親密程度。但是一個人如果原本便缺乏表達能力，又硬要勉強使用外國語言，結果只會弄巧成拙、適得其反。因此，若是覺得自己的聽說能力實在不行的話，不妨考慮借助翻譯人才，其效果在短期談判中尤為突出。

但是千萬不可為了企圖占對方便宜，而假裝自己不懂外語，否則萬一被人識破，雙方的信賴感立刻會隨之毀滅。

◆ 談判語言的微妙差異

毫無疑問，在國際商務談判活動中，英語是使用最廣泛、最頻繁的語種。

無論是處於哪一個階段，都應該適時向對方表達我方的意見。可是一方面由於語言上的隔閡，多少總是難以運用得流暢自然，而另一方面則是為了表示我方的強硬態度而無法兼顧婉轉的措辭。不過，為了保持和諧的氣氛，使談判得以順利進行，我們仍然必須掌握一些委婉的表達方式。例如：若是把“I don't think you can deliver as you promise.”（我不認為你能夠按照你的保證出貨。）換成“From my experience, I think you will find it veeydifficult to deliver by that date.”（根據我的經驗，我認為你將發現很難如期出貨。），就可以避免無謂的反駁。

下面列舉幾種過於直接而強硬的表達方式，然後一併介紹較為婉轉的說法。括弧內的字母是代表它的強硬程度。強硬（S）、普通（N）、弱（W）。

You must lower your price.

Your price is too high. （S）

I think [fell] your price is too high. （N）

In my opinion, the price is a little high. （W）

It's too expensive.

I'm afraid It's just to expensive. （S）

I really believe it's too expensive. （ N）

You should speak more slowly.

It's very difficult to understand when you speak so quickly. （S）

Please speak more slowly. （N）

I'm sorry, could you speak a little more slowly ？ （W）

You don't understand the Chinese system.

It seems to me you don't understand the Chinese system. （S）

Perhaps you don't fully understand the Chinese system. （N）

I'd like to explain the Chinese system if I could. （W）

A joint venture is impossible.

I'm afraid a joint venture is impossible . （S）

I real believe a joint venture is impossible. （N）

My opinion is a joint venture is not possible. （W）

Wait two more months.

I'm afraid you'll have to wait two more months .　(S)

Please wait two more months.（N）

Unfortunately we have to ask you to wait two more months.（W）

You should use an interpreter.

I think you should use an interpreter.（S）

It might be better if you use an interpreter.（N）

Would it be possible for you to use an interpreter ？（W）

You must drop your price by 5% .

You will have to drop your price by 5% .（S）

It is possible if you drop your price by 5% ？（N）

We would like you to drop your price by 5% .（W）

能夠分辨它們的差異之處嗎？這種具有微妙差異的表達語句有很多，希望各位用英語談判的人員在談判前盡可能掌握，並且反覆練習。

簡明國際貿易交貨條款

在國際貿易談判中，常常會出現「FCA」、「FAS」之類的貿易交貨條款術語出現。如果談判人員不能清晰地了解這些術語的確切意義，在談判上可能會因一字之差而「謬之千里」。

◆ EXW —— 工廠交貨條款

工廠交貨價的意義是賣方負責把貨物在其原地（像工廠、廠房、倉庫等）交給買方。但賣方並不負責把貨物裝上買方所提供的交通工具上，和辦理貨物出口的通關手續，除非買、賣雙方另有約定。

買方負擔所有的費用和風險，包括從賣方原地起運到買方所指定的目的地為止。因此這個條款表示賣方負擔最小的責任。若買方無法直接或間接辦理貨物出口手續時，這個規則不適用，必須使用 FCA 條款。

◆ FCA —— 指定地點交貨條款

此交貨條款是指賣方完成運交貨物以為出口，而於買方所指定之地點或場所交貨，以履行賣方義務。如果買方沒有指明正確的交貨地點，則賣方在買方自行承擔費用與風險之下，依約定協助運送人（諸如鐵路或空運時），這種條款也可以使用在任何方式的運輸（包括複合運輸方式）。

所謂「運送人」乃指在運送契約之下，擔任執行或取得貨物經由鐵路、陸路、海運、空運、內陸水運或者如上述之各種運輸方式。

如果買方指示賣方運交貨物給某人，如貨運承攬商（本身並非運送人），賣方交運貨物時已履行交貨義務。

所謂「運送站」意即一個鐵路站、貨運車站、貨櫃站或貨櫃場，或者具有多重用途的貨物站或其他類似的接收點。

所謂「貨櫃」，包括任何貨物裝運設備，例如：各種型號的貨櫃及／或平板作業，拖車、連結車體、航空貨櫃等各種型式的運輸。

FAS —— 船邊交貨條款

所謂「船邊交貨」，乃指賣方將貨物放置在輸出口岸所指定碼頭或駁船船邊時，已履行他的交貨義務。此意即買方自賣方交貨時起，承擔所有費用和貨物損害或損失風險。

FOB —— 船上交貨條款

「FOB」意即賣方須履行將貨物交付至裝貨港的指定船隻，並越過船舷欄杆後的義務。亦即買方須承擔越過船舷後所有的費用和自起運站貨物發生損害或損失風險。FOB 條款要求賣方辦妥出口手續。

CFR —— 包括成本及運費的交貨條款

CFR 為「Cost and Freight」的縮寫，意謂賣方必須支付運送貨物到指定目的地港的成本和費用。然而自貨物在裝船港口越過船舷欄杆時起，貨物損失或損害風險以及任何增加的費用即由賣方移至買方負擔。

CFR 條款要求賣方辦妥出口手續。本條款僅適用海運和內陸水運。

◆ CIF —— 包括成本、保險和運費在內價的交貨條款

CIF（Cost，Insurance and Freight）的意義是賣方除了必須去投保海上保險為買方承擔貨物在運送途中所發生的損失或損害風險外，應履行和 CFR 相同之義務。賣方依約投保，並且支付保險費。

◆ CPT —— 包括成本和運費支付至所指定交貨地點的交貨條款

CPr（Carriage Paid To）指賣方支付貨物運至指定目的地的費用。在

貨物完成運交給運送人經管以後所發生的任何額外費用及貨物損失或損害風險，即從賣方移轉買方承擔。

「Carrier」運送人之意義為任何人，基於運送合約，經由鐵路、公路、海運、空運、內陸水運或混合運輸方式，去執行運送任務。如果第二運送人被賦予將貨物運送到約定的目的地，當貨物完成運交由第一運送人移轉至第二運送人承擔時，風險也隨之轉移。

在 CPT 交易條款下，賣方必須負責辦理貨物出口的通關手續。

本交易條款可適用包括複合運輸在內的任何型式的運輸。

◆ CIP —— 包括成本、運費、保險費支付至交貨地點的交貨條款。

CIP 指賣方除負有 CPT 條款下的相同義務外，另需代買方投保貨物運送途中發生的損害或損失。賣方辦理投保手續並支付保險費用。

CIP 條款下賣方必須負責貨物的出口通關。本交易條款可適用於包括複合運輸方式在內的任何運輸型式。

◆ DAF —— 邊境交貨價的交貨條款

「DAF」為「Delivered at Frontier」的縮寫。指的是賣方已將貨物備妥，並負責辦理出口通關運交至邊境所指定的地點或地方，但在鄰國的邊境海關之前。「邊境」這個名詞可適用於任何邊境包括出口國的邊境。因此在指定地點或地方如何正確去界定「邊境」這個名詞就成為一個很重要的問題。

◆ DES —— 到岸船上交貨價的交貨條款

DES 指的是賣方必須履行將貨物運至指定目的港，未辦理進口通關前在船上交給買方。賣方應負擔將貨物運至指定目的港的一切費用及風險。

◆ DEQ —— 碼頭交貨價的交貨條款

DEQ 的意義是指賣方已將貨物備妥，並負責運送至買方指定目的地的碼頭，並辦妥進口通關手續。賣方負擔所有風險和費用包括關稅、稅捐和其他運送費用。

如果賣方無法直接或間接取得進口許可時就無法適用此條款。

◆ DDP —— 稅付訖交貨價的交貨條款

DDP 指的是賣方已將貨物備妥，並負責將貨物運至輸入國境內的標明地點。賣方負擔運送貨物費用和風險，包括關稅、稅捐和其他貨物通關所需費用。EXW 條款表示賣方負擔最少的義務，而 DDP 表示賣方負擔最大的義務。如果賣方無法直接或間接取得輸入許可證則不能適用此條款。如果賣方希望買方辦理通關及支付關稅，則適用 DDU 條款。

◆ DDU —— 稅未付訖交貨價的交貨條款

DDU 是指賣方已將貨物備妥，並負責將貨物運至輸入國境內指定地點。賣方負擔運送貨物費用和風險（但不包括進口應付的關稅、稅捐及其他規費）。

買方必須支付因未及時辦理進口通關而增加的費用及承擔因此而引起的任何風險。

如果買方希望由賣方辦理通關以及負擔因而引起的費用和風險，則必須另以書面說明。

第九章　遠離談判陷阱的穩招

談判人員要學會精深的談判知識，掌握嫻熟的談判技巧，並非一日之功。而飛速發展的社會現實往往又不允許談判人員在實踐中慢慢摸索經驗、磨練技巧。因此，任何談判人員都有必要從別人的失敗中吸取教訓。

本章精選了商務談判中，談判人員心態、策略及方法這三個方面常見的陷阱，談判人員只有做到有效規避這三個方面的陷阱，在談判桌上才能真正做到「穩」。

心態陷阱

心態決定行動。談判人員心態上的陷阱一日不除，在談判桌的表現就無法令人滿意。

◆ 想當然

「想當然」的做法不僅會愚弄自己，同時也會愚弄他人。研究表明，這種臆想是一種潛在的思維障礙，它會把人引向錯誤的方向。比如：該進行理念行銷時，只注重產品的介紹；該耐心等待市場的成熟時機時，錯誤地認為對方無意購買或是想壓低價格等等。在談判中這種臆想，你會很容易喪失談判的主動性，貽誤溝通良機。想當然的臆想是不能客觀地判斷對錯的，而根據臆想做出的決策自然有失偏頗，最後的結果可能喪失對你極有利的談判時機。

在現實的談判中，確有必要去揣測對方的意圖和動機，以及對對方做出估量。比如：他們能做什麼，會怎麼做？他們願冒多大的風險？他們作決定時的重要依據是什麼？凡此種種，都應該根據實際情況，客觀地進行分析。但是，這僅僅是一種分析，在未被證實之前，還不能說它對或者不對，更不可以此為依據，貿然地做出決策。作為談判者，你應該在談判的實際進程中，根據對手的情況及時做出調整，養成先調查後評估的習慣，透過各種管道獲取對方的資訊，從實際情況出發對談判對手的立場、態度及需求，做出較為準確的估計，這樣才有利於在談判中占據主動，才可能挽救快要進入死路的談判，獲得峰迴路轉、柳暗花明的效果。

◆ 缺乏耐心

在對方以逸待勞，施以拖延戰術時，你缺乏耐性，產生焦躁心理，甚至胡思亂想，忽視自己的有利形勢，害怕自己失去這場談判，輕易做出讓步，讓對方的計謀得逞。它的直接損失是談判的失利和眼前的經濟利益，更有可能潛伏著別的危機。

談判是雙方在智力、體力、經驗、膽識、耐性等等各方面的較量。對方以逸待勞，施以拖延之術，一是為了削減你的力量，二是檢測你的耐性。你只有針鋒相對地運用以逸待勞法，比他更有耐性，方可保住自己的有利地位。或者以剛制柔，來個最後通牒，向對方申明，這種拖延戰術對談判不利，除了無意義的消耗，並無實質的結果，再這樣下去，你不奉陪，從而要求對方拿出實質性意見，否則終止談判。還有，向對方提出制定一個談判的時間表，要求雙方在一定期限內拿出談判的意見來，以約束和加快談判的進展。

◆ 害怕僵局

越是害怕僵局，僵局越是纏住你。於是你便一步一步地退讓，一直降到你的最低點，或許僵局依舊存在。

過於擔心僵局的產生，其實是一種缺乏獨立性、過度軟弱的表現，或者是想依賴對方、寄望於別人的不成熟心理。談判中，談判雙方站在各自的立場，謀求既滿足自己的利益，而對方又能接受的方案，這時雖然要考慮到對方，可適當做一些讓步，但自己的行為應該是完全獨立的。害怕僵局的產生，害怕因此而造成的談判失敗，易被對方所利用，他們會故意製造僵局，來強迫你、擊垮你，讓你做出最大利益的讓步。

就好像「最後通牒」一樣，其實僵局的製造者可能是在試探對方的決心和實力，因為僵局給談判者造成的壓力很大，沒有極強的心理承受能力和一定的實力是很難接受的。如果你過度擔憂產生僵局，害怕僵局的來臨，等於在向對方顯示自己的弱小。商場如戰場，是很殘酷的，對方絕不會因為你害怕出現僵局而放棄進攻，相反，他們會抓住你的這一心理變本加厲，逼你退讓。尤其是對方實力強大時，更可能會對你威逼。而且，談判中，因為意見分歧，雙方期望目標相差太遠時，僵局的產生是不可避免的，但雙方各自調整，降低期望值，就可最終達成協議。所以，不要害怕僵局，對強大的對手故意製造的僵局，及時走開，顯示你的強硬與獨立，會迫使對方反思的。

◆ 恐懼強大的對手

面對強大的對手，人的心裡不免會產生一些恐懼，但如果因此而膽怯畏縮和退讓，對方可能會變本加厲，一再威逼。談判中，一方屈服於對方的陣勢，被對方的強大所壓倒，一再地退縮，不停地讓步，只能表示出自己的膽小和無能，只會給自己帶來犧牲和損失。而且，雙方地位的不平等，對將來的合作產生不良的影響和嚴重的危害。

與強大的對手談判時，很容易處於被動的地位，陷入不平等狀態，進而被迫做出巨大的讓步，損失自己應爭取的權利和利益。為此，要扭轉局勢，獲取談判的成功，必須首先在心理上做好準備，要把對方看成是與自己尋求共同利益的平等方，沒有誰服從誰的道理，甚至可以說，離開了你，對方也就失去了機會，失掉了談判的成果。所以，談判人員要鼓起勇氣，勇於和強大的談判對手進行抗爭。其次，正視現實，制定可行性策略。可行的策略如下：

1. 對方畢竟是強大的，單純的反抗和不滿無濟於事，談判人員要學會忍耐，認真聽取對方的話語，讓對方充分發揮其優勢，自我感覺得到了默認和滿足後，他們就會變得通情達理，願意公平合理地與己方商談。
2. 採取迂迴談判的方式，在其他時間接近對方，進行感情投資，換取他們的同情和支持。

◆ 過度壓抑自己的情緒

人非草木，孰能無情？任何事物都會在人的心底引起一定的情感反應，當外界事物強烈地影響人的情感時，人的反應就會越來越強烈，最後達到極限，這時，非以某種形式發洩出來不可。談判人員在談判過程中過度壓抑自己的情感，任由對方無理取鬧甚至謾罵，只為不失君子風度。但作為一個人、一個情感豐富的談判人員，這樣過度地壓抑是很有害的，不僅會給自身帶來相當大的壓力，還有可能因分散精力而失去正常的分析判斷。

對方故意激怒你，很有可能是要看你的反應。你越壓抑自己，他們越會變本加厲，最後你的心理壓力會越來越重，自己反倒把自己壓垮了，他們就有可乘之機提出苛刻條件，迫使你同意。所以，不管對方是否有意激怒你，在必要的時候釋放一下情感，讓情緒發洩出來，不但可以舒緩自己緊繃的神經，讓心情變得輕鬆，而且從談判策略方面來講，這也是一種很有必要也很有效的策略。你時刻表現得輕鬆而理智，可以堅定你方談判人員的決心，可動搖對方的信心或者強迫對方重新審視自己的目標，認清目前的局勢。而且，適當地釋放你的情緒，還可以達到很好的效果，憤怒往往會使對方喪膽而讓步，哭泣只能換得對方的同情，恐懼會揪緊別人的心，冷漠則表明自己漠不關心，或可有可無的態度。只要你使用一些激烈的字詞並輔以適當的姿勢，便可能反過來讓對方搞不清楚你的真實意圖，從而減輕自己壓力不說，還取得了談判的主動地位。當然，這一切是在不失去控制的情況下進行的。

◆ 操之過急

有什麼好急的？操之過急只會讓你表現出確有所圖，而你一旦顯露出勢在必得的模樣，那麼對方便會擺出高姿態，處處刁難，因此不妨放慢步調，讓時間緩一緩。對過往的閒雜人員等大可視而不見，專心把目標鎖定問題核心；如果剛剛才享用過對方所擺下的美味大餐，也不要讓心思被「吃人嘴軟」這句話所干擾。要是一時想不出良好對策 —— 不妨來個「一動不如一靜」，姑且暫作壁上觀，等明天再靜觀其變。切記，在商場上講究的是，結果只能從談判中獲取，而不是計較時間而快速了結。

對看準的標的物要不離不棄，或許你在第一次吃了敗仗，可是卻必須時時準備捲土重來，再搏它一次。最重要的在於保持高度警戒，在物轉星移的演變中，靜靜等待對自己最有利的轉機。『

在敲定談判進度時，不要顯出一副迫不及待的樣子。相反地，不妨建議把談判時間延後，因為：①你很忙；②你要準備一項重要會議；③你只是先參考比較，暫時還不急著作決定。如果對方迫切想完成交易，那就可能馬上提出很好的條件，以求速戰速決。即使他同意你慢慢來的建議，卻可能在一週以內又打電話給你，看看是不是已經有所決定，這時候你便知道，不論出自什麼緣故，反正對方是勢在必得，那麼你就更可以把它吃定。

有經驗的農夫在播下種子時就先談好價碼，這和蔬菜成熟收割時才開始議價，那絕對是不同的兩碼事。眼見成堆的蔬菜等著脫手，否則便要血本無歸，農夫在這種情況下，很可能只有賤價拋售了。這個價錢如果早在春播時預先議定，就不致落得這麼慘了。這是一個很好的教訓，我們與人談判打交道時，也應該引以為戒。如果已經逼在眼前，或是亟需一筆現款，那就不要等到燃眉之急了才開始行動。原因是：①期限會迫使你接受對自己不利的條件。②焦慮會把你出賣給對方，而且可能使你思路不清。

◆ 貪心不足

你知道，談判對方的產品需要更新換代，急於脫手。開始談判時，對方給你們提出的價格，和你們上次談成的價格相同，2,000 元／件。按理來說，都是老客戶也挺合理的。但你想利用對方急於脫手這批剩餘產品的心理，趁機多賺一點，於是你提出的價格比對方提出的價格低了許多，1,500元／件。這樣的價格對方當然不同意，於是對方提出價格可以降到1,850元／件。而你還是死不漲價，堅持要以你們的價格成交，這樣相持不下的狀態持續了一陣後，對方看你們的態度仍不妥協，於是，只好放棄了這筆交易。次月，你得知對方已經以1,850元／件把貨物出售給了他人，你才後悔不已。

談判時絕對不能把條件定得過於苛刻，更不能貪心不足。尤其在你處於絕對優勢、勝利在望的情況下，更要注意這點。對方給你的價格是1,850元／件，對你們來說，就已經有很多賺頭了，可是你仍想抓住這個機會不放手，狠賺它一把，硬要壓到最後的1,500元／件。往往在這種情況下，你反而會失去一次成功的合作機會。

日本的空手道中有個規則叫「叫停」，就是在勝負已定的情況下，不必再拳擊腳踢，用不著一定將對方打倒在地。當裁判認為比賽再繼續下去，勝負也不會有所改變的時候，就會宣布結束。這樣失敗者默認失敗，以免遭受肉體上的傷害。談判也是如此，既然你已經達到了一個較滿意的結果，差不多也就罷了，照顧對方一點，讓他回到公司裡好有個交待。這樣一來二去，你們就能夠逐漸成為合作夥伴。如果不給對方留一條生路，即使你這次賺了，可以說這個談判是不成功的。也不會持續到下次，對方受到嚴重的傷害後，不會再與你合作。商務活動中最重要的一條是讓利，這意味著雙方還可以繼續合作。

◆ 過於古板

有些談判人員總是一副嚴肅的臉孔，以極其認真的態度，他既不會寒暄問候，更不會去談那些風土人情、趣聞軼事、文學、體育消息等。上來就切入正題，「言歸正傳」，沒有一點活潑的氣氛，談判場上氣氛死氣沉沉、枯燥無味，總給人一種壓抑的感覺。於是，暫停、休會的次數很多，很少有滿足雙方利益的靈活方案和建設性的提議，達成協議的日期一推再推。

相反，輕鬆愉快的氣氛能激發人們的想像力，增進人們的感情。在良好的氛圍下，人們更容易被理解、被尊重，也更容易獲得支持和關心。反之，沉悶憂鬱的環境，很容易滋生猜忌和隔閡。在談判中，不能營造良好的談判氣氛，就好像機器缺少「潤滑劑」一樣，給人很彆扭的感覺，也就談不上有效的減少雙方心理壓力，給雙方溝通增加困難，甚至可能使談判進展緩慢。談判雙方是一對矛盾的統一體，為達成協議，雙方不可能摒棄競爭，也不可能拒絕合作。合作，就應該有一個良好和諧的氣氛，這是從談判一開始就應該考慮並注意的。首先，在談判開始以前，主動熱情地去接觸對方，發掘雙方的共同點，為談判打下良好的基礎。可以就雙方的興趣愛好，雙方曾有過的合作經歷或共同認識的朋友，進行交談，引起雙方心靈「共聚」的變化。接著，在談判開始後，禮貌問候對方，輕鬆地引入談判的話題，講究策略，有禮有節，求同存異。必要時運用一些幽默詼諧的語言，調節一下緊張沉悶的空氣，放鬆一下繃得太緊的心弦，營造輕鬆愉快的氣氛。在談判就要結束時，不管你們是否最終達成談判協定，正面肯定對方並表達謝意，都可以給對方留下好印象，為下次合作創造機會。

策略陷阱

談判中，局部策略的失誤，隨時都會引發全盤的崩潰。

◆ 見樹不見林

只在某一個方面作一些讓步，實際上是在局部利益上作糾纏，表面上或許損失不大或者贏得了勝利，其實可能會招致滅頂之災。因為只糾纏於某一個方面，在某一個問題上作讓步，對方可能提出更苛刻的條件，讓你局部勝利的代價昂貴無比，甚至是你的未來所不能擔負的。這是簡單片面看待問題的表現，也是不從長遠考慮的結果，是一種「見樹不見林」的做法，其後果是犧牲了整體利益。

談判，必定會涉及雙方的讓步，只局限於某一方面，執著於某一個問題上的讓步，不能隨著談判的步伐進行調整，不能從整體全面考慮，很有可能損失更大，失去更多。讓步，不能只見樹木不見樹林，應該在通盤考慮後，按照是否有利於達成令自己更滿意的協定來確定。哪些方面讓步，讓到什麼程度，不能糾纏於一點，而要從整體考慮。即使有過初衷，也要從實際出發，進行調整。所以，談判時，立足於整體利益，通盤考慮，靈活機動，不時調整，比局部的糾纏更為有用和可實行。

◆ 不設談判底價

談判之前，不設置底價，是沒有防患意識的表現，當出現緊急或情況發生意外時，你便只能處於被動的不利地位，在對方的攻勢和強大壓力下你可能會做出巨大的讓步。同時，談判前不設底價，也是準備不充分或未有準備的表現，很可能是盲目地在與對方進行交談，自然很容易被說服、被擊垮。

有時候，人們會為了趕上某一班車，急急忙忙地趕往車站，很少會冷靜地思考，其實趕下一趟車也沒關係。談判時，只顧一心一意地去交涉，全力以赴地參與某項交易的協商，期望能順利而盡快地完成，無暇冷靜地思考，很容易在緊要關頭作過度的遷就，很可能輕易地同對方簽訂本來應該拒絕的協定。所以，談判的人員最好預先確定自己可以接受的最壞結果，為自己制定一個最低底價的安全防線，一旦談判結論超過自己的底價，就拒絕成交，以免造成不必要的損失。制定底價，是抵制對方壓力、控制自己衝動的最有效的方法，是保護自己利益的必備的安全措施。設置底價，要配合對方立場，不可忽高忽低，運用於具體談判時，也要能隨機應變。

◆ 任憑對方選擇時間與地點

談判地點的選擇是一個涉及環境心理因素的問題。環境往往對談判者的心理有很大的影響，對談判效果也有著重要的作用。談判人員不重視這一點，任由對方選擇有利於他們發揮優勢的地點，在談判過程中不利的環境會使自己的情緒不佳，影響了耐心、判斷，這對談判人員是極為不利的。有時由於惡劣的天氣，也會使一方倉促地答應以低價與對方簽約，未能為自己爭取到本可以獲得的更大的利益。可以說，任由對方挑選談判地點與時間，從一開始就是在「地利」與「天時」上讓對方占先，而把自己置於被動的劣勢地位。

一般來說，人們在自己所熟悉的環境裡談判，無需分散精力去熟悉和適應環境，可以以最佳的精神狀態、飽滿的熱情，最大限度地發揮出談判的才能，還可以隨時尋求支援或獲取所需資料等，以輔助談判，使談判更容易成功。所以，談判人員應當竭力爭取在自己所熟悉的環境裡進行談判，尤其是需要演示自己產品的談判。如果爭取不到，那麼應該選擇中立地區。這樣做的好處是，一方面可能因為雙方都不熟悉當地環境，都需要適應和熟悉，所以比去對方那裡談判要有利得多。另一方面，從旅途花費等方面考慮，選擇中立地區也較划算。可選擇一個風景優美的中立地帶，將交易和樂趣融合在一起，有益於合作關係的融洽。此外，如果你想從對方那裡購買設備，不妨先去對方的生產現場，觀看演示，再作場地選擇。

◆ 寸土不讓

當你有所退讓時，時機和作風的掌握是最重要的了。切記，每出現一次妥協，便在提示你的立場又進一步軟化，所以，千萬要適可而止，否則你一旦把漏子捅大，那麼對方便會乘虛而入，大肆加以破壞。基本原則讓對方認為你是為了順應情勢才作讓步，絕不要洩露你是因為壓力而屈服。認真思索一下對方為什麼要你讓步（基本實際需要，以便達成協議？或只是想讓你團團轉？）因此，讓步只能採取蜻蜓點水式，而且一次只讓一步。

即使你的讓步對大局無關緊要，但也絕對不要輕易繳械，不戰而屈。事實上，你應盡量在無所謂的事情上讓步，但是表面上卻擺出一副損失慘重的樣子。經過這一番的粉飾功夫，使你的退讓價值大增，讓對方覺得不還個大禮無以為報。對那些你毫不在乎的事項，一開始便極力把它們吹捧成茲事重大的模樣，然後率先加以放棄，說不定到頭來對方反而會讓你保留幾項。

你每讓一步，最後的協議價值便減損一分。因此，務必堅持一項原則，如果「失之東隅」，一定要「收之桑榆」。如果只是一味想以忠厚老實取勝，因而痴心盼望對方也會等量回饋，那絕對不是上上之策。當對方說：「我要你給我的 A 產品」。你應該說：「那麼你要給我什麼？」如果對方說什麼也不肯相對回應，那你就：①知道和自己交手的是何等強硬派；②堅持立場也無可厚非了。結果這麼一來，對方不至於再兩手空空地向你開口。

方法陷阱

凡事都有一定的方法方式，有時做一件好事，如果方法不對，好事也會變成壞事。談判也是如此，錯誤的方法常常會令談判走向死路。

◆ 用貶低同行的手段抬高自己

談判的時候，不停攻擊同行業公司，無異於畫蛇添足，自招失敗。它不僅顯示了你的胸襟不夠開闊，而且反映你對自己公司的信心不足。因為公道自在人心，對方既然與你談判，起碼說明了他較為認可是你們公司的產品或服務。如果你畫蛇添足地攻擊同行業的公司，會給客戶留下不好的印象，進而對你和你公司的產品產生懷疑，影響談判的圓滿完成；也可能對方心生反感，不再與你進行商談。即使沒有這些，那些閒言雜語，也會沖淡主題，浪費時間，延緩談判速度。

在對手面前貶低他人相當於自損形象，有修養的人即使別人議論他人是非時，也不會隨聲附和。談判是智力的較量和良好關係的建立，任何多餘的無關緊要的話，都可能影響談判的品質和談判的氣氛，如果不加篩選，信口開河，只會失去對方的信任，加深對方的疑慮。如果是故意敗壞，有意說同行業公司的壞話，就不僅僅是缺乏修養的表現，還可能觸犯法律。所以，在談判時，應當多說些讚揚肯定的話，尤其是當對方肯定讚揚某同行業公司的時候，你的贊同會激發對方的好感，覺得你們有共識，對談判能達到潤滑促進作用。

◆ 倉促上陣

事前不作充分準備，又不具備豐富的談判經驗，只會落得一個談判一無所獲的結局。如果對方是一個強硬型的，不注重長期合作關係的，要在這場談判中獲取最大利益的人，談判人員很可能被他所蒙蔽、引誘或受他奚落、攻擊，直到那樣不明不白，卻又無可奈何地做出犧牲。那樣，這場談判就會徹底失敗。

談判，作為人們生活、企業交易、經濟糾紛、滿足自己某些需要，而進行的溝通交流的一種方式，有其自身的特點、模式、原則等等，是需要學習掌握的。作為一個談判人員，首先應該對談判的知識進行全面的了解，掌握一些技巧，會運用一些常用的策略。其次，在對談判有了一個大致了解的前提下，應當充分地把理論用於實踐。對談判對象的資訊進行收集、分析、整理，制定具體戰術，擬定談判計畫，做出決策草案，做到胸有成竹。最後，才是在充分準備的前提下，以飽滿的熱情，積極的態度，機智靈活地進行談判。

◆ 出言不遜

有些大企業的談判代表在與小企業談判時，如果進行了幾個回合，對方仍堅持不作較大的讓步，就會一肚子的火氣，心想，你們有什麼資格跟我討價還價！於是，就多次暗示對方，想讓對方明白他們的弱小和無能，如果對方有所辯解，就故意用諷刺挖苦的語言嘲笑對方，使對方蒙受羞辱，使對方陷於尷尬的境地。這樣做情況並不會好轉，對方逐漸有了不滿，態度上也不再那麼溫和有禮。事情越演越糟，最後對方憤然離去，談判宣告破裂。任何時候，面對任何談判對手，諷刺挖苦、責難辱罵，都是沒有修養，極不道德，甚至是極其卑劣的表現。這種人身攻擊除了說明談判人員沒有修養以外，並不能解決任何實質性問題。相反，對他人的人身攻擊，不僅會失去他人的好感和信任，而且還會給談判設置障礙或給日後雙方的交往罩上一層陰影，更可能會使談判完全破裂，雙方成為仇敵。

俗話說：「樹活一張皮，人活一張臉。」當一個人的自尊受到傷害時，都會憤怒、暴躁，進而反擊。在談判桌上進行人身攻擊，對人的傷害程度更深，對方的反應也更強烈，如果處理不當，盛怒之下，很可能會做出偏激行為來。所以，切不可對他人進行人身攻擊，尤其是本著互惠互利原則的談判雙方。如果你脾氣較大，極有可能在談判時說出有損對方尊嚴的話來，建議談判人員加強自我修練，提高忍耐力，寬容對方的過錯，多撫慰、多讚美對方，以理服人，以情感人。

◆ 過度相信感覺

有些談判人員，以為觀察別人的表情動作，就一定能看穿別人的心思。所以，他們在與人談判時，總從別人的臉部表情、身體動作等方面揣測別人的想法。從細微的表情，不經意的舉手投足中，判斷揣摩對方的意向。對方鎖眉，是有疑慮；對方微笑，表示贊同；對方擺頭，表示反對……甚至其他一般人根本未留意的神情與姿態，他們都不放過，要細加研究，並從中找出資訊，得出結論，為自己談判所用。但是，事情並不像你所想，很多時候，從對方的表情中得出的資訊並不像平時那樣準確，尤其是在談判結束時，對方表情更與實際情況大相徑庭，明明是占了便宜，對方卻還是裝出一副受傷的模樣。

俗話說，一心不可二用。過度注意探究對方的表情動作，有可能獲取到一些不易讓人覺察的資訊，但相應地也會降低自己對其他重要方面的注意力，影響自己在談判中知識、才能的發揮。談判不是靠察言觀色就可以獲得成功的，而應該是智慧、口才的較量，花太多的時間探究對方的表情動作，不一定能取得事半功倍的效果。特別是在某些特殊情況下，人也是會偽裝自己的。

在理智的談判過程中，應多注重於客觀的談判內容，少摻雜些個人的主觀因素，盡可能正常地發揮自己的談判水準，冷靜客觀地分析辨別事實，而少去追究對方的表情動作的含義，才能取得好的效果。

◆ 快言快語

有些人在談判桌上，總是有問有答，有理有據，毫不含糊和猶豫，以此來顯示自己的幹練，顯示自己思維的敏捷。

但談判桌不是你表現口才的地方，在這裡冷靜的思考更重要。一著不慎，不說全盤皆輸，但完全可能由主動變被動，有利成失利。如果談判人員的嘴總是快於腦子，必定考慮不周，不加認真思索而做出的決定很可能失策。如果只是談判中的一個環節，還來得及糾正，如果簽約也像說話那麼草率，再後悔就來不及了。俗語說：有勇還要有謀。談判桌上，是顯示人智慧的場所，如果一味追求語言的暢快，不留思考的餘地，必定做出錯誤的決定，而損失應得利益，給人愚蠢的印象。

在談判中，時間就是力量，應該千方百計地爭取充分的時間來思考，慢節奏地回答問題，而不能不加思索，倉促應答，因出言不慎而招致重大失誤或損失。尤其在談判的緊要關頭或對方突然提問，或提出的問題比較棘手，而你又不得不做出回答時，千萬不要手忙腳亂，要故意放慢節奏，為自己爭取充足的時間進行思考。比如：可提議對方把問題再說一遍，把問題解說清楚；突然口渴要飲茶，或是為在場的人點一支菸；看看手錶，平靜地站起來致歉，說「現在我有一個電話」；讓對方閱讀你的資料；甚至可以明說自己還沒考慮清楚，要求給一些時間思考等等。真正做到「寧慢三秒，不搶一句」，有充分的時間思考，才能做出圓滿的決定。

◆ 有問必答

海外某公司對 A 廠的產品很感興趣，與 A 廠談判進展得十分順利，預約好第二天正式簽約。當天晚上，按預定議程舉行了一個招待會，會上，海外公司總經理的祕書跟 A 廠廠長乾杯，互相祝賀即將到來的成功，同時順便問道：「這筆生意談成了，對貴廠的資金周轉會大有好處吧？」廠長猶豫片刻，本想避開，但想到整個談判大家都那麼誠實，有關同行業成本、價格、品質等等，沒有一點隱瞞，而且雙方馬上就要合作了，不應有絲毫有損誠信的言行，於是據實相告：「不瞞你說，的確如此，這次談成了，我們可以把即將到期的一筆貸款還清。」誰知第二天早上，海外公司突然變卦，提出在簽約前重新討論價格問題，要求再降價格。這時 A 廠迫於目前困境，只好答應了他們的要求。正是有問必答、全盤托出的「誠信」讓 A 廠損失了這次談判中本可以多得的那部分利益。

談判中的提問不同於一般求教、諮詢性的提問，它是一種了解對方實力、動機意向、需求與策略的手段。透過有意無意的發問，達到探詢對方的底細，進而掌握主動的目的。如果一方據實相告，不留餘地，對方馬上會據此殺價，失利便不可避免了。

談判專家一致認為，談判中正確的答案未必是最好的答覆。在談判中，答覆對方的提問是一個十分關鍵而又很不容易掌握好的環節。它是對提問的回饋，但從內容到形式的選擇卻不應像提問那樣隨意，因為回答對方的問題要承擔一定的風險，關鍵不在於回答的「對」與「錯」，而在於該說或不該說。一個有經驗的談判人員，會根據對方的情況、談判的目的、談判的形勢作好答覆的準備，並能很好地掌握該不該答、何時答、怎樣答，以及答覆的範圍、程度等。任何時候，對於談判中的提問，都必須站在談判全面的利益高度上認真思考、冷靜斟酌，從容應付。對方那種「投石問路」，以圖了解己方底細的發問，只須局部作答，留有餘地，別讓對方摸到底牌。對於較為棘手的問題，一時難以確切答覆的，可以含糊其辭或模稜兩可。此外，拖延回答、答非所問、有償作答、反客為主甚至沉默反觀，只要運用得法，都不失為一種較好的答覆技巧。

◆ 自作主張

這往往是一些能力出眾的談判人員易犯的錯誤。他們自恃高明，未經主管的同意，為了討好客戶，擅自主張，私自更改談判條件，是極其危險的事。首先，每個公司都有一套紀律和規則，還有一些商場上的禁忌，如果你不經請示，自作主張，可能有悖公司規則，也有可能讓自己和公司蒙受不必要的損失。其次，類似一些不正當不合法的事情，比如回扣、贈品，不僅會使公司蒙受損失，威脅到公司利益，更有可能觸犯法律，把自己和公司置於不利的地位。

商務談判，要遵循商場規則，商務談判人員也應遵守原則，不是自己許可權範圍的，不要擅自做主。

1. 對貨物的價格打折扣，不能私自作主，即使客戶以好處引誘，也要遵守公司統一規定。
2. 對於分期付款的次數，也不要私自增加，以免寬容了對方，卻造成自己公司資金的周轉困難。
3. 不要做主延長支票的兌現日期，或對方付款期限。
4. 不要私下答應給客戶不正當的饋贈，或付給客戶回扣。
5. 不要私自掏腰包墊付款項以吸引客戶訂立合約。
6. 不要擅自為對方的支票背書轉讓。
7. 不要擅自把客戶的付款借給其他客戶。

◆ 遲到

在約定的談判時間遲到，哪怕是短短10分鐘，也是一種不禮貌、不尊重對方的表現，而且很容易被對方誤認為你是一個不負責任的人，他們要把一大筆資金交由這樣的人運作時，心裡肯定會有些擔憂。雖然遲到方做出了解釋，但在重視效率的今天，他們也不能完全消除心裡的疑惑，以致會再次考核調查，浪費時間和精力。再者，在時間就是金錢，時間就是效益的市場經濟時代，遲到帶來的可能是雙方在利益上的損失。

進一步加強自己管理時間的能力，為重要談判騰出充裕的時間，這樣不僅可以避免談判人員發生遲到的現象，而且還有足夠的時間溫習談判的內容，為談判做好充分的心理準備。在談判制定議程時，就應該考慮為每一次談判安排出充裕的時間。將談判時間前後的其他會議延遲或提前召開。還要將無關緊要的、細小的事情，在談判之前就交待吩咐下去或做完，千萬別讓任何事情耽誤了重要的談判。更為關鍵的是，為避免一些不能預料和抗拒的外界因素的干擾，如估計會有大霧、塞車等問題時，談判人員不妨提前在談判地點附近預定休息室或住宿房間，提前半天或一天到達那裡，以確保談判時能準時到場。

現代的人都很重視時間，能否準時赴約也同時被視為是否守信譽的標誌，在談判時間不遲到，可以增強別人對你的信任度。為此，談判人員除了管理好自己的時間，也不妨再讓同事或助手提醒自己一下，千萬不要因為自己的一時疏忽，而在談判時遲到。

◆ 電話談判

如果有事情需商談時，不論是哪一方主動打電話，他在談判中便占有優勢，因為打電話的人挑選對自己最有利的時間和媒介（即電話）。既然他主動發功攻勢，那麼必定會有備而來，在手邊擬有要點，一切成竹在胸，對所要說的話也早有腹稿。當你在電話上措手不及的時候，可以這麼向對方說：「對不起！現在我不方便和你談，請問明天什麼時候有空，我再回電給您？」

相較於面對面的談判，電話在談判方式中顯得比較簡短，更具有競爭性，而且更為正式。你可以故做幽默地討論事情，不用擔心因為開玩笑而離了題。由於看不到對方的反應，因此可以不用顧及面子，而堅持自己的主張。要是你心中已定的金額是多少，而對方卻想對你施展「攻心為上」的策略，企圖軟硬兼施來說服你，那麼這時候就務必堅持在電話中談。像電話交談這種緊湊場合，清晰而理性的措詞會發揮更大效用，使說服力大增。

最要不得的情況莫過於當對方提出問題，結果你只能啞在那裡，一句話也答不出來。即使你很快地恢復常態，可是對方會因此看穿你的弱點，並且死咬著不放，直到你重重受傷為止。針對這種情況，最好的防範之道便是事先模擬各種可能被問到的問題，譬如價格為什麼這麼高？為什麼在三個月內拿不到貨？抵押品出了什麼狀況？當你絲毫沒有防備，而問題卻突然而至的時候，可以把問題轉化成你曾經答覆過的答案。譬如把問題帶回價錢方面，或只籠統地重申你會合理配合的意願。他山之石可以攻玉，看看電視辯論大賽，觀察那些選手們是如何應對的，他們由於辯才高超，面對問題時都能靈巧答覆，你會發現，他們從不就問題本身確切作答，而只針對問題巧妙地發表他們的演說。

大部分人認為，電話交談後的書面備忘錄，只不過是談判的文字記載而已。事實不然，你寄給對方的備忘錄，實際上是一種重要的談判工具，因為它不但使協定具體化，並且提供機會讓你進一步理清自己的觀點。你應該把電話交談內容及時地記錄下來。在電話的交談中，其中要是有一些模稜兩可的話，你就可以利用這個機會加以澄清或刪除。因為，日後的後續討論是以備忘錄的記載為論點，而不是根據電話中的交談內容，所以，備忘錄使你對最後的協定內容與範圍握有主動權。防範之道：當對方提議由他準備備忘錄時，你不妨建議由雙方同時準備，等擬妥後兩方進行對照。

◆ 被「友情」矇騙

有些談判對手很愛談論友情，展露他友好的笑容。當你有所挑剔或指責時，他總是微微一笑，友好地點點頭，誠懇地表示歉意。於是，你便無法再在此問題上糾纏，更不可能以此作為讓對方讓步的條件。一個相當棘手的問題，雙方為此爭議討論幾個回合，在快要理出頭緒，形勢大好的情況下，對方又笑了：「你提的問題很值得考慮，我一定盡力反映，請給我一些時間好嗎？」態度相當委婉溫柔，你不好意思乘勝追擊，只有靜候佳音。等到再一回合的商談開始，對方先是滿臉的笑容，誠摯地問候，又說得你心裡暖融融的，接著滿臉的歉意，說他作了多麼大的努力，絞盡了腦汁，可是公司無法在此上做出讓步。最後，非常誠懇地說：「老交情了，請諒解諒解我們吧！

這對你們也並沒多少損失。」就這樣，一個問題又一個問題，一個條件又一個條件地討論，你總是在對方溫和有禮，笑臉以待的友情攻勢下，束手就擒，盡可能多地做出讓步。

對方出發點很好，避免矛盾衝突尖銳化，有利於更好的聯絡雙方感情，達成友好合作。可是你融化在這種溫和柔情之中，束手無策，近似主動地做出較多的讓步，便有些喪失原則，站不穩立場了。這樣做在普通商談，或對方溫和講情義的情況下或許損失不大，但如果是被對方故意迷惑而受到欺騙，後果就不堪設想了。

其實你完全可以在對方處處表現出與人為善的情況下，同樣以誠相待並提出更完善的成交條款。或者將計就計，以柔克柔，也大談友情，以友情開路，開誠布公地談自己的困難、需求和合作的願望，請對方充分理解，友好合作。由於對方既已強調友情在先，此時也就不好過度堅持，往往也會做出相對的讓步。再者，安排一個態度強硬的「黑臉」人物，擺出一副「生意歸生意，友情歸友情」的姿態向對方提出比較苛刻的條件，加大對方的心理負擔。這時，你再以「白臉」出現，批評「黑臉」人物不近人情，強調「生意不成仁義在」的道理，提出有所退讓的「公允」、「平等」方案，並表示讚賞對方的重友情態度，這樣，對方就可以卸下剛形成的心理包袱，順利成交了。

附錄　你是一個優秀的談判人才嗎

是不是一個優秀的談判人才，不是自己說了算。以下有一套由美國商業顧問機構首席代表設計的關於談判能力測驗，可以幫助談判人員在 30 分鐘內對自己的談判能力有一個全面而客觀的評估。同時，這套測驗的 61 個題目，也正是所有談判人員應注意的 61 個重點專案。

1. 你通常是否先準備好，再進行談判？
   ①每次；②時常；③有時；④不常；⑤都沒有
2. 你面對直接的衝突有何感覺？
   ①非常不舒服；②相當不舒服；③雖然不喜歡，但還是面對著它；
   ④有點喜歡這種挑戰；⑤非常歡迎這種機會
3. 你是否相信談判時對方告訴你的話？
   ①不，我非常懷疑；②普通程度的懷疑；③有時候不相信；
   ④大概相信；⑤幾乎永遠相信
4. 被人喜歡對你來說？重不重要？
   ①非常重要；②相當重要；③普通；④不太重要；⑤一點都不在乎
5. 談判時你是否關心樂觀的打算？
   ①幾乎每次都關心最樂觀的一面；②相當的關心；③普通程度的關心；
   ④不太關心；⑤根本不關心
6. 你對談判的看法怎麼樣？
   ①高度的競爭；②大部分的競爭，小部分互相合作；
   ③大部分互相合作，小部分競爭；④高度的合作；⑤一半競爭，一半合作

7. 你贊成哪一種交易呢？

①對雙方都有利的交易；②對自己較有利的交易；③對對方較有利的交易；④對你非常有利，對對方不利的交易；⑤各人為自己打算

8. 你是否喜歡和商人交易？（家具、汽車、家庭用具的商人）

①非常喜歡；②喜歡；③不喜歡也不討厭；④相當不喜歡；⑤憎恨它

9. 如果交易對對方很不利，你是否會讓對方再和你商談一個較好一點的交易？

①很願意；②有時候願意；③不願意；④幾乎從沒有過；⑤那是對方的問題

10. 你是否有威脅別人的傾向？

①常常如此；②相當如此；③偶爾如此；④不常；⑤幾乎沒有

11. 你是否能適當表達自己的觀點？

①經常如此；②超過一般水準；③一般水準；④低於一般水準；⑤相當差

12. 你是不是一個很好的傾聽者？

①非常好；②比一般人好；③普通程度；④低於一般水準；⑤很差

13. 面對語意含糊不清的詞句，其中還夾著許多贊成和反對的爭論時，你有何感覺？

①非常不舒服，希望事情不是這個樣子；②相當不舒服；③不喜歡，但是還可以接受；④一點也不會被騷擾，很容易就習慣了；⑤喜歡如此，事情本來就該如此

14. 有人在陳述和你不同的觀念時，你能夠傾聽嗎？

①把頭掉轉開；②聽一點點，很難聽進去；③聽一點點，但不太在意；④合理的傾聽；⑤很注意的聽

15. 在談判開始以前，你和公司裡的人如何認真討論談判的目標和事情的優先程序？

①內容充實效率較高時，討論得很好；

②常常很辛苦的討論，討論得很好；

③時常且辛苦地討論；

④不常討論，討論得不太好；

⑤沒有什麼討論，只是在商談時執行上級的要求

16. 假如一般公司都照著定價加價 5%，你的老闆卻要加價 10% 時，你的感覺如何呢？

①根本不喜歡，會設法避免這種情況發生；

②不喜歡，但還是會不情願地去做；

③勉強去做；

④盡力做好，而且不怕嘗試；

⑤喜歡這個考驗，而且期待這種考驗

17. 你喜不喜歡在談判中使用專家？

①非常喜歡；②相當喜歡；③偶爾為之；

④假如情況需要的話；⑤非常不喜歡

18. 你是不是一個很好的談判小組領導者？

①非常好；②相當好；③公平的領導者；④不太好；⑤很糟糕的領導者

19. 置身在壓力下。你的思路是否仍很清楚？

①是的，非常好；②比大部分人都好；③一般程度；④在一般程度之下；⑤根本不行

20. 你的商業判斷能力如何？

①非常好；②很好；③和大部分主管一樣好；④不太好；⑤但是我想我不行

21. 你對於自己的評價如何？

①高度的自我尊重；②適當的自我尊重；③很複雜的感覺，搞不清楚；④不太好；⑤沒什麼感覺

22. 你是否能獲得別人的尊敬？

①很容易；②大部分如此；③偶爾；④不常；⑤很少

23. 你認為自己是不是一個謹慎地遵守策略的人？

①非常是；②相當是；③合理的運用；④時常會忘記運用策略；⑤我似乎是先說再思考

24. 你是否能廣泛地聽取各方面的意見？

①是的，非常能；②大部分如此；③一般；④相當不聽取別人的意見；⑤觀念相當固執

25. 正直對你來說重不重要？

①非常重要；②相當重要；③重要；④不重要；⑤非常不重要

26. 你認為別人的正直重不重要？

①非常重要；②相當重要；③重要；④有點不重要；⑤非常不重要

27. 當你手中握有權力時，會如何使用呢？

①盡量運用一切的手段發揮；

②適當的運用，沒有罪惡感；

③我會為了正義而運用；

④我不喜歡使用；

⑤我很自然地接受對方作為我的對手

28. 你對於「行為語言」的敏感程度如何？

①高度敏感；②相當敏感；③一般程度；④比大部分人的敏感性低；⑤不敏感

29. 你對於別人動機和願望的敏感程度如何？

①高度敏感；②相當敏感；③一般程度；④比大部分的人敏感性低；⑤不敏感

30. 對於以個人身分和對方結交，你有怎樣的感覺？

①我會避免如此；②不太妥當；③不好也不壞；④我會被對方吸引而接近對方；⑤我喜歡超出自己的立場去接近他們

31. 你洞察商談重要問題的能力如何？

①我通常會知道；②大部分時間我都能夠了解；③我能夠猜得相當準確；④對方常常會令我驚奇；⑤我發現很難知道真正的問題所在

32. 在談判中，你想要定下哪一種目標呢？

①很難達成的目標；②相當難的目標；③不太難，也不太容易的目標；④相當合適的目標；⑤不太難，比較容易達成的目標

33. 你是不是一個有耐心的商談者？

①幾乎永遠如此；②比一般人有耐心；③一般程度；④一般程度以下；⑤我會完成交易為什麼要浪費時間呢

34. 談判時你對於自己目標的執著程度如何？

①非常執著；②相當執著；③有點執著；④不太執著；⑤相當有彈性

35. 在談判中，你是否很堅持？

①非常堅持；②相當堅持；③適度的堅持；④不太堅持；⑤根本不堅持

36. 你對對方私人問題的敏感程度如何？

①非常敏感；②相當敏感；③一般程度；④不太敏感；⑤根本不敏感

37. 對方的滿足對你有什麼影響？

①非常在乎，我盡量不使他受到損害；②有點在乎；③中立態度，但我希望他不會被傷害；④有點關心；⑤雙方都要為自己打算

38. 你是否想要強調你的權力限制？
①是的，非常想；②通常做得比我喜歡的還要多些；③適度的限制；④我不會詳述；⑤大部分時間我曾如此想
39. 你是否想了解對方的權力限制？
①非常想；②相當想；③我會衡量一下；④這很難做，因為我並不是他；⑤我讓事情在會談時順其自然地進行
40. 當你買東西時，對於說出一個很低價錢，感覺如何？
①太可怕了；②不太好，但是有時我會如此作；③偶爾才會做一次；④我常常如此嘗試，而且不在乎如此做；⑤我使它成為正常的習慣而且感覺非常舒服
41. 在談判桌上通常你如何被說服？
①非常的緩慢；②相當的緩慢；③和對方的速度相同；④我多讓點步，試著使交易快點完成；⑤我不在乎付出更多，只要完成交易就行
42. 對於接受影響你事業的風險，感覺如何？
①比大部分人更能接受大風險；②比大部分人更能接受相當大的風險；③比大部分人接受較小的風險；④偶爾冒一點風險；⑤很少冒險
43. 對於接受財務風險的態度如何？
①比大部分人更能接受大風險；②比大部分人更能接受相當大的風險；③比大部分人接受較小的風險；④偶爾冒一點風險；⑤很少冒險
44. 面對那些地位比你高的人，感覺如何？
①非常舒服；②相當舒服；③複雜的感覺；④不舒服；⑤相當不舒服
45. 你要購買車子或房屋的時候，準備的情況如何？
①很徹底；②相當好；③一般程度；④不太好；⑤沒有準備

46. 對方告訴你的話，你調查到什麼程度？

①調查得很徹底；②調查大部分的話；③調查某些話；

④知道應該調查，但做得不夠；⑤沒有調查

47. 你對於解決問題是否有創見？

①非常有；②相當有；③有時候會有；④不太多；⑤幾乎沒有

48. 你是否有足夠的魅力？人們是否尊敬你而且遵從你的領導？

①非常有；②相當有；③普通程度；④不太有；⑤一點也沒有

49. 和他人比較，你是不是一個有經驗的談判者？

①很有經驗；②比一般人有經驗；③一般程度；④經驗比一般人少；

⑤沒有絲毫經驗

50. 對於你所屬的談判小組裡的領導人感覺如何？

①舒服而且自然；②相當舒服；③很複雜的感覺；④存有某種自我意識；

⑤相當焦慮不安

51. 與同事相比，沒有壓力時，你的思考能力如何？

①非常好；②比大部分人好；③一般程度；④比大部人分差；⑤不太行

52. 興奮時，你是否會激動？

①很鎮靜；②原則上很鎮靜，但是會被對方激怒；③和大部分人相同；

④性情有點急躁；⑤有時我會激動起來

53. 在社交場合中人們是否喜歡你？

①非常喜歡；②相當喜歡；③一般喜歡；④不太喜歡；⑤相當不喜歡

54. 你工作的安全性如何？

①非常安全；②相當安全；③一般程度；④不安全；⑤相當不安全

55. 假如聽到對方四次很詳盡的解釋時，你還是說了四次「我不了解」，你的感覺如何？

①太可怕了，我不會那麼做的；②相當困窘；③會覺得很不好意思；④感覺不會太壞，還是會去做；⑤不會有任何猶豫

56. 談判時對於處理困難的問題，你的成績如何？
①非常好；②超過一般程度；③一般程度；④一般程度以下；⑤很糟糕

57. 你是否會問探索性的問題？
①擅長此道；②相當不錯；③一般程度；④不太好；⑤不擅此道

58. 生意上的祕密，你是不是能守口如瓶呢？
①非常保密；②相當保密；③一般程度；④常常說得比應該說的還多；⑤說得實在太多了

59. 與同事相比，對於自己這一行的知識，你的信心如何？
①比大部分人都有信心；②相當有信心；③一般程度；④有點缺乏信心；⑤坦白說，沒有信心

60. 如果你是商品房的買主，由於太太的要求而更改設計圖，為了這個原因承包商要收取更高的價格。為了他能把這項工程做好，你非常需要他。這時對於這個新的加價，你會有什麼感覺呢？
①非常不喜歡；②準備好好地和他商議，但並不急著做；③雖然不喜歡，但還是會照做的；④和他對抗

61. 你是否會將內心的感受流露出來呢？
①非常容易；②比大部分人多；③一般程度；④不經常；⑤幾乎沒有

按照下面的分數表，把每一個問題的正分或負分加起來。然後你就能得到一個介於 - 668 到 +724 之間的總分。

（舉例來說：假如你選擇第 1 個問題的答案②），你的分數是 +15；選擇第二個問題的答案①，分數是 -10；選擇第 3 個問題的答案④，分數將是 -4，以此類推）

算出你的總分數以後，你就可以知道你的得分屬於哪一級。

六個月以後再做一次，然後和現在的結果比較，看看有沒有進步。假如你想要知道別人對你的觀點，可以讓你的同事或上級替你打分數。然後再將他們對你的看法和你自我衡量的結果比較就可以知道了。

優秀：+376 ～ +724

一般：+28 ～ +375

較差：-320 ～ +27

很差：-668 ～ -321

談判生死戰

炒蛋策略 × 衝突戰術 × 心態陷阱，九大角度精確分析，讓你勝得光明正大，對方輸得合情合理！

編　　著：吳載昶，肖勝萍

發 行 人：黃振庭

出 版 者：崧燁文化事業有限公司

發 行 者：崧燁文化事業有限公司

E-mail：sonbookservice@gmail.com

粉 絲 頁：https://www.facebook.com/sonbookss/

網　　址：https://sonbook.net/

地　　址：台北市中正區重慶南路一段六十一號八樓 815 室

Rm. 815, 8F., No.61, Sec. 1, Chongqing S. Rd., Zhongzheng Dist., Taipei City 100, Taiwan

電　　話：(02)2370-3310

傳　　真：(02)2388-1990

印　　刷：京峯彩色印刷有限公司（京峰數位）

律師顧問：廣華律師事務所 張珮琦律師

定　　價：399 元

發行日期：2022 年 08 月第一版

◎本書以 POD 印製

國家圖書館出版品預行編目資料

談判生死戰：炒蛋策略 × 衝突戰術 × 心態陷阱，九大角度精確分析，讓你勝得光明正大，對方輸得合情合理！/ 吳載昶，肖勝萍編著 . -- 第一版 . -- 臺北市：崧燁文化事業有限公司 , 2022.08

面；　公分

POD 版

ISBN 978-626-332-585-2(平裝)

1.CST: 談判 2.CST: 談判策略

177.4　　111011206

電子書購買

臉書